KB250099

예신 BOOKS

알기쉬운 운명풀이

명리학 길잡이

한학제 엮음

예신 BOOKS

삼초(三焦)

명리학(命理學)

55만조(萬組)

일주(日柱)

인(寅)

신·살(神殺)

음양오행(陰陽五行)

묘(卯)

당사주류(唐四柱類)

흉운(凶運)

진(辰)

길운(吉運)

반합(半合)

형(刑)

12지지

지(支)

편관(偏官)

사(巳)

묘유충(卯酉沖)

본처(本妻)

오(午)

사주팔자(四柱八字)

상극(相剋)

미(未)

주역(周易)

부(五臟六腑)

운명(運命)

오장

편관(偏官)

정처(正妻)

자미두수(紫微斗數)

쟁합(爭合)

장간(藏干)

축(丑)

오(午)

유(酉)

상극(相剋)

명리학이 중국에서 완성된 것은 약 2000년 전으로 우리나라에 실제로 들어 온 것은 얼마되지 않습니다.

많은 명리학자들은 아주 오래 전에 들어 왔다고 주장하고 있는데, 중국에서 오랜 기간 적천수(滴天髓)가 실전되어 왔으나 발견된 것은 10년 전 대만에서 입니다.

우리나라에서는 1999년이 되어서야 일반인들이 접할 수 있었습니다. 그러므로 오래 전에 명리학이 들어 왔다고 하는 것은 신빙성이 없습니다.

우리나라에는 다른 사주학에 관한 책들은 많이 있으나 명리학은 명리학자마다 의견이 서로 달라 공부하기가 매우 어려운 실정입니다.

더구나 명리학은 자연의 변화에 따라 인간의 명리(命理)가 변화하는 것을 음양오행(陰陽五行)으로 설명하여 체계적으로 만든 것으로, 반드시 기초적인 학문이 필요합니다.

실전된 적천수(滴天髓)는 명리학에 있어서 매우 중요한 위치를 차지하는 책으로, 적천수(滴天髓)를 배제하는 경우 자평진전(子平眞詮)만으로는 사주 전체에 대한 설명이 되지 못합니다. 뿐만 아니라 명리학은 절반의 성공에 그치게 되었을 것입니다.

이렇게 중요한 책임에도 불구하고 일부 명리학자들은 그 동안 적천수(滴天髓)는 외격(外格)에 대한 설명만 있다고 주장하며, 자평진전(子平眞詮)만으로도 충분하다고 하면서 여기에 신·살(神殺)을 사용하여 실제로 명리학에서 신·살(神殺)을 사용하는 것처럼 호도(糊塗)하고 있었던 것입니다.

이렇게 주장을 하는 명리학자들은 적천수(滴天髓)가 어떤 내용으로 이루어져 있는지 보지도 못했기 때문에 이것이 맞는 것처럼 여겨져 후학들도 그렇게 알고 공부를 하고 답습하게 된 것입니다.

그러나 적천수(滴天髓)에서 외격(外格)을 다루고 있는 것은 맞지만 내용상으로 보면 외격에 대한 설명보다는 사주를 구성하고 있는, 즉 자평진전(子平眞詮)에서 언급하지 않은 모든 부분에 대하여 세세히 설명되어 있습니다.

이렇게 귀중한 책이 없다 보니 자평진전(子平眞詮)만으로는 사주를 풀 수가 없어 신·살(神殺)을 사용할 수밖에 없었던 것이 현실입니다.

더구나 우리나라에서는 당사주류(唐四柱類)가 대부분을 차지하고 있기 때문에 명리학이라고 하면서 신·살(神殺)을 섞어서 설명을 하여도 전혀 거부감이 없으므로 신·살(神殺)을 사용하는데 많은 영향을 주었습니다.

이러한 현실 속에서 후학들이 공부하기에는 미신적인 요소가 너무 많고, 앞뒤가 전혀 맞지 않는 설명이 계속되기 때문에 매우 난해합니다.

또한 명리학자마다 해석을 달리하기 때문에 후학들이 어느 주장이 맞는지 혼동된 것도 사실입니다.

이에 저자는 어떻게 하면 명리학 기초 학문을 쉽게, 그리고 정확하게 공부할 수 있을까 고민하다가 공부를 시작하는 후학들에게 도움이 될 수 있도록 기초에 중점을 두어 책을 쓰게 되었습니다.

명리학을 공부하려는 후학들은 이 책에 나오는 내용 전반에 관하여 전부 숙지한다면 공부하는데 많은 도움이 되리라 생각됩니다.

끝으로 여러분에게 부탁하고 싶은 것은 정확하게 공부하여 사주를 바르게 풀어 주어야 합니다. 조물주가 인간을 만물의 영장으로 만들었으나 생로병사(生老病死) 중 실제로 인간이 할 수 있는 것은 아무 것도 없습니다.

그런데 일부 역술가들은 자기들이 신이나 된 것처럼 '당신은 언제 죽는다' 는 등의 말을 서슴없이 하고 있습니다.

명리학을 공부하는 후학들은 절대로 그러한 말로 신의 영역을 침범하는 일이 없어야 합니다.

한학제(韓鶴薺) 씀
E-mail : 5han4@hanmail.net

사주학(四柱學)에 대하여

운명(運命)을 예단(豫斷 ; 미리 짐작하여 판단)하는 몇 가지 방법에 대하여 알아보자.

1. 주역(周易)

철학적(哲學的)인 측면(側面)에서 본다면 주역은 동양철학(東洋哲學)의 큰 획을 긋고 있는 학문이다. 그러나 사람의 운명을 예단하는 일로 본다면 하나의 점술책(占術冊)일 뿐이다.

주역이 어느 사이에 사람의 운명을 예단하는 책으로 변하였으나, 옛날에는 사람의 운명보다는 한 국가의 운명을 보는 것이었다.

국가의 운명은 자연의 변화를 보고 예단하기 때문에 결국 해석하는 술객(術客)에 따라 다를 수밖에 없었다.

그 이유는 자연의 변화는 보는 사람에 따라 다르기 때문에 주역 자체에서도 풀이하는 술객에 따라 다른 해석이 가능하도록 구성되어 있기 때문이다.

주역을 이용하여 점(占)을 치는 방법에는 동전점, 쌀점, 64괘를 이용한 막대점 등이 있다.

2. 당사주류(唐四柱類)

사주풀이 중에서 당사주류 풀이가 가장 정확성이 없으나, 현재 우리나라와 일본에서 가장 많이 사용하고 있는 방법이다.

그 이유는 입문하기가 쉽고, 술객마다 다르게 풀이하기 때문에 어떤 것이 맞는지 의뢰인 자신도 모르기 때문이다.

사람의 운명을 예단하는 학문은 중국에서 발전되어 왔는데, 현재 중국에서는 당사주류가 너무 미신적이고 정확성이 없기 때문에 사용되지 않는다.

그러나 우리나라에서는 술객들이 당사주류를 너무 많이 사용하다 보니 정확한 것인 줄 알고 무의식 중에 사용하고 있다.

대표적인 말로 '삼재(三災)가 들어서 재수가 없다', '역마살이 끼어서 돌아다닌다', '도화살이 끼어서 바람을 피운다', '무슨 띠하고 무슨 띠는 맞으니 결혼하면 좋다' 또는 '오늘의 운세는 어떻다', 아니면 '올해의 신수는 어떻다', 그리고 '대운(大運)이 들어와서 큰 재물이 들어 올 것이다' 등이 있다.

사람이 태어난 해(年)를 가지고 예단하는 것은 근(根;뿌리-조상), 묘(木;나무-부모, 형제), 화(花;꽃-본인), 실(實;열매-자식) 중에서 근(根)에 해당한다.

근(根)은 조상을 뜻하는 것으로 12지(十二支)를 가지고 궁합이나 신수(身數;일년 운) 또는 어떤 것을 보더라도 그 자체가 틀릴 수밖에 없다.

그리고 대운(大運)이라고 하는 것은 길운(吉運)을 말하는 것이 아니라 글자에서 뜻하는 것처럼 '큰운'이라는 뜻으로, 사람마다 대운(大運)이 들어오는 것이 다르지만 10년, 20년, 30년 하는 식으로 10년 단위로 변화하며 죽을 때까지 따라 다니는 것을 말한다.

그런데 일부 술객들은 대운(大運)이 들어오기도 하고 안 들어 오기도 하는 것처럼 이야기하여 의뢰인이 길운(吉運)으로 오해하도록 유도한다.

사람의 사주팔자는 약 55만조(萬組)에 해당하는데, 그것을 다 풀자면 한 술객이 평생을 해도 부족할 것이다.

그런데 겨우 백 몇 개에 해당하는 풀이에 집어 넣어서 '내년 신수가 어떻다', '오늘의 운세가 어떻다'라고 한다면 정확도가 얼마나 될까?

당사주류의 정확도는 약 30% 정도되는데 30%라는 것도 당사주류를 매우 정확하게 풀이하는 술객만이 가능한 수치이다.

그러므로 이제는 터무니 없고 원시적인 신·살(神殺)로 의뢰인을 현혹하는 것은 없어져야 한다.

3. 영(靈)

영(靈)이 들어 있는 사람을 무당(巫堂) 또는 무녀(巫女)라고 한다. 점상에 앉아서 의뢰인이 점을 부탁하면 그 순간에 무당에 들어 있는 영(靈)이 의뢰인의 앞일을 순식간에 보고 오는 것으로 많은 것을 보기는 어렵다.

하나 또는 둘 정도의 일들을 본다고 생각하면 된다. 그렇기 때문에 예단(豫斷)하는 기간이 길지 않고, 대략 6개월 이내의 것으로 한정되어 있다. 그러나 의뢰인들은 무당에게 많은 것을 요구한다.

그래서 편법으로 당사주류를 사용하는데, 결국 사주팔자를 물어 본 후 사주를 풀어서 대답하는 것이다.

이것은 영(靈)이 가르쳐 주는 것이 아니라 무당이 사주를 풀어 답하는 것으로 깊게 받아들이지 않는 것이 좋다.

그러나 6개월 이내에 하나 또는 두 개 정도의 예단은 마음 속에 새겼다가 조심하는 것이 좋다.

4. 토정비결(土亭秘訣)

토정비결은 시간이 있을 때 책을 보면서 풀어 보는 정도로 끝내는 것이 좋다.

왜냐하면 술객에게 복채를 주고 약 123개의 예문에 약 55만조(萬組)나 되는 사주팔자를 넣고 본다는 것은 복채가 아깝다는 생각이 들기 때문이다.

5. 자미두수(紫微斗數)

자미두수는 별의 움직임을 보고 만든 것으로 흥미로운 점이 있다.

어떤 사람은 기가 막히게 잘 맞지만, 어떤 사람은 전혀 근처에도 가지 않는 극과 극을 달리한다는 점이다.

만약 자미두수로 보는 술객의 답이 잘 맞으면 더 세밀하게 풀어달라고 부탁하는 것이 좋지만, 그렇지 않다면 두 번 다시 가지 않는 것이 좋다. 약 50% 정도의 확률이 있다.

6. 육임신단(六壬神斷)

육임신단은 점을 치는 방법을 말한다.

몸에 영(靈)을 싣고 살면서 보는 것이 아니라 의뢰인이 점상에 앉으면 영(靈)을 불러내 몸에 싣고서 보는 방법이다.

복채는 의뢰인이 주는 대로 받아야 하고, 그렇다고 해서 술객이 의뢰인을 골라서 받을 수도 없다. 누구든지 의뢰를 하면 점을 봐주어야 한다.

7. 명리학(命理學)

명리학은 이 책에서 다루려는 학문으로 간단하게 설명하면, 오행(五行)을 이용하여 사람의 운명을 예단하는 방법이나 신 · 살(神殺)은 사용하지 않는다.

간혹 학문이 깊지 못한 사람들이 신 · 살(神殺)을 사용하지만 신 · 살(神殺)을 사용하더라도 오행(五行)에 근거하여 풀어서 예단을 해야 한다. 약 80% 정도의 확률을 가지고 있다.

명리학(命理學)

명리학은 약 2000년 전에 음양오행(陰陽五行)을 이용하여 사람의 운명을 예단(豫斷)하는 방법으로 생겨났다.

처음에는 생년(生年)을 중심으로 예단하였으나, 그 정확도가 50%에도 미치지 못하자 여기에 신 · 살(神殺)을 대입하였다.

이렇게 해도 50%를 넘지 못하다가, 약 1500년 전에 서자평(徐子平)이라는 분이 생일(生日)을 중심으로 하여 음양오행(陰陽五行)으로 예단한 결과 그 정확도가 80%를 넘자 생일을 중심으로 예단하기 시작한 것이다.

이때부터 신 · 살(神殺)을 사주팔자(四柱八字)에 대입하여 사용하는 것도 중단하였다.

그래서 명리학을 완성시킨 사람의 이름을 따서 자평학(子平學)이라고도 한다. 명리학의 다른 명칭은 명학(命學) 또는 추명학(推命學)이라고도 하는데, 사주 명리학이라는 말은 요사이 지어낸 말로 잘못된 표현이다.

후인들 중에 공부가 부족한 술객들이 부족한 부분을 보충하기 위하여 신·살(神殺)을 사용하고 있는데, 명리학에서 신·살(神殺)은 되도록 쓰지 못하도록 하고 있다.

간혹 공부가 부족하여 신·살(神殺)을 쓰더라도 오행에 근거하여 예단해야 한다고 되어 있다.

사람의 운명을 예단하면서 증험(證驗)하는 방법으로 사람의 병을 이용하라고 되어 있다.

이 말을 자세히 풀어보면 사람의 병도 미연(未然)에 방지할 수 있다는 뜻으로 깊은 병은 가볍게, 가벼운 병은 전혀 없는 것처럼 넘어갈 수가 있다는 것이다.

이것의 근원은 '사람은 자연에 속한 동물' 이라는 것이다.

자연에 속해 있다면 자연의 변화에 따라 사람 개개인의 운명도 변할 수밖에 없기 때문이다.

그러므로 운명의 자연을 알게 되면 변화하기 전에 미리 준비하여 병(病)을 피해갈 수가 있다.

이제, 명리학에 대하여 알아보자.

제 1 부
오행(五行)과 명리학(命理學)

명리학(命理學) 입문

　명리학은 오행(五行)의 상생(相生)과 상극(相剋)의 법칙을 사용하여 사람의 운명(運命)을 예단(豫斷)하는 것을 말한다.

　사주팔자(四柱八字)는 사람이 태어나면서 가지고 나오는 우리 몸의 구성을 말한다. 그래서 운명을 예단할 때 사주팔자를 음양오행(陰陽五行)으로 풀어서 여기에 운명의 자연을 찾아 운명이 어떠한 작용을 하는지를 예단하는 것이다.

　주역(周易)에서 삼원(三元)을 근간으로 삼는 것처럼 명리학에서도 삼원을 근간으로 삼아 사주팔자를 해석하고 있다. 삼원은 하늘(天), 땅(地), 사람(人)을 말한다.

1. 음양오행(陰陽五行)

　음양오행(陰陽五行)은 오행(五行)인 목(木), 화(火), 토(土), 금(金), 수(水)

를 음(陰)과 양(陽)으로 구분하여 만든 것을 말한다.

모든 것에 상대가 있듯이 음양(陰陽)이 있어 조화가 이루어져야 하기 때문이다.

(1) 오행과 자연에 있는 동물과의 관계

자연에 있어서 사람을 중심인 토(土)에 고정시키고, 나머지 오행에 동물들을 배치하는 것이다.

■ 오행과 동물의 배치
- 목(木) : 털이 있는 동물
- 토(土) : 사람
- 수(水) : 껍질이 있는 동물
- 화(火) : 날개가 있는 동물
- 금(金) : 비늘이 있는 동물

(2) 오행과 사람과의 관계

사람의 오장육부(五臟六腑)를 오행으로 표시한 것이다. 사람을 소우주(小宇宙)라 말하는 것은 머리를 천(天)으로 하고 목은 몸에서 천(天)으로 흐르는 기(氣)의 통로로 보는 것이며, 몸은 지(地)로 몸 속에 있는 오장육부에 오행이 모두 구비되어 있기 때문이다.

삼초(三焦)라는 것은 몸에 있는 실존하는 기관이 아니라 몸의 구조를 상초(上焦)·중초(中焦)·하초(下焦)로 나누어 말하는 것이다.

	木	火	土	金	水
음(陰) :	간장	심장	위장	폐장	신장
양(陽) :	담	소장, 삼초	비장	대장	방광

(3) 오행(五行)과 오미(五味)와 오색(五色), 방위(方位)와의 관계

사람의 오장육부에 자연에서 가장 많은 영향을 미치는 것이 오미(五味)이다.

오미(五味)는 사람의 건강을 찾을 수 있도록 많은 영향을 주는 것으로, 오미(五味)를 잘 맞추어 먹게 되면 무병할 수 있다.

방위(方位)는 동·서·남·북의 방향을 말하는 것으로, 사람과 아주 밀접한 관계가 있다.

흔히 말하는 스트레스성 두통이 있다는 것은 머리에 영양분이 전달되지 않기 때문이다. 지(地)인 몸에서 영양분이 올라오고, 천(天)인 머리에서 천기(天氣)를 제대로 받아들이면 두통이 없다.

평상시 두통이 자주 일어나는 것은 천기(天氣)의 영향이 많기 때문이다. 천기(天氣)는 하늘에 돌아다니는 기(氣)를 말하는 것으로, 기(氣)의 흐름만 알면 아주 간단히 해결될 수 있다.

그러므로 나에게 필요한 기(氣)가 어떤 것인지 먼저 알아야 한다.

수면을 취하고 일어났을 때 기운(氣運)이 없다면 '잠자리가 잘못 되었다' 라는 것은 알고 있지만 그 이유는 모른다.

취침시 우리 몸에 기(氣)가 들어오는데, 기(氣)가 한 쪽으로만 들어오는 것이 아니라 몸 전체로 들어오고, 그 중에서도 머리에 가장 많은 기(氣)가 들어온다.

바로 머리에 들어오는 기(氣)가 나에게 맞지 않기 때문에 두통이 생기는 것이고 밤에 잠을 안자고 중노동을 한 것처럼 아침에 일어나기가 굉장히 힘든 것이다.

이렇게 머리를 두는 방향이 나에게 맞는 기(氣)와 연관이 있으므로 사람에게 있어 방위(方位)는 아주 중요한 것이다.

그러나 오색(五色)은 사람에게 미치는 영향이 아주 미미하다.

오행	오미	오색	방위
木	신맛	청색	동쪽
火	쓴맛	적색	남쪽
土	단맛	황색	중간 방향
金	매운맛	백색	서쪽
水	짠맛	검정색	북쪽

앞에서 설명한 (1), (2), (3)을 종합적으로 살펴보면 다음과 같다.

오행	동물	사람	오미	오색	방위
木	털이 있는 동물	간장 · 담	신맛	청색	동쪽
火	날개가 있는 동물	심장 · 소장, 삼초	쓴맛	적색	남쪽
土	사람	위장 · 비장	단맛	황색	중간 방향
金	비늘이 있는 동물	폐장 · 대장	매운맛	백색	서쪽
水	껍질이 있는 동물	신장 · 방광	짠맛	검정색	북쪽

2. 삼원(三元)

삼원(三元)은 천(天), 지(地), 인(人) 세 가지를 말하는데, 명리학에서 인(人)은 지(地) 속에 있는 지장간(支藏干)을 뜻한다.

2-1 천(天)

(1) 천간(天干)의 뜻과 역할

천(天)은 하늘을 뜻하는 것으로, 사주팔자(四柱八字)에서 천간(天干)은 십자(十字)로 구성되어 있는데 이것을 천간(天干) 또는 십간(十干)이라 한다.

십자(十字)는 갑(甲), 을(乙), 병(丙), 정(丁), 무(戊), 기(己), 경(庚), 신(辛), 임(壬), 계(癸)로 구성되어 있다.

십간(十干)을 음양(陰陽)으로 표시하면 다음과 같다.

양(陽)은 갑(甲), 병(丙), 무(戊), 경(庚), 임(壬)의 오자(五字)를 말한다. 이 양(陽) 중에서도 가장 양(陽)인 것은 병화(丙火)인데, 이 병화(丙火)를 진양(眞陽)이라 한다.

음(陰)은 을(乙), 정(丁), 기(己), 신(辛), 계(癸)의 오자(五字)를 말한다. 이 음(陰) 중에서도 가장 음(陰)인 것은 계수(癸水)인데, 이 계수(癸水)를 진음(眞陰)이라 한다.

그래서 사주내에 병화(丙火)가 있으면 이 병화(丙火)는 순양(純陽)의 화(火)로 모든 만물이 영화(榮華)로울 수 있으니, 병화(丙火)가 있으면 체(體)가 반듯해진다.

또한 계수(癸水)는 순음(純陰)의 수(水)로, 이 계수(癸水)가 있으면 모든 만물이 생(生)하지 못하는 것이 없으니, 계수(癸水)가 있으면 만물이 무성해지는 것이다.

그러나 양(陽)이 극(極)에 이르면 음(陰)이 생기는 것은 자연의 법칙으로, 병화(丙火)가 극(極)에 이르러 신금(辛金)을 만나면 수(水)로 화(化)하는 것

• 순양(純陽) : 순수한 양(陽)의 기운
• 영화(榮華) : 권력과 부귀를 마음껏 누리는 일
• 체(體) : 모양, 근본
• 순음(純陰) : 순수한 음(陰)의 기운

은 양(陽)이 극(極)에 이르면 음(陰)이 생하는 법칙에 적용한 것이다.

음(陰)이 극(極)에 이르면 반드시 양(陽)이 생(生)하는 것으로, 계수(癸水)가 무토(戊土)를 만나면 양(陽)인 화(火)로 변하는 것이다. 이렇듯 음(陰)과 양(陽)이 극(極)에 이르면 변화하는 것이 자연의 법칙으로 이 법칙을 사람의 사주에 적용한 것이다.

천간(天干)은 외부의 접촉을 말하는데 전극(戰剋)과 생(生)의 의미로 결국은 사주의 주인이 사회활동을 하면서 일어날 수 있는 모든 사항(事項)을 말하는 것이다.

(2) 십간(十干)의 의미

① 갑(甲)·을(乙)

목(木)의 기(氣)를 뜻한다.

갑목(甲木)은 순양지목(純陽之木)으로 물질로 표현하자면 체(體)가 견고하고 웅장한 기세(氣勢)의 목(木)을 말하는데, 갑목(甲木)은 을목(乙木)의 기(氣)가 된다.

을목(乙木)은 유약(柔弱)한 음목(陰木)이지만 물질로 표현하자면 넝쿨 같은 기질(氣質)이 있는 목(木)을 말하며, 을목(乙木)은 갑목(甲木)의 질(質)에 해당한다.

결국 갑목(甲木)은 양목(陽木)에 속하고, 을목(乙木)은 음목(陰木)에 속하는 목(木)의 기운(氣運)인 것이다.

- 극(極) : 끝
- 유약(柔弱) : 부드럽고 약한 것
- 순양지목(純陽之木) : 순수한 양(陽)의 목(木) 기운
- 전극(戰剋) : 싸운다, 다툰다, 괴롭힌다.
- 질(質) : 사물의 근본이 되는 성질

② 병(丙)·정(丁)

화(火)의 기(氣)를 뜻한다.

병화(丙火)는 순양(純陽)의 정기(精氣)이며, 극도(極度)로 작열(灼熱)하는 양(陽)의 성질이 있어 모든 것을 녹여 버리는 본성이 있으므로 맹렬(猛烈)하다. 병화(丙火)는 물질로 표현하자면 태양과 같은 아주 강렬한 화(火)를 뜻한다.

정화(丁火)는 음(陰)에 속하나 화(火)의 본성이 양(陽)에 속하여 맹렬할 것 같으나 정화(丁火)는 중용(中庸)의 덕을 가지고 있어 안으로는 밝음과 융통성을 갖고 있기 때문에 모든 물질을 부드러움으로 감싸는 성질이 있다. 정화(丁火)는 물질로 표현하자면 등잔불과 같이 미약하지만 끈질긴 화(火)를 뜻한다.

결국 병화(丙火)는 양(陽)에 속하고, 정화(丁火)는 음(陰)에 속하는 화(火)의 기운(氣運)인 것이다.

③ 무(戊)·기(己)

토(土)의 기(氣)를 뜻한다.

무토(戊土)는 물질로 표현하자면 단단하고 무거우며, 강건(剛健)하고 건조(乾燥)한 토(土)이나 중기(中氣)를 얻고 있어 그 작용과 덕이 지극히 정대(正大)하다.

기토(己土)는 물질로 표현하자면 습한 토(土)로, 안으로는 중정(中正)한 체성(體性)을 갖고 있어 만물을 축장(蓄藏)할 수가 있다.

• 작열(灼熱) : 매우 뜨거운 것
• 강건(剛健) : 아주 강한 것
• 정기(精氣) : 순수한 또는 올바른 기운
• 중정(中正) : 치우치지 않고 바르다.
• 체성(體性) : 몸, 근본, 성품, 바탕, 모습, 마음
• 축장(蓄藏) : 모아서 감춰두다.

결국 무토(戊土)는 양(陽)에 속하고, 기토(己土)는 음(陰)에 속하는 토(土)의 기운(氣運)인 것이다.

단, 토(土)는 없어지면 재생이 불가능하다.

④ 경(庚) · 신(辛)

금(金)의 기(氣)를 뜻한다.

경금(庚金)은 숙살지기(肅殺之氣)를 갖고 있어 체성(體性)이 가장 강건(剛健)하다. 물질로 표현하자면 제련(製鍊)이 안된 금속 덩어리로 생각하면 된다.

수(水)를 얻으면 기(氣)가 흐르게 되어 깨끗해지고, 화(火)를 얻으면 기(氣)가 순수해져 경금(庚金)이 예리해진다.

신금(辛金)은 체성(體性)이 유약(柔弱)하니 따뜻하고 윤택하게 해 주어야 맑아진다. 물질로 표현하자면 부드럽고 가느다란 금속을 말하는데, 체성(體性)이 온연(溫軟)하면서 청윤(清潤)한 것은 모두 신금(辛金)이다.

토(土)가 중첩(重疊)되는 것은 좋지 않으며, 수(水)가 많은 것은 좋다.

결국 경금(庚金)은 양(陽)에 속하고, 신금(辛金)은 음(陰)에 속하는 금(金)의 기운(氣運)인 것이다.

⑤ 임(壬) · 계(癸)

수(水)의 기(氣)를 뜻한다.

임수(壬水)는 하늘에 있는 은하(銀河)에 그 기(氣)가 통하는데 금기(金氣)

- 숙살지기(肅殺之氣) : 풀이나 나무를 말라 죽게 하는 기운, 공격하는 기운
- 제련(製鍊) : 광석을 용광로에 녹여 금속을 뽑아내는 것
- 온연(溫軟) : 매우 부드러운 것, 따뜻하고 부드러운 것
- 청윤(清潤) : 맑고 윤택한 것
- 중첩(重疊) : 거듭 겹치거나 겹쳐지는 것

를 만나면 설(泄)할 수 있다. 물질로 표현하자면 고여 있는 많은 수(水)로 생각하면 된다.

임수(壬水)는 강한 가운데 덕이 있으니 천하에 막힘이 없는 것이다. 계수(癸水)는 순음(純陰)으로 지극히 유약(柔弱)하므로 부상(扶桑)의 약수(弱水)이다. 물질로 표현하자면 흐르는 수(水)로 생각하면 된다.

계수(癸水)는 흘러 천진(天津)까지 다다를 수 있는 수(水)이므로 천기(天氣)를 따라 운행(運行)하는 수(水)라 하는데, 만약 진(辰)이 있어 수(水)가 운행(運行)된다면 그 공덕은 신(神)의 명을 받은 것과 같다.

임수(壬水)는 계수(癸水)의 발원(發源)이고 곤륜(崑崙)의 수(水)이다. 계수(癸水)는 임수(壬水)의 귀숙(歸宿)이며 부상지수(扶桑之水)이다. 결국 임수(壬水)는 양(陽)에 속하고, 계수(癸水)는 음(陰)에 속하는 수(水)의 기운(氣運)이다.

단, 계수(癸水)는 마르면 아무리 생(生)하려 해도 다시는 생(生)하지 못한다.

(3) 천간(天干)의 전극(戰剋)과 합(合)

천간(天干)의 합(合)에는 천간(天干)이 합(合)하여 화(化)하는 경우와 화(化)하지 못하는 경우가 있는데, 이 책에서는 합(合)하여 화(化)하는 경우를 설명한다.

① 전극(戰剋)
'싸운다, 다툰다' 는 뜻으로 천간(天干)에서 상대방과 싸운다는 것이다.

- 설(泄) : 기(氣)를 빼내는 것
- 발원(發源) : 물의 근원
- 귀숙(歸宿) : 도착지
- 부상(扶桑) : 중국 전설에서 동쪽 바닷속의 해가 떠 오르는 곳에 있다는 상상의 나무 이름 또는 그곳의 나라
- 부상지수(扶桑之水) : 상상 속에 있는 나라의 물
- 곤륜(崑崙) : 중국에 있는 산 이름
- 화(化) : 변화하다, 모양이 바뀌다.

전극(戰剋)이 일어나는 원인은 양(陽)과 양(陽), 음(陰)과 음(陰)이 만나 서로 싸우기 때문이다.

㉮ 갑목(甲木)이 경금(庚金)을 만나면 전극(戰剋)이 된다.

예1		예2		예3		예4	
庚	○	○	○	○	○	庚	○
甲	○	庚	○	甲	○	○	○
○	○	甲	○	○	○	甲	○
○	○	○	○	庚	○	○	○

예1·2·3은 전극(戰剋)이 되는데, 예4는 전극(戰剋)이 되지 않는다.

㉯ 병화(丙火)가 임수(壬水)를 만나면 전극(戰剋)이 된다.

예1		예2		예3		예4	
壬	○	丙	○	○	○	壬	○
丙	○	○	○	壬	○	○	○
○	○	壬	○	丙	○	○	○
○	○	○	○	○	○	丙	○

예1·3은 전극(戰剋)이 되지만, 예2·4는 전극(戰剋)이 되지 않는다.

㉰ 무토(戊土)가 갑목(甲木)을 만나면 전극(戰剋)이 된다.

예1		예2		예3		예4	
○	○	戊	○	○	○	甲	○
甲	○	○	○	○	○	○	○
戊	○	○	○	戊	○	戊	○
○	○	甲	○	甲	○	○	○

예1·3은 전극(戰剋)이 되지만, 예2·4는 전극(戰剋)이 되지 않는다.

㉱ 경금(庚金)과 병화(丙火)가 만나면 전극(戰剋)이 된다.

예1		예2		예3		예4	
丙	○	○	○	庚	○	丙	○
○	○	丙	○	丙	○	○	○
庚	○	庚	○	○	○	○	○
○	○	○	○	○	○	庚	○

예2·3은 전극(戰剋)이 되지만, 예1·4는 전극(戰剋)이 되지 않는다.

㉱ 임수(壬水)가 무토(戊土)를 만나면 전극(戰剋)이 된다.

예1 ○ ○   예2 壬 ○   예3 戊 ○   예4 ○ ○
   ○ ○   戊 ○   ○ ○   壬 ○
   壬 ○   ○ ○   ○ ○   ○ ○
   戊 ○   ○ ○   壬 ○   戊 ○

예1·2·4는 전극(戰剋)이 되지만, 예3은 전극(戰剋)이 되지 않는다.

위에서 보았듯이 전극(戰剋)은 긴첩(緊疊)하게 있어야만 이루어지는데, 사주의 주인인 일주(日柱)의 자리는 긴첩(緊疊)한 것에서 제외하는 것이다.

즉, 일주(日柱)를 끼고 있는 예를 보면 ㉮의 예3과 ㉱의 예4가 해당된다. 일주(日柱)가 전극(戰剋)이 일어나는 사이에 있으면 일주(日柱)는 제외하고 보는 것이다.

② 합(合)

합(合)이 일어나는 원리는 다음과 같다.

합(合)의 기원(紀元)은 천(天)1, 지(地)2, 천(天)3, 지(地)4, 천(天)5, 지(地)6, 천(天)7, 지(地)8, 천(天)9, 지(地)10의 뜻으로 만들어진 것이다.

위의 것에 십간(十干)을 넣어 적어 보면 다음과 같다.

갑(甲)1   을(乙)2   병(丙)3   정(丁)4   무(戊)5
기(己)6   경(庚)7   신(辛)8   임(壬)9   계(癸)10

위에 의하면 중앙에는 5가 자리 잡고 있다.

그러므로 1이 5를 얻으면 6이 되는 것은, 즉 1인 갑목(甲木)이 6인 기토

• 긴첩(緊疊) : 바로 옆에 붙어 있는 것, 아주 가까이 붙어 있는 것

(己土)를 만나는 것이다.

2가 5를 얻으면 7이 되는 것은, 즉 2인 을목(乙木)이 7인 경금(庚金)을 만나는 것이다.

3이 5를 얻으면 8이 되는 것은, 즉 3인 병화(丙火)가 8인 신금(辛金)을 만나는 것이다.

4가 5를 얻으면 9가 되는 것은, 즉 4인 정화(丁火)가 9인 임수(壬水)를 만나는 것이다.

5가 5를 얻으면 10이 되는 것은, 즉 5인 무토(戊土)가 10인 계수(癸水)를 만나는 것이다.

이러한 이치로 천간(天干)이 합(合)하게 되는데, 합(合)이 되는 것도 아래와 같을 때에만 합(合)이 된다.

• 갑목(甲木)이 기토(己土)를 만나면 토(土)로 변한다. −갑기합토(甲己合土)

예1			예2			예3			예4		
甲	○			○	○		己	○		甲	○
己	○			甲	○			○			○	○
	○	○		己	○		甲	○			○	○
	○	○			○	○			○	○		己	○

예1·2는 합(合)이 되지만, 예3·4는 합(合)이 되지 않는다.

• 을목(乙木)이 경금(庚金)을 만나면 금(金)으로 변한다. −을경합금(乙庚合金)

예1			예2			예3			예4		
	○	○		庚	○			○	○		乙	○
乙	○			乙	○		庚	○			○	○
庚	○				○	○			○	○			○	○
	○	○			○	○		乙	○		庚	○

예1·2·3은 합(合)이 되지만, 예4는 합(合)이 되지 않는다.

• 병화(丙火)가 신금(辛金)을 만나면 수(水)로 변한다. – 병신합수(丙辛合水)

예1	예2	예3	예4
○ ○	丙 ○	辛 ○	丙 ○
○ ○	辛 ○	○ ○	○ ○
丙 ○	○ ○	丙 ○	○ ○
辛 ○	○ ○	○ ○	辛 ○

예1 · 2는 합(合)이 되지만, 예3 · 4는 합(合)이 되지 않는다.

• 정화(丁火)가 임수(壬水)를 만나면 목(木)으로 변한다. – 임정합목(壬丁合木)

예1	예2	예3	예4
壬 ○	○ ○	丁 ○	○ ○
○ ○	丁 ○	○ ○	壬 ○
丁 ○	壬 ○	壬 ○	○ ○
○ ○	○ ○	○ ○	丁 ○

예2 · 4는 합(合)이 되지만, 예1 · 3은 합(合)이 되지 않는다.

• 무토(戊土)가 계수(癸水)를 만나면 화(火)로 변한다. – 무계합화(戊癸合火)

예1	예2	예3	예4
○ ○	○ ○	癸 ○	戊 ○
戊 ○	癸 ○	○ ○	癸 ○
癸 ○	○ ○	○ ○	○ ○
○ ○	戊 ○	戊 ○	○ ○

예1 · 2 · 4는 합(合)이 되지만, 예3은 합(合)이 되지 않는다.

③ 쟁합(爭合)과 투합(妬合)

쟁합(爭合)과 투합(妬合)은 같은 것을 뜻하는데, 남자들끼리 다투느냐 또는 여자들끼리 다투느냐 하는 것의 차이이다.

사주 내에서는 양(陽)과 양(陽) 또는 음(陰)과 음(陰)의 관계를 말하는 것이다.

• 쟁합(爭合) : 한 여자를 놓고 두 남자가 다투는 경우를 말한다.

즉, 양(陽)과 양(陽)이 음(陰)을 사이에 두고 서로 차지하려고 하는 것과 같다. 이러한 것이 사주 내에 있으면 별로 좋지 않다.

예1 ○ ○   예2 甲 ○   예3 庚 ○   예4 壬 ○
   戊 ○   己 ○   乙 ○   丁 ○
   癸 ○   甲 ○   ○ ○   ○ ○
   戊 ○   ○ ○   庚 ○   壬 ○

예5 ○ ○   예6 甲 ○
   庚 ○   甲 ○
   庚 ○   ○ ○
   乙 ○   己 ○

예1·2는 쟁합(爭合)으로 보지만, 예3·4·5·6은 쟁합(爭合)으로 보지 않는다.

• 투합(妬合) : 한 남자를 놓고 두 여자가 다투는 경우를 말한다. 즉, 음(陰)과 음(陰)이 양(陽)을 사이에 두고 서로 차지하려고 하는 것과 같다. 이것 또한 사주 내에 있으면 좋지 않다.

예1 ○ ○   예2 乙 ○   예3 癸 ○   예4 ○ ○
   辛 ○   庚 ○   戊 ○   丁 ○
   丙 ○   乙 ○   ○ ○   壬 ○
   辛 ○   ○ ○   癸 ○   丁 ○

예5 ○ ○   예6 辛 ○
   己 ○   辛 ○
   己 ○   ○ ○
   甲 ○   丙 ○

예1·2·4는 투합(妬合)으로 보지만, 예3·5·6은 투합(妬合)으로 보지 않는다.

2-2 지(地)

지(地)는 땅을 뜻하는 것으로, 사주팔자에서는 십이자(十二字)로 구성되어 있다.

지지(地支)에는 12지(支)가 있는데, 다음과 같다.

　　자(子)　　축(丑)　　인(寅)　　묘(卯)　　진(辰)　　사(巳)

　　오(午)　　미(未)　　신(申)　　유(酉)　　술(戌)　　해(亥)

12지(支)를 음양(陰陽)으로 나누면 다음과 같다.

　　양(陽) - 자(子)　인(寅)　진(辰)　오(午)　신(申)　술(戌)

　　음(陰) - 축(丑)　묘(卯)　사(巳)　미(未)　유(酉)　해(亥)

양(陽)의 지지(地支)는 그 성정(性情)이 동적이며, 기세(氣勢)가 강건(康健)하여 작용이 빨라 길흉(吉凶)이 신속하게 나타난다.

음(陰)의 지지(地支)는 그 성정(性情)이 정적이며, 기세(氣勢)가 단순하여 작용이 빠르지 않아 길흉(吉凶)이 늦게 나타난다.

지지(地支)가 이러한 성질을 가지고 있기 때문에 음(陰)과 양(陽)에 따라 길흉(吉凶)의 속도가 다른 것이다.

지지(地支)와 음양(陽陰) 오행(五行)의 관계

五行	木		火		土				金		水	
陽陰	양	음	양	음	양		음		양	음	양	음
地支	寅	卯	午	巳	辰	戌	丑	未	申	酉	子	亥

• 성정(性情) : 사람이 본래 가지고 있는 성질과 심성

(1) 지지(地支)의 뜻

① 자(子) : 수기(水氣)를 뜻하며, 계절은 겨울에 해당한다.
　　　　　방위는 북쪽을 말한다.

② 축(丑) : 습토(濕土)를 뜻하며, 계절은 사계절에 해당한다.
　　　　　방위는 북쪽과 동쪽 사이의 중간 방향을 말한다.

③ 인(寅) : 목기(木氣)를 뜻하며, 계절은 봄에 해당한다.
　　　　　방위는 동쪽을 말한다.

④ 묘(卯) : 목기(木氣)를 뜻하며, 계절은 봄에 해당한다.
　　　　　방위는 동쪽을 말한다.

⑤ 진(辰) : 습토(濕土)를 뜻하며, 계절은 사계절에 해당한다.
　　　　　방위는 동쪽과 남쪽 사이의 중간 방향을 말한다.

⑥ 사(巳) : 화기(火氣)를 뜻하며, 계절은 여름에 해당한다.
　　　　　방위는 남쪽을 말한다.

⑦ 오(午) : 화기(火氣)를 뜻하며, 계절은 여름에 해당한다.
　　　　　방위는 남쪽을 말한다.

⑧ 미(未) : 화토(火土)를 뜻하며, 계절은 사계절에 해당한다.
　　　　　방위는 남쪽과 서쪽 사이의 중간 방향을 말한다.

⑨ 신(申) : 금기(金氣)를 뜻하며, 계절은 가을에 해당한다.
　　　　　방위는 서쪽을 말한다.

⑩ 유(酉) : 금기(金氣)를 뜻하며, 계절은 가을에 해당한다.
　　　　　방위는 서쪽을 말한다.

⑪ 술(戌) : 화토(火土)를 뜻하며, 계절은 사계절에 해당한다.
　　　　　방위는 서쪽과 북쪽 사이의 중간 방향을 말한다.

⑫ 해(亥) : 수기(水氣)를 뜻하며, 계절은 겨울에 해당한다.

　　　　방위는 북쪽을 말한다.

방위에 있어서 지지(地支)의 위치와 계절의 관계를 그림으로 표시하면 다음과 같다.

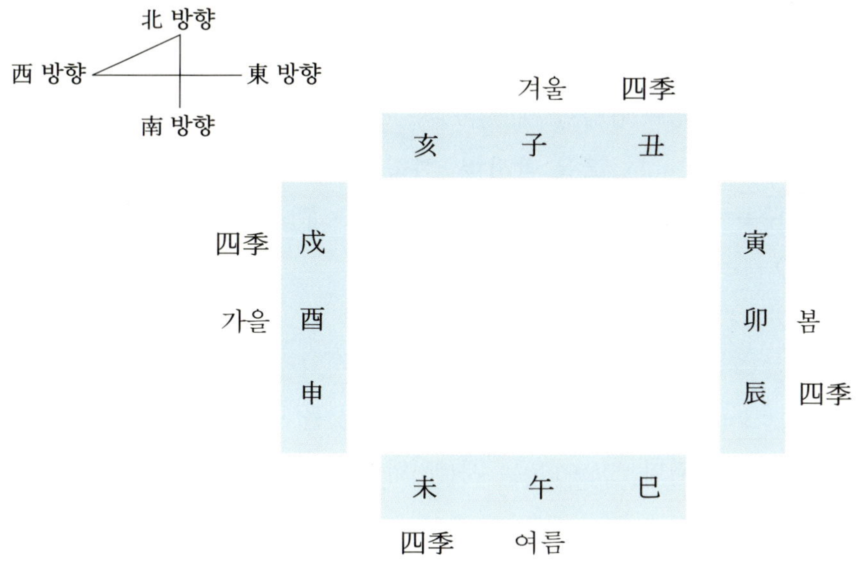

오행(五行)과 방위와 계절과의 관계

(2) 지지(地支)의 합(合)

① 방합(方合)

지합(支合) 중에서 방합(方合)의 힘이 가장 강력하다. 방합(方合)이 성립 되려면 방합(方合)을 이루는 세 글자가 모두 있어야 한다.

・ 인묘진(寅卯辰) – 동방합(東方合)

　　　　동쪽을 말하며, 목국(木局)을 뜻한다.

예1		예2		예3		예4		예5	
○	辰	○	○	○	辰	○	寅	○	○
○	寅	○	卯	○	○	○	辰	○	寅
○	卯	○	辰	○	寅	○	○	○	卯
○	○	○	寅	○	卯	○	卯	○	○

예1·2·3·4는 모두 동방(東方) 목국(木局)을 이루고 있다. 그러나 예5는 성립이 안 된다. 그 이유는 인(寅)과 묘(卯)가 있으나 진토(辰土)가 없기 때문이다.

• 사오미(巳午未) – 남방합(南方合)

남쪽을 말하며, 화국(火局)을 뜻한다.

예1		예2		예3		예4		예5	
○	未	○	午	○	○	○	巳	○	○
○	午	○	○	○	巳	○	午	○	○
○	○	○	巳	○	午	○	未	○	巳
○	巳	○	未	○	未	○	○	○	未

예1·2·3·4는 모두 남방(南方) 화국(火局)을 이루고 있다. 그러나 예5는 성립이 안 된다. 그 이유는 사(巳)와 미(未)만 있고 오화(午火)가 없기 때문이다.

• 신유술(申酉戌) – 서방합(西方合)

서쪽을 말하며, 금국(金局)을 뜻한다.

예1		예2		예3		예4		예5	
○	○	○	申	○	戌	○	酉	○	○
○	申	○	酉	○	○	○	戌	○	申
○	酉	○	○	○	申	○	申	○	○
○	戌	○	戌	○	酉	○	○	○	酉

예1·2·3·4는 모두 서방(西方) 금국(金局)을 이루고 있다. 그러나 예5는 성립이 안 된다. 그 이유는 신(申)과 유(酉)는 있으나 무토(戌土)가 없기 때문이다.

• 해자축(亥子丑) – 북방합(北方合)

북쪽을 말하며, 수국(水局)을 뜻한다.

예1 ○ 亥 예2 ○ ○ 예3 ○ 子 예4 ○ 丑 예5 ○ 子
    ○ ○   ○ 丑   ○ 亥   ○ 子   ○ ○
    ○ 子   ○ 子   ○ ○   ○ 亥   ○ 丑
    ○ 丑   ○ 亥   ○ 丑   ○ ○   ○ ○

예1 · 2 · 3 · 4는 모두 북방(北方) 수국(水局)을 이루고 있다. 그러나 예5 는 성립이 안 된다. 그 이유는 자(子)와 축(丑)이 있으나 해수(亥水)가 없 기 때문이다.

방합(方合)을 그림으로 표시하면 다음과 같다.

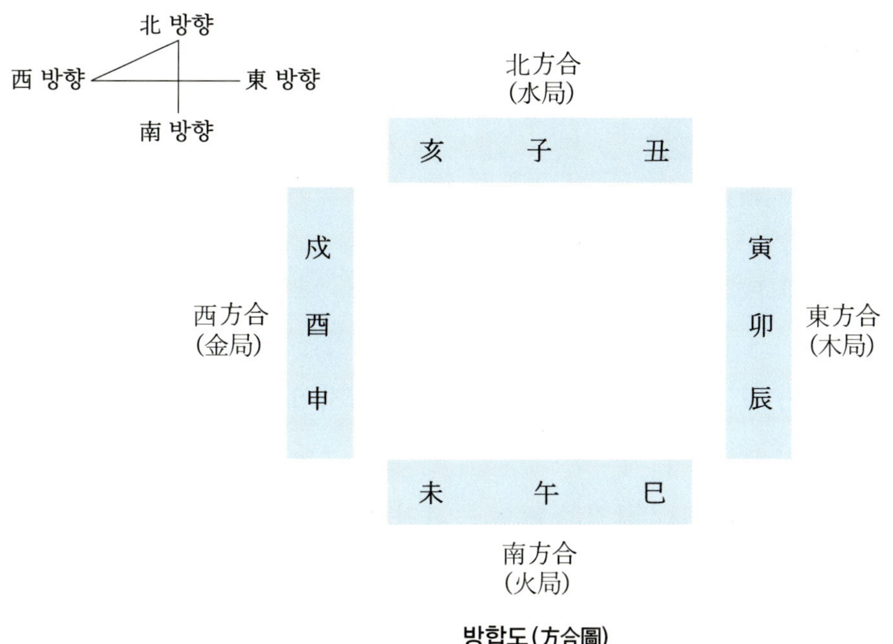

방합도(方合圖)

② 삼합(三合)

합(合) 중에서 방합(方合) 다음으로 힘이 강하다.

삼합(三合)은 합(合)을 이루는 세 글자가 있어야 성립되는데, 특징은 자(子)·오(午)·묘(卯)·유(酉)가 중심으로 이루어진 것이다.

• 해묘미(亥卯未) : 목기(木氣)를 뜻하며, 목국(木局)이다.

	예1	예2	예3	예4	예5
	○ 亥	○ ○	○ 未	○ 卯	○ ○
	○ 卯	○ 亥	○ ○	○ ○	○ 亥
	○ 未	○ 卯	○ 亥	○ 亥	○ ○
	○ ○	○ 未	○ 卯	○ 未	○ 卯

예1·2·3·4는 목국(木局)이 성립되는데, 예5는 목국(木局)이 성립되지 않는다. 그 이유는 해(亥)와 묘(卯)가 떨어져 있으며, 미토(未土)가 없기 때문이다.

• 인오술(寅午戌) : 화기(火氣)를 뜻하며, 화국(火局)이다.

	예1	예2	예3	예4	예5
	○ ○	○ 戌	○ 午	○ 寅	○ 午
	○ 寅	○ 午	○ ○	○ 戌	○ ○
	○ 午	○ ○	○ 寅	○ 午	○ 戌
	○ 戌	○ 寅	○ 戌	○ ○	○ ○

예1·2·3·4는 화국(火局)이 성립되는데, 예5는 화국(火局)이 성립되지 않는다. 그 이유는 오(午)와 술(戌)이 떨어져 있으며, 인목(寅木)이 없기 때문이다.

• 사유축(巳酉丑) : 금기(金氣)를 뜻하며, 금국(金局)이다.

	예1	예2	예3	예4	예5
	○ 巳	○ 巳	○ ○	○ 丑	○ ○
	○ 酉	○ ○	○ 丑	○ 巳	○ 巳
	○ 丑	○ 酉	○ 巳	○ ○	○ 丑
	○ ○	○ 丑	○ 酉	○ 酉	○ ○

예1·2·3·4는 금국(金局)이 성립되는데, 예5는 금국(金局)이 성립되지 않는다. 그 이유는 사(巳)와 축(丑)이 긴첩(緊疊)해 있으나, 중심이 되는 유금(酉金)이 빠져 있기 때문이다.

• 신자진(申子辰) : 수기(水氣)를 뜻하며, 수국(水局)이다.

예1 ○ 申　　예2 ○ 申　　예3 ○ ○　　예4 ○ 辰　　예5 ○ ○
　　○ 子　　　　○ ○　　　　○ 申　　　　○ 子　　　　○ 申
　　○ 辰　　　　○ 子　　　　○ 子　　　　○ ○　　　　○ 辰
　　○ ○　　　　○ 辰　　　　○ 辰　　　　○ 申　　　　○ ○

예1·2·3·4는 수국(水局)이 성립되는데, 예5는 수국(水局)이 성립되지 않는다. 그 이유는 신(申)과 진(辰)이 긴첩(緊疊)하여 있으나, 중심이 되는 자수(子水)가 없기 때문이다.

삼합(三合)을 그림으로 표시하면 다음과 같다.

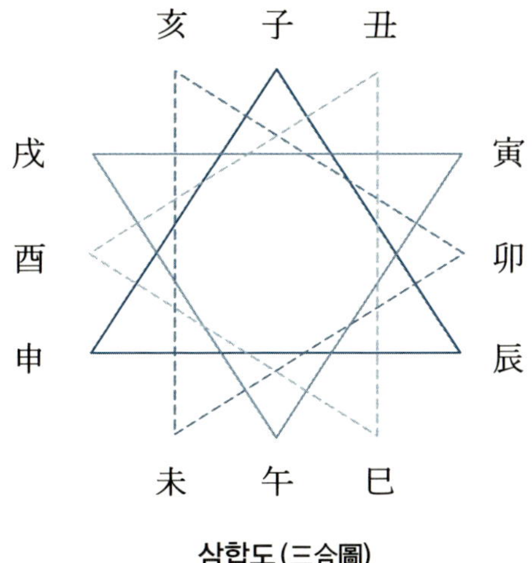

삼합도(三合圖)

③ 지합(支合)

지지(地支)에서 일어나는 합(合)을 말한다.

• 자수(子水)와 축토(丑土)가 만나면 합(合)이 된다. - 자축합토(子丑合土)

예1　○　子　　　예2　○　○　　　예3　○　○　　　예4　○　○
　　　○　丑　　　　　○　子　　　　　○　丑　　　　　○　○
　　　○　○　　　　　○　丑　　　　　○　○　　　　　○　丑
　　　○　○　　　　　○　○　　　　　○　子　　　　　○　子

예1·2·4는 합(合)이 되는데, 예3은 합(合)이 되지 않는다. 그 이유는
자(子)와 축(丑) 사이에 다른 것이 있기 때문이다.

즉, 합(合)하고자 하는데 다른 사람이 방해하여 합(合)하지 못한다.

• 인목(寅木)과 해수(亥水)가 만나면 합(合)이 된다. - 인해합목(寅亥合木)

예1　○　○　　　예2　○　○　　　예3　○　寅　　　예4　○　亥
　　　○　寅　　　　　○　○　　　　　○　○　　　　　○　寅
　　　○　亥　　　　　○　寅　　　　　○　亥　　　　　○　○
　　　○　○　　　　　○　亥　　　　　○　○　　　　　○　○

예1·2·4는 지합(支合)이 성립되지만, 예3은 성립되지 못한다.

• 묘목(卯木)과 술토(戌土)가 만나면 합(合)이 된다. - 묘술합목(卯戌合木)

예1　○　○　　　예2　○　戌　　　예3　○　○　　　예4　○　卯
　　　○　戌　　　　　○　○　　　　　○　戌　　　　　○　戌
　　　○　○　　　　　○　○　　　　　○　卯　　　　　○　○
　　　○　卯　　　　　○　卯　　　　　○　○　　　　　○　○

예3·4는 지합(支合)이 성립되지만, 예1·2는 지합(支合)이 성립되지 못한다.

• 진토(辰土)와 유금(酉金)이 만나면 합(合)이 된다. - 진유합금(辰酉合金)

예1　○　○　　　예2　○　辰　　　예3　○　○　　　예4　○　酉
　　　○　辰　　　　　○　○　　　　　○　辰　　　　　○　○
　　　○　酉　　　　　○　○　　　　　○　酉　　　　　○　○
　　　○　○　　　　　○　酉　　　　　○　○　　　　　○　辰

예1·3은 지합(支合)이 성립되지만, 예2·4는 지합(支合)이 성립되지 못한다.

• 사화(巳火)와 신금(申金)이 만나면 합(合)이 된다. — 사신합수(巳申合水)

예1 ○ 巳　　예2 ○ ○　　예3 ○ ○　　예4 ○ 申
　　○ 申　　　　○ 巳　　　　○ 申　　　　○ ○
　　○ ○　　　　○ 申　　　　○ ○　　　　○ ○
　　○ ○　　　　○ ○　　　　○ 巳　　　　○ 巳

예1 · 2는 합(合)이 성립되지만, 예3 · 4는 합(合)이 성립되지 못한다.

• 오화(午火)와 미토(未土)가 만나면 합(合)이 된다. — 오미합화(午未合火)

예1 ○ ○　　예2 ○ 午　　예3 ○ 未　　예4 ○ ○
　　○ 午　　　　○ 未　　　　○ ○　　　　○ 午
　　○ 未　　　　○ ○　　　　○ ○　　　　○ ○
　　○ ○　　　　○ ○　　　　○ 午　　　　○ 未

예1 · 2는 합(合)이 성립되지만, 예3 · 4는 합(合)이 성립되지 못한다.

지합(支合)을 그림으로 표시하면 다음과 같다.

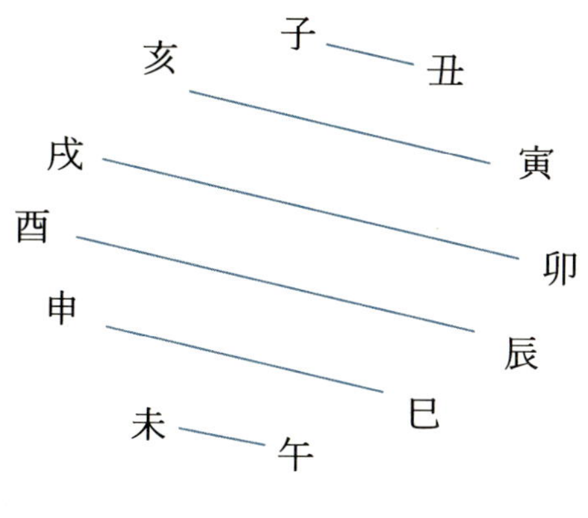

지합도 (支合圖)

④ 반합(半合)

반합(半合)은 삼합(三合)을 이루는 글자 중 두 글자만 있는 것을 말하는데 반드시 자(子) · 오(午) · 묘(卯) · 유(酉)의 글자가 있어야 하며, 자(子) ·

오(午)·묘(卯)·유(酉)자가 없이 삼합(三合)이 되는 글자 중에서 두 글자만 있으면 반합(半合)이 성립되지 않는다.

반합(半合)이 되는 것은 다음의 8가지가 있다.

1. 자진반합(子辰半合)   2. 자신반합(子申半合)

3. 오술반합(午戌半合)   4. 인오반합(寅午半合)

5. 사유반합(巳酉半合)   6. 유축반합(酉丑半合)

7. 해묘반합(亥卯半合)   8. 묘미반합(卯未半合)

예1
○ ○
○ ○
○ 寅
○ 戌

예2
○ ○
○ 子
○ 辰
○ ○

예3
○ ○
○ 辰
○ ○
○ 子

예4
○ ○
○ 申
○ 子
○ ○

예5
○ ○
○ 寅
○ 午
○ ○

예6
○ 巳
○ 丑
○ ○
○ ○

예7
○ 丑
○ ○
○ ○
○ 酉

예8
○ ○
○ 未
○ 卯
○ ○

예9
○ 亥
○ 卯
○ ○
○ ○

예10
○ 酉
○ ○
○ 巳
○ ○

예11
○ 寅
○ ○
○ 午
○ ○

예12
○ 戌
○ 午
○ ○
○ ○

예13
○ 亥
○ ○
○ 卯
○ ○

예14
○ ○
○ 未
○ 亥
○ ○

예15
○ ○
○ 申
○ 辰
○ ○

예16
○ 寅
○ ○
○ ○
○ 午

예17
○ ○
○ 巳
○ 酉
○ ○

예18
○ 子
○ ○
○ ○
○ 辰

예19
○ 酉
○ 丑
○ ○
○ ○

예20
○ 亥
○ ○
○ 未
○ ○

예2·4·5·8·9·12·17·19는 반합(半合)이 성립되지만, 예1은 중심이 되는 오화(午火)가 없어 반합(半合)이 성립되지 못하고, 예6은 중심이 되는 유금(酉金)이 없어 반합(半合)이 성립되지 못한다.

예14는 중심이 되는 묘목(卯木)이 없어서 성립되지 못하고, **예**15는 중심이 되는 자수(子水)가 없어서 성립되지 못한다.

예3 · 7 · 10 · 11 · 13 · 16 · 18 · 20은 반합(半合)이 성립될 수 있는 조건이지만 반합(半合)이 되는 글자가 긴첩(緊疊)되어 있지 못하여 성립되지 못한다.

(3) 지지(地支)의 충(沖)

충(沖)이란 싸운다는 뜻으로, 서로 상극(相剋)이 되는 것을 말한다.

지지(地支)는 사회생활을 하는 밖의 일이 아니라 가정(家政)을 뜻한다. 그러므로 지지(地支)에 충(沖)이 있다는 것은 가정이 화목하지 못하다는 뜻이다.

충(沖)의 종류에는 다음과 같이 6가지가 있다(육충(六沖)이라고도 한다).

① 자오충(子午沖)

② 축미충(丑未沖) : 붕충(朋沖)이라고도 한다.

③ 인신충(寅申沖)

④ 묘유충(卯酉沖)

⑤ 진술충(辰戌沖) : 붕충(朋沖)이라고도 한다.

⑥ 사해충(巳亥沖)

• 자수(子水)와 오화(午火)가 만나면 충(沖)이 된다. − 자오충(子午沖)

예1 ○ ○　　　**예**2 ○ ○
　　　○ 子　　　　　　○ 午
　　　○ 午　　　　　　○ ○
　　　○ ○　　　　　　○ 子

예1은 충(沖)이 성립되지만, **예**2는 충(沖)이 아니다.

• 축토(丑土)와 미토(未土)가 만나면 충(沖)이 된다. – 축미충(丑未沖)

예1 ○ 丑　　　예2 ○ ○
　　 ○ 未　　　　　 ○ 未
　　 ○ ○　　　　　 ○ ○
　　 ○ ○　　　　　 ○ 丑

예1은 충(沖)이 성립되지만, 예2는 충(沖)이 아니다.

• 인목(寅木)과 신금(申金)이 만나면 충(沖)이 된다. – 인신충(寅申沖)

예1 ○ ○　　　예2 ○ 寅
　　 ○ ○　　　　　 ○ ○
　　 ○ 寅　　　　　 ○ ○
　　 ○ 申　　　　　 ○ 申

예1은 충(沖)이 성립되지만, 예2는 충(沖)이 아니다.

• 묘목(卯木)과 유금(酉金)이 만나면 충(沖)이 된다. – 묘유충(卯酉沖)

예1 ○ 卯　　　예2 ○ ○
　　 ○ ○　　　　　 ○ 酉
　　 ○ ○　　　　　 ○ 卯
　　 ○ 酉　　　　　 ○ ○

예1은 충(沖)이 아니지만, 예2는 충(沖)이 성립된다.

• 진토(辰土)와 술토(戌土)가 만나면 충(沖)이 된다. – 진술충(辰戌沖)

예1 ○ ○　　　예2 ○ 辰
　　 ○ 戌　　　　　 ○ ○
　　 ○ 辰　　　　　 ○ 戌
　　 ○ ○　　　　　 ○ ○

예1은 충(沖)이 성립되지만, 예2는 충(沖)이 아니다.

• 사화(巳火)와 해수(亥水)가 만나면 충(沖)이 된다. – 사해충(巳亥沖)

예1은 충(沖)이 아니지만, 예2는 충(沖)이 성립된다.

꼭 기억해야 할 것은 위와 같이 합(合)이 되는 것이나 충(沖)이 되는 것이나 모두 바로 옆에 붙어 있지 않으면 성립되지 않는다.

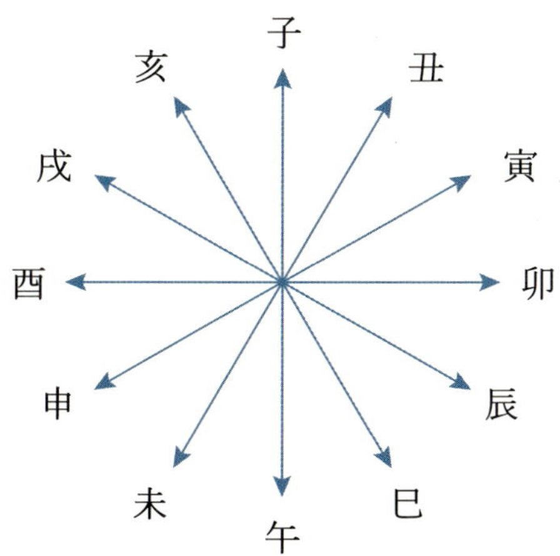

지지(地支) 충(沖)

■ 붕충(朋沖)

진술축미(辰戌丑未)가 충(沖)하는 것을 말한다.

붕충(朋沖)이라는 것은 정기(正氣)는 충(沖)하지 않지만 지지(地支) 속에

• 정기(正氣) : 순수한 기운, 올바른 기운

있는 정기(正氣)가 아닌 지장간(支藏干)끼리 충(沖)하는 것을 말한다. 친구인 장간(藏干)만 충(沖)한다고 하여 붕충(朋沖)이라 한다.

예1 진술충(辰戌沖)

진토(辰土) 속에는 을(乙), 계(癸), 무(戊)가 들어 있고,

무토(戊土) 속에는 신(辛), 정(丁), 무(戊)가 들어 있다.

충(沖)이라는 것은 서로 다투는 것인데 정기(正氣)인 무토(戊土)는 서로 싸우지 않는다. 그러나 정기(正氣)를 제외한 을(乙), 계(癸)와 신(辛), 정(丁)이 서로 상극(相剋)이다.

즉, 을목(乙木)과 신금(辛金), 그리고 계수(癸水)와 정화(丁火)가 다툰다는 것이다. 이렇게 정기(正氣)인 본인은 다투지 않는데 친구인 을(乙), 계(癸)와 신(辛), 정(丁)만 다투는 것을 붕충(朋沖)이라 한다.

예2 축미충(丑未沖)

축토(丑土) 속에는 계(癸), 신(辛), 기(己)가 들어 있고,

미토(未土) 속에는 정(丁), 을(乙), 기(己)가 들어 있다.

정기(正氣)인 기토(己土)는 다투지 않지만, 설령 다툰다고 해도 토(土)에서 변화가 없기 때문에 토(土)는 싸우지 않는다는 것이다.

그러나 장간(藏干) 속에 들어 있는 다른 장간(藏干)들은 다투는데, 축토(丑土) 속에 있는 계수(癸水)와 신금(金辛)이 미토(未土) 속에 있는 정화(丁火)와 을목(乙木)과는 서로 상극(相剋)으로 충(沖)이 되면 모두 없어진다. 이렇게 정기(正氣)는 싸우지 않고 장간(藏干)에 들어 있는 다른 기(氣)만 충(沖)이 일어나는 것을 말한다.

• 지장간(支藏干) : 지지(地支) 속에 숨어 있는 천간(天干)

• 장간(藏干) : 숨어 있는 천간(天干)

• 상극(相剋) : 서로 극(剋)이 되는 것

예와 같이 정기(正氣)인 본인은 다투지 않는데 친구인 계수(癸水), 신금(金辛)과 정화(丁火), 을목(乙木)만 다투는 것을 붕충(朋沖)이라 한다.

(4) 형(刑), 파(破), 해(害)에 대하여

형(刑), 파(破), 해(害)는 잘못된 것으로 배우지 않는 것이 좋다. 그 이유는 다음과 같다.

① 형(刑)

형의 뜻은 벌한다는 것으로, 결국은 다툰다는 것과 같다.

■ 형(刑)의 종류

• 제1형 ─ 인사신형(寅巳申刑)

─ 인사형(寅巳刑) : 인목(寅木)과 사화(巳火)가 만나 형(刑)이 된다는 것인데, 원래 목(木)이 화(火)를 생(生)하는 것은 당연한 이치인 것이다.

더구나 사화(巳火)는 겉은 음화(陰火)이지만 속은 양화(陽火)로 목(木)의 생(生)을 받으면 극(剋)을 받는 것이 아니라 불이 더 잘 일어난다. 생(生)하는 것을 극(剋)하는 것이라 하는 것은 잘못된 것이다.

─ 사신형(巳申刑) : 사화(巳火)와 신금(申金)이 만나면 극(剋)이 된다고 하는데, 지합(支合)에서는 사화(巳火)와 신금(申金)이 만나면 합(合)이 된다고 하였다.

그 이유는 신금(申金)이란 것은 정기(正氣)가 경금(庚金)으로 화(火)의 도움이 있어야 제대로 된 금(金)의 역할을 할 수 있기 때문에 사화(巳火)가 도와 주어야만 금(金)의 역할을 할 수 있는 것이다. 이러한 것을 보고 싸운다고 하는 것은 맞지 않는다.

• 제2형 ─ 미술축형(未戌丑刑)

미(未) · 술(戌) · 축(丑) 모두 토(土)가 정기(正氣)이다. 그러므로 토(土)

가 아무리 많아도 토(土)와 토(土)끼리는 다투지 않는 것이다.

미토(未土)와 술토(戌土) 또는 술토(戌土)와 축토(丑土)를 보면 미토(未土)는 화토(火土)이면서 작은 토(土)이고, 술토(戌土)는 화토(火土)이면서 많은 토(土)로 서로 다툰다는 것은 있을 수 없다.

그리고 술토(戌土)와 축토(丑土)가 만나는 것은 습토(濕土)인 축토(丑土)가 술토(戌土)의 화기(火氣)를 식혀 주어 오히려 술토(戌土)에 득이 된다.

• 제3형 – 자묘형(子卯刑)

자수(子水)와 묘목(卯木)이 만나면 수(水)가 목(木)을 생(生)하는 것이 인지상정인데, 수(水)가 목(木)을 극(剋)한다는 것은 앞뒤가 맞지 않는다.

• 제4형 – 자형(自刑)

자형(自刑)의 종류에는 진진(辰辰)·오오(午午)·유유(酉酉)·해해(亥亥)가 있는데, 가만히 살펴보면 같은 것끼리 다툰다는 뜻이다. 진진(辰辰)의 경우 토(土)와 토(土)가 만나서 다툰다는 것인데 절대로 토(土)와 토(土)는 다투지 않는다.

더구나 해해(亥亥)는 수(水)와 수(水)로 아무리 물이 많아도 수평을 이루려고 하는 것이 물의 성질이다. 그러므로 해해(亥亥)가 다툰다는 것은 맞지 않는다.

② 파(破)

'깨트린다' 또는 '부순다' 라는 뜻이다.

• 자유파(子酉破) : 유금(酉金)이 자수(子水)를 만나면 생(生)하는 것이 자연의 이치이다.

• 축진파(丑辰破) : 습토(濕土)인 축토(丑土)와 진토(辰土)가 만나는 것으

• 습토(濕土) : 물기가 많아 축축한 흙

로, 토(土)와 토(土)는 변하지 않는 것이 자연의 이치이다.

- 인해파(寅亥破) : 인목(寅木)이 해수(亥水)를 만나는 것으로, 수(水)는 목(木)을 생(生)하는 것이지 파(破)하는 것이 아니다. 더구나 인목(寅木)과 해수(亥水)는 만나면 합(合)하여 목(木)으로 변한다.
- 묘오파(卯午破) : 묘목(卯木)이 오화(午火)를 만나는 것으로, 목(木)이 화(火)를 생(生)하는 것이 자연의 이치이다.
- 미술파(未戌破) : 화토(火土)인 미토(未土)와 화토(火土)인 술토(戌土)가 만나는 것으로, 전혀 변동 사항이 없다.
- 사신파(巳申破) : 사화(巳火)와 신금(申金)이 만나는 것은 서로 도움을 주는 관계이지 극(剋)하는 관계가 아니다. 더구나 사화(巳火)와 신금(申金)은 만나 합(合)이 되어 수(水)로 변한다.

③ 해(害)

해(害)는 6가지 종류가 있다고 하여 육해(六害)라 한다. 해(害)의 원리는 지합(支合)되는 것을 방해(妨害)한다는 것으로, 다음과 같다.

- 자미해(子未害) : 서로 극(剋)하는 관계이다. 즉, 수(水)와 토(土)는 극(剋)하는 관계이다.
- 축오해(丑午害) : 축토(丑土)를 오화(午火)가 오히려 생(生)하는 관계이다.
- 인사해(寅巳害) : 목(木)은 화(火)를 보면 생(生)하는 것이 이치이다. 그런데 화(火)가 목(木)을 해(害)한다는 것은 자연의 이치에 맞지 않는다.
- 묘진해(卯辰害) : 진토(辰土)는 습토(濕土)로 모든 식물을 좋게 할 수가 있다. 즉, 진토(辰土)는 묘목(卯木)을 생(生)하는 것이 자연의 이치이다.
- 신해해(申亥害) : 금(金)이 수(水)를 보면 생(生)하는 것이 자연의 이치이다.

• 해(害) : 해롭다, 방해하다, 손해, 재앙

• 유술해(酉戌害) : 술토(戌土)는 유금(酉金)을 생(生)하는 관계이지 해(害)하는 관계는 아니다.

이와 같이 전혀 말도 안되고 근거가 없는 것을 확인할 수 있다. 그래서 배우지 않아도 된다는 것이다.

2-3 인(人)

사람은 하늘 아래, 땅 위에 존재하는 것이기 때문에 사주팔자에서도 하늘(天)에는 없고 땅(地) 속에 장간(藏干)이라 하는 것이 있는데 이것이 사람을 뜻한다.

그러므로 사주팔자를 풀이할 때 사람을 빼놓고 보는 것은 겉만 보는 것으로, 반드시 장간(藏干)을 확인하고 사주팔자에 맞는 사람을 찾아야 한다.

예를 들면 지지(地支)를 뜻하는 자(子) 속에는 계수(癸水)와 임수(壬水)가 있고, 축토(丑土) 속에는 계수(癸水)와 신금(辛金)과 기토(己土)가 들어 있으며, 인목(寅木) 속에는 무토(戊土)와 병화(丙火) 그리고 갑목(甲木)이 들어 있다.

또한 묘목(卯木) 속에는 갑목(甲木)과 을목(乙木)이 들어 있고, 진토(辰土) 속에는 을목(乙木)과 계수(癸水)와 무토(戊土)가 들어 있으며, 사화(巳火) 속에는 무토(戊土)와 경금(庚金) 그리고 병화(丙火)가 들어 있다.

위의 예처럼 지지(地支)마다 반드시 각각 2개 또는 3개의 장간(藏干)을 가지고 있는데, 지지(地支)의 오행(五行)과 지지(地支) 속에 들어 있는 장간(藏干)의 오행이 틀릴 수 있으므로 반드시 장간(藏干)을 확인해야 한다.

장간(藏干)에 맞는 날짜와 시간을 계산하는 방법을 저자는 모른다.

「자평진전평주(子平眞詮評註)」에서도 어떤 사람이 만들었는지 모른다고 할 정도로 오래전에 사용되었다. 현재 우리나라에서 보편적으로 사용하고

있는 것을 인용하였으나「자평진전평주(子平眞詮評註)」에 실려 있는 것과
는 차이가 있다.

지지(地支)는 12자로 표시하고 있는데, 그 속에 들어 있는 장간(藏干)은
다음과 같다.

(1) 장간(藏干)

① 자(子)

입절(入節)인 대설(大雪) 후 10일 1시간은 임수(壬水)에 해당하는데 이 때
를 초기(初氣) 또는 여기(餘氣)라 하고, 그 후 20일 2시간은 계수(癸水)에
해당하는데 이 때를 정기(正氣) 또는 본기(本氣)라 한다.

② 축(丑)

입절(入節)인 소한(小寒) 후 9일 3시간은 계수(癸水)에 해당하는데 이 때
를 초기(初氣) 또는 여기(餘氣)라 하고, 그 후 3일 1시간은 신금(辛金)에 해
당하는데 이 때를 중기(中氣)라 하며, 그 후 18일 6시간은 기토(己土)에 해
당하는데 이 때를 정기(正氣) 또는 본기(本氣)라 한다.

③ 인(寅)

입절(入節)인 입춘(立春) 후 7일 2시간은 무토(戊土)에 해당하는데 이 때
를 초기(初氣) 또는 여기(餘氣)라 하고, 그 후 7일 2시간은 병화(丙火)에 해
당하는데 이 때를 중기(中氣)라 하며, 그 후 16일 5시간은 갑목(甲木)에 해
당하는데 이 때를 정기(正氣) 또는 본기(本氣)라 한다.

- 입절(入節) : 절기가 들어오는 때
- 초기(初氣) : 처음의 기운
- 여기(餘氣) : 남아 있는 기운
- 본기(本氣) : 본래 가지고 있는 기운

④ 묘(卯)

입절(入節)인 경칩(驚蟄) 후 10일 3시간은 갑목(甲木)에 해당하는데 이 때를 초기(初氣) 또는 여기(餘氣)라 하고, 그 후 20일 6시간은 을목(乙木)에 해당하는데 이 때를 정기(正氣) 또는 본기(本氣)라 한다.

⑤ 진(辰)

입절(入節)인 청명(淸明) 후 9일 3시간은 을목(乙木)에 해당하는데 이 때를 초기(初氣) 또는 여기(餘氣)라 하고, 그 후 3일 1시간은 계수(癸水)에 해당하는데 이 때를 중기(中氣)라 하며, 그 후 18일 6시간은 무토(戊土)에 해당하는데 이 때를 정기(正氣) 또는 본기(本氣)라 한다.

⑥ 사(巳)

입절(入節)인 입하(立夏) 후 7일 2시간은 무토(戊土)에 해당하는데 이 때를 초기(初氣) 또는 여기(餘氣)라 하고, 그 후 7일 3시간은 경금(庚金)에 해당하는데 이 때를 중기(中氣)라 하며, 그 후 16일 5시간은 병화(丙火)에 해당하는데 이 때를 정기(正氣) 또는 본기(本氣)라 한다.

⑦ 오(午)

입절(入節)인 망종(芒種) 후 10일은 병화(丙火)에 해당하는데 이 때를 초기(初氣) 또는 여기라 하고, 그 후 10일 1시간은 기토(己土)에 해당하는데 이 때를 중기(中氣)라 하며, 그 후 11일 2시간은 정화(丁火)에 해당하는데 이 때를 정기(正氣) 또는 본기(本氣)라 한다.

⑧ 미(未)

입절(入節)인 소서(小暑) 후 9일 3시간은 정화(丁火)에 해당하는데 이 때를 초기(初氣) 또는 여기(餘氣)라 하고, 그 후 3일 1시간은 을목(乙木)에 해당하는데 이 때를 중기(中氣)라 하며, 그 후 18일 6시간은 기토(己土)에 해당하는데 이 때를 정기(正氣) 또는 본기(本氣)라 한다.

⑨ 신(申)

입절(入節)인 입추(立秋) 후 7일 2시간은 무토(戊土)에 해당하는데 이 때를 초기(初氣) 또는 여기(餘氣)라 하고, 그 후 7일 2시간은 임수(壬水)에 해당하는데 이 때를 중기(中氣)라 하며, 그 후 16일 5시간은 경금(庚金)에 해당하는데 이 때를 정기(正氣) 또는 본기(本氣)라 한다.

⑩ 유(酉)

입절(入節)인 백로(白露) 후 10일 3시간은 경금(庚金)에 해당하는데 이 때를 초기(初氣) 또는 여기(餘氣)라 하고, 그 후 20일 6시간은 신금(辛金)에 해당하는데 이 때를 정기(正氣) 또는 본기(本氣)라 한다.

⑪ 술(戌)

입절(入節)인 한로(寒露) 후 9일 3시간은 신금(辛金)에 해당하는데 이 때를 초기(初氣) 또는 여기(餘氣)라 하고, 그 후 3일 1시간은 정화(丁火)에 해당하는데 이 때를 중기(中氣)라 하며, 그 후 18일 6시간을 정기(正氣) 또는 본기(本氣)라 한다.

⑫ 해(亥)

입절(入節)인 입동(立冬) 후 7일 2시간은 무토(戊土)에 해당하는데 이 때를 초기(初氣) 또는 여기(餘氣)라 하고, 그 후 7일 1시간은 갑목(甲木)에 해당하는데 이 때를 중기(中氣)라 하며, 그리고 중기(中氣) 이후부터 16일 5시간은 임수(壬水)에 해당하는데 이 때를 정기(正氣) 또는 본기(本氣)라 한다.

위의 내용을 표로 정리하면 다음과 같다.

12월령인원사령 분야표(12月令人元司令 分野表)

期間＼地支	子	丑	寅	卯	辰	巳	午	未	申	酉	戌	亥
初氣(餘氣)	壬 十日 一時間	癸 九日 三時間	戊 七日 二時間	甲 十日 三時間	乙 九日 三時間	戊 七日 二時間	丙 十日	丁 九日 三時間	戊 七日 二時間	庚 十日 三時間	辛 九日 三時間	戊 七日 二時間
中氣		辛 三日 一時間	丙 七日 二時間		癸 三日 一時間	庚 七日 三時間	己 十日 一時間	乙 三日 一時間	壬 七日 二時間		丁 三日 一時間	甲 七日 一時間
正氣(本氣)	癸 二十日 二時間	己 十八日 六時間	甲 十六日 五時間	乙 二十日 六時間	戊 十八日 六時間	丙 十六日 五時間	丁 十一日 二時間	己 十八日 六時間	庚 十六日 五時間	辛 二十日 六時間	戊 十八日 六時間	壬 十六日 五時間

(2) 12지지(地支)

사생방(四生方), 사고장(四庫藏), 사패지(四敗地)로 나눌 수 있다.

① 사생방(四生方)

인(寅), 신(申), 사(巳), 해(亥)를 말한다.

사생방(四生方)은 충(沖), 동(動)을 극(剋)히 꺼린다. 예를 들면, 사해충(巳亥沖)이 일어나면 사화(巳火) 속에는 무(戊), 경(庚), 병(丙)이 들어 있고 해수(亥水) 속에는 무(戊), 갑(甲), 임(壬)이 들어 있어 충(沖)하게 되면 경금(庚金)과 갑목(甲木)이, 병화(丙火)와 임수(壬水)가 다투게 되어 무토(戊土) 밖에 남지 않는다.

만약 천간(天干)의 뿌리 역할을 갑목(甲木)이 하였다면 뿌리가 없어지는 결과를 초래하므로 충(沖), 동(動)을 꺼린다는 것이다.

② 사고장(四庫藏)

진(辰), 술(戌), 축(丑), 미(未)를 말한다.

진토(辰土) 속에는 계수(癸水)가, 술토(戌土) 속에는 정화(丁火)가, 축토(丑土) 속에는 신금(辛金)이, 미토(未土) 속에는 을목(乙木)이 중기(中氣)로 들어 있는데, 중기(中氣) 속에 들어 있는 장간(藏干)을 고(庫)라 한다.

고(庫)는 창고를 뜻하는 것이다. 그래서 진토(辰土)는 수(水)의 창고, 술토(戌土)는 화(火)의 창고, 축토(丑土)는 금(金)의 창고, 미토(未土)는 목(木)의 창고라고도 표시한다.

그런데 고(庫)는 충개(沖開)를 원칙으로 하고 있으나 충개(沖開)를 해서 좋은 경우와 그렇지 않은 경우가 있으니 잘 살펴야 한다.

• 충개(沖開) : 깨트려서 여는 것

예 고(庫)는 진(辰), 술(戌), 축(丑), 미(未)를 말하는데 이 중에서 진술충(辰戌沖)이 일어나는 경우이다.

고(庫) 속에 들어 있는(진토(辰土) 속에 을(乙), 계(癸), 무(戊)가 들어 있고, 술토(戌土) 속에 신(辛), 정(丁), 무(戊)가 들어 있다) 장간(藏干)이 진술충(辰戌沖)이 될 경우 을목(乙木)과 신금(辛金), 그리고 계수(癸水)와 정화(丁火)가 전극(戰剋)이 일어나 없어지는데, 고(庫) 속에 있는 계수(癸水)와 정화(丁火)가 없어지면 고(庫)의 역할을 할 수가 없다. 이러한 이유 때문에 잘 살펴야 한다는 것이다.

③ 사패지(四敗地)

자(子), 오(午), 묘(卯), 유(酉)를 말한다.

사패지는 다른 기(氣)가 섞여 있지 않고 순수하기 때문에 충(沖)할 때는 잘 살펴야 한다.

방합(方合)이나 삼합(三合)의 중심이 되는 것이 사패지이기 때문에 충(沖)이 일어날 경우 다른 것보다 충(沖)이 격렬하게 일어난다. 즉, 변화가 심하다는 것이다.

예 묘유충(卯酉沖)이 일어나는 경우이다.

묘목(卯木) 속에는 을목(乙木)과 갑목(甲木)이 들어 있고, 유금(酉金) 속에는 신금(辛金)과 경금(庚金)이 들어 있다.

그러므로 충(沖)이 일어나면 장간(藏干)인 을목(乙木)과 신금(辛金), 그리고 갑목(甲木)과 경금(庚金)이 부딪치어 전부 날아가 버리는 것이다. 이렇게 되면 남는 것이 없기 때문에 변화가 심하다는 것이다.

3. 오행(五行)의 상생(相生)과 상극(相剋)에 대하여

우주 만물의 변화는 오행의 상생(相生)에 의하여 이루어지는데, 목(木)이 화(火)를 생(生)하고, 화(火)가 토(土)를 생(生)하고, 토(土)가 금(金)을 생(生)하고, 금(金)이 수(水)를 생(生)하며, 수(水)가 목(木)을 생(生)하는데 이것이 오행의 상생(相生) 순서이다.

이렇게 오행이 순환하면서 운행하기 때문에 시간이 멈추지 않고 흐르는 것이다. 그런데 상생(相生)만 있고 상극(相剋)이 없으면 변화가 없기 때문에 상생(相生)이 있으면 반드시 상극(相剋)도 같이 있는 것이다. 극(剋)한다는 것은 생(生)하는 것을 절제하여 그치게 하는 것이다.

이렇기 때문에 목(木)은 토(土)가 없으면 성장을 할 수가 없으나 결국은 목(木)이 토(土)를 극(剋)하여 토(土)를 파헤쳐 놓는 결과를 가져온다.

(1) 오행(五行)의 상생(相生)의 법칙

① 목(木)은 화(火)를 보면 생(生)한다. : 화(火)는 목(木)이 있어야 불이 일어난다.

② 화(火)는 토(土)를 보면 생(生)한다. : 목(木)을 태우고 남은 재는 토(土)로 변한다.

③ 토(土)는 금(金)을 보면 생(生)한다. : 토(土)의 겉보다는 깊은 곳에서 광물질이 나온다.

④ 금(金)은 수(水)를 보면 생(生)한다. : 금(金)이 화(火)를 만나 녹으면 수(水)로 변한다.

• 상생(相生) : 서로 도와 주는 것   • 상극(相剋) : 서로 극(剋)이 되는 것

⑤ 수(水)는 목(木)을 보면 생(生)한다. : 수(水)가 없으면 목(木)은 화(火)가 있어도 죽는다.

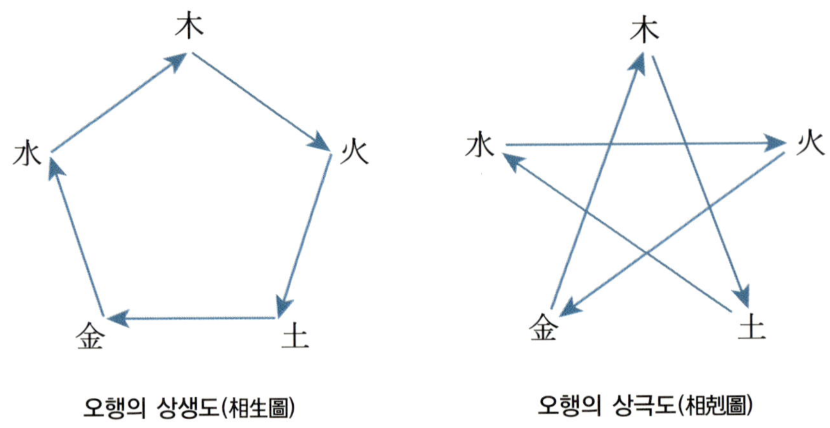

오행의 상생도(相生圖)   오행의 상극도(相剋圖)

(2) 오행(五行)의 상극(相剋)의 법칙

① 목(木)은 토(土)를 보면 극(剋)한다. : 목(木)은 토(土)가 없으면 생(生)하기 어렵지만 결국은 목(木)이 토(土)를 극(剋)하는 것이다.

② 화(火)는 금(金)을 보면 극(剋)한다. : 금(金)은 화(火)가 있어야 제대로 활용을 하지만 결국은 화(火)가 금(金)을 극(剋)하는 것이다.

③ 토(土)는 수(水)를 보면 극(剋)한다. : 수(水)의 흐름을 방해하는 것은 토(土)이다.

④ 금(金)은 목(木)을 보면 극(剋)한다. : 목(木)이 무성해지면 금(金)이 필요하지만 평상시에 금기운(金氣運)에 접하면 목(木)이 죽는다.

⑤ 수(水)는 화(火)를 보면 극(剋)한다. : 불이 나면 불을 제압하는 것은 결국 물이다. 그렇기 때문에 화(火)의 상극(相剋)은 수(水)가 된다.

4. 오행(五行)으로 알아보는 직업

사주(四柱)에 있어 희신(喜神)에 해당하는 오행을 직업으로 보는 것이다.

(1) 목(木)에 관련된 직업

농림업, 목재를 이용한 제조 및 판매, 목(木)으로 제조한 의류업, 교육사업, 음식점(목(木)을 중심으로 판매하는 음식점), 제화 제조 및 판매, 종이 제조 및 판매, 화원, 분재, 종교

(2) 화(火)에 관련된 직업

주유소, 석유류 제품 제조 및 판매업, 가스 판매업, 전기와 관련이 있는 전기 수리, 전자제품 제조 및 판매, 원자력 발전소, 봉사업무, 제철 공장 중 화로에 관련된 부분, 의류업

(3) 토(土)에 관련된 직업

건축, 토목 공사, 골재 채취 및 판매, 원예, 종묘, 산림, 과수원, 농업, 종교에 관련된 직업, 부동산업, 도자기 제조 및 판매

(4) 금(金)에 관련된 직업

제철 공장, 철공소, 금속, 금·은을 취급하는 제조 및 판매, 기계 판매 및 조립, 자동차 공장, 자동차 운전, 기관사, 기관차 정비, 비행기 조종사, 군인, 기공소, 컴퓨터 기기 제조 및 판매

(5) 수(水)에 관련된 직업

주류 제조 및 판매, 카페, 다방, 호프집 등 술집, 음식점(수(水)를 중심으로 판매하는 음식점), 무역업, 어업, 양식업, 발명가, 외교직, 선원

예1 ○ 申　예2 ○ ○　예3 ○ ○　예4 ○ ○　예5 ○ ○
　　丙 午　　　壬 申　　　丙 戌　　　○ 酉　　　○ 巳
　　甲 辰　　　丙 午　　　戊 ○　　　庚 申　　　壬 辰
　　○ ○　　　○ ○　　　○ ○　　　○ ○　　　丙 ○

예1은 갑목일주(甲木日柱)가 오월(午月)에 출생하여 일주(日柱)가 약한 가운데 월천간(月天干)에 병화(丙火)가 투출(透出)하여 갑목(甲木)의 기운(氣運)을 설기(泄氣)하고 있다. 그러나 일지(日支)에 있는 진토(辰土)에 갑목(甲木)이 의지하고 있어 갑목(甲木)의 뿌리가 없다고 할 수는 없다.

이렇게 구성되어 있는 경우에는 갑목(甲木)을 생조(生助)하는 수(水)와 목(木)에 관한 직업이 가장 좋다.

예2는 병화일주(丙火日柱)가 신월(申月)에 출생하였지만 일지(日支)에 오화(午火)가 좌(坐)하고 있어 일주(日柱)가 강하고, 월천간(月天干)에 있는 임수(壬水)는 월령(月令)에 뿌리가 있어 약하지 않다.

이 구성에서는 임수(壬水)는 칠살(七殺)에 해당하므로 칠살(七殺)에 해당하는 직업이 가장 좋다.

예3은 무토일주(戊土日柱)가 술월(戌月)에 출생하여 월령(月令)을 얻어 일주(日柱)가 강한데, 월천간(月天干)에 있는 병화(丙火)가 일주(日柱)를 생조(生助)하여 일주(日柱)가 매우 강하다.

원래는 일주(日柱)가 강하면 설기(泄氣)하는 직업이 좋으나 월천간(月天干)에 병화(丙火)가 있기 때문에 설기(泄氣)하는 직업보다는 강한 일주(日柱)를 생조(生助)하는 화(火)에 관한 직업이 좋다.

• 투출(透出) : 천간(天干)에 나와 있는 것
• 설기(泄氣) : 기운을 빼내는 것
• 생조(生助) : 생(生)하여 도와 주는 것
• 좌(坐) : 앉아 있는 자리
• 월령(月令) : 월(月)의 명령
• 칠살(七殺) : 편관(偏官)의 다른 용어

예4는 경금일주(庚金日柱)가 유월(酉月)에 출생하여 월령(月令)을 얻고 일지(日支)에 신금(申金)이 좌(坐)하고 있어 일주(日柱)가 매우 강하다.

이렇게 강하면 일주(日柱)의 기운(氣運)을 설기(泄氣)하는 것으로 직업을 선택하면 좋은데, 설기(泄氣)하는 것은 수(水)이므로 수(水)에 관한 직업이 가장 좋다.

예5는 임수일주(壬水日柱)가 사월(巳月)에 출생하여 일주(日柱)가 매우 약한 가운데 시천간(時天干)에 병화(丙火)가 투출(透出)하여 매우 힘이 드는 구성이다.

그러나 일지(日支)에 진토(辰土)가 좌(坐)하고 있어 임수(壬水)의 뿌리가 되므로 임수(壬水)를 생조(生助)하는 것이 좋기 때문에 수(水)에 해당하는 직업이 가장 좋다.

5. 오행(五行)을 의인화(擬人化)하는 방법

일주(日柱)란 모든 물건은 주인이 있듯이 사주(四柱)에도 주인이 있는데, 그 사주의 주인을 말한다.

즉, 생일(生日)을 뜻하며 의인화한 것을 통변성(通變星)이라 부른다.

(1) 통변성(通變星)

통변(通變)은 오행의 상생(相生)과 상극(相剋), 생화(生化) 등을 의인화하여 사람의 운명을 감정·판정하기 위하여 만들어진 것이다.

즉, 일간(日干)과 간(干)을 대조하여 오행의 상생(相生)과 상극(相剋)과 생화(生化)하는 과정에서 음양(陰陽)의 관계를 보는 것으로, 여기에 사람을 대입하여 만든 것이다.

　생일을 위주로 용신(用神)의 통변(通辯)을 정한 다음, 3간(干) 4지(支)에 걸쳐 통변(通辯)을 배열하는 것이다.

　즉, 3간(干) 4지(支) 중에서 제일 강한 것을 용신(用神)으로 택하는데 여기에 맞추어 희신(喜神), 기신(忌神), 구신(仇神), 구신(救神), 한신(閑神)을 찾아 정하는 것이다.

　통변(通辯)의 종류에는 비견(比肩), 겁재(劫財), 식신(食神), 상관(傷官), 편재(偏財), 정재(正財), 편관(偏官), 정관(正官), 편인(偏印), 인수(印綬) 등이 있는데 이것을 십요신(十曜神)이라 한다.

(2) 통변성(通變星)의 뜻과 특징

① 비견(比肩) : 일주(日柱)와 같은 것이 비견이므로, 나와 모든 것이 같다고 생각하면 된다. 그러므로 비견(比肩)이 많으면 일주(日柱)의 힘이 강해지는데, 힘이 강해지면 고집과 자존심이 강해질 수 밖에 없다. 그리고 나와 같은 것이 여럿 있으니 재물을 나누어 쓰는 형국(形局)이라 재물이 모이지 않는다. 사람으로 말하면 형제 또는 가까운 사람을 뜻한다.

② 겁재(劫財) : 일주(日柱)와 같으나 음양(陰陽)이 다른 것으로 일주(日柱)에 힘을 완전하게 실어주지는 않는다. 그러나 일주(日柱)와 같기 때문에 힘은 강해지나 재물을 없애는 데는 일등공신에 해당한다. 사람으로는 음양(陰陽)이 다른 형제 또는 친구, 가까운 사람을 뜻한다.

③ 식신(食神) : 일주(日柱)의 식복(食福)을 뜻한다. 식신(食神)이 있으면

• 형국(形局) : 어떤 일이 벌어진 그때의 형편이나 판국

음식을 매우 잘하고 음식하기를 좋아한다. 뇌의 기운(氣運)을 뽑아서 쓰는 것으로 식신(食神)이 있으면 뇌의 활동이 매우 빠르게 돌아간다. 사람으로는 자식을 뜻한다(자평진전평주(子平眞詮評註)에서는 여자 사주만 자식이다).

④ 상관(傷官) : 예술의 신(神)를 말하는데, 창작과 기예 방면에 뛰어난 재주를 보인다. 상관이 많이 있으면 너무 화려한 것을 좋아하거나 건방지기 때문에 제화(制化)가 꼭 필요하다. 사람으로는 자식을 뜻한다(자평진전평주에서는 여자 사주만 자식이다).

⑤ 편재(偏財) : 재물을 뜻한다. 움직이는 재물, 즉 유동의 재물을 말하는데, 조그만 장사부터 대재벌에 이르기까지를 말한다. 남자는 편처(偏妻), 즉 첩(妾)을 뜻하기도 하고 여자는 재물을 뜻한다(자평진전평주에서는 남녀 사주 모두 아버지를 말한다).

⑥ 정재(正財) : 재물을 뜻한다. 고정적인 재물 또는 봉급 생활자 등 일정하게 재물이 들어오는 것을 말한다. 남자는 정처(正妻), 즉 본처(本妻)를 뜻하기도 하고, 여자는 재물을 뜻한다.

⑦ 편관(偏官) : 일주(日柱)를 극(剋)하는 것으로 직업으로는 경찰, 검찰직, 법원직, 군인 등이며 일종의 불량배를 뜻한다. 여자는 편남(偏男), 즉 정부(情夫)를 말하고, 남자는 직업을 말한다(자평진전평주에서는 남자 사주만 자식이다).

⑧ 정관(正官) : 일주(日柱)를 극(剋)하나 군자형(君子形)으로 정부 부처의

- 제화(制化) : 통제하여 변화시킴
- 편처(偏妻) : 본 부인 이외의 부인
- 정처(正妻) : 본 부인
- 편남(偏男) : 남편 이외의 남자(정부(情夫))
- 정부(情夫) : 유부녀가 몰래 사통하는 남자
- 군자형(君子形) : 학식이나 덕행이 높은 사람
- 정남(正南) : 남편

공무원을 뜻한다. 여자는 정남(正男), 즉 남편을 말하고, 남자는 직업을 말한다(자평진전평주(子平眞詮評註)에서는 남자 사주만 자식이다).

⑨ 편인(偏印) : 일주(日柱)를 도와 주는 것으로 기예(技藝)의 신(神)을 말하는데, 이것이 많으면 사람이 게으르다. 즉, 도와 주는 것이 너무 많아도 탈이 나는 것을 말한다. 사람으로는 이모 또는 계모를 뜻한다(적천수천미(滴天髓闡微)에서는 부모를 말한다).

⑩ 인수(印綬) : 일주(日柱)를 도와 주는 것으로 이것이 있으면 좋은 점이 많다. 사람으로는 어머니를 뜻한다(적천수천미에서는 부모를 말한다).

참고 자평학(子平學)에서는 식신(食神)과 상관(傷官)을 여자 사주에서만 자식으로 하고, 정관(正官)과 편관(偏官)은 남자 사주에서만 자식으로 하며, 편재(偏財)는 남녀 사주 모두 아버지로 하고 있다.

적천수천미(滴天髓闡微)에서는 식신(食神), 상관(傷官)을 남녀 사주 모두 자식으로 하고 있으며, 부모는 편인(偏印), 정인(正印)으로 하고 있다.

이 책에서 적천수천미(滴天髓闡微)를 사용한 이유는 다음과 같다.

자평학에서 남자 사주에는 자식을 정관(正官)과 편관(偏官)으로 하고 있지만 이것은 자식이 일주(日柱)인 아버지를 극(剋)하는 것으로 동서고금(東西古今)을 막론하고, 자식이 아버지를 극(剋)한다는 것은 문제가 있는 집안을 제외하고 보편적인 집안에서는 있을 수 없는 일이다. 더구나 아버지를 편재(偏財)로 한다는 것은 일주(日柱)인 자식이 아버지를 극(剋)하는 것이고, 그리고 일주(日柱)로 보아서는 편재(偏財)가 편처(偏妻)에도 해당한다.

어느 때는 아버지로, 어느 때는 편처(偏妻)로 볼 수가 없는 것이다. 나이가 들면 편처(偏妻), 나이가 들지 않으면 아버지라고 해석할 수도 없을 뿐더러 나이가 들었다고 하여 아버지가 없을 수 없기 때문에 앞뒤가 맞지 않다고 생각된다. 이러한 이유로 자평학에서 말하는 것을 배제하고, 앞으로 적천수천미(滴天髓闡微)에서 말하는 것을 사용한다.

(3) 통변성(通變星)(십요신(十曜神))을 붙이는 방법

일주(日柱)를 제외한 모든 음양오행(陰陽五行)에 대하여 다음과 같이 통변성을 붙일 수 있다.

① 비견(比肩) : 일주(日柱)와 음양오행(陰陽五行)이 같은 것을 말한다.

예1 갑목(甲木)이 일주(日柱)인 경우, 갑목(甲木)을 비견(比肩)이라 한다.

장간(藏干)

○ 寅 − 甲　　갑목일주(甲木日柱)로 천간(天干)에 있는 갑목(甲
甲 ○　　　　木)은 전부 비견(比肩)이라 한다. 그리고 지지(地支)
甲 ○　　　　는 장간(藏干)이 어떤 것인지 결정하는데, 이 경우
○ ○　　　　는 갑목(甲木)이므로 비견(比肩)에 해당한다.

예2 을목(乙木)이 일주(日柱)인 경우, 을목(乙木)을 비견(比肩)이라 한다.

장간(藏干)

○ ○　　　　을목일주(乙木日柱)로 월지(月支)에 묘목(卯木)이나
○ 卯 − 乙　　장간(藏干)이 을목(乙木)이므로 비견(比肩)에 해당
乙 ○　　　　한다.
○ ○

예3 병화(丙火)가 일주(日柱)인 경우, 병화(丙火)를 비견(比肩)이라 한다.

장간(藏干)

丙 ○　　　　병화일주(丙火日柱)로 천간(天干)에 있는 병화(丙火)
○ ○　　　　가 비견(比肩)에 해당하고, 지지(地支)에 있는 오화
丙 ○　　　　(午火)의 장간(藏干)은 병화(丙火)이므로 비견(比肩)
○ 午 − 丙　　에 해당한다.

예4 정화(丁火)가 일주(日柱)인 경우, 정화(丁火)를 비견(比肩)이라 한다.

장간(藏干)

丁 ○		정화일주(丁火日柱)로 천간(天干)에 있는 정화(丁火)
○ 未 - 丁		는 전부 비견(比肩)에 해당하고, 지지(地支)에 있는
丁 ○		미토(未土)의 장간(藏干)이 정화(丁火)이므로 비견
丁 ○		(比肩)에 해당한다.

예5 무토(戊土)가 일주(日柱)인 경우, 무토(戊土)를 비견(比肩)이라 한다.

장간(藏干)

○ ○		무토일주(戊土日柱)로 천간(天干)에 있는 무토(戊土)
○ ○		가 비견(比肩)에 해당하고, 지지(地支)에 있는 진토
戊 ○		(辰土)의 장간(藏干)이 무토(戊土)이므로 비견(比肩)
戊 辰 - 戊		에 해당한다.

예6 기토(己土)가 일주(日柱)인 경우, 기토(己土)를 비견(比肩)이라 한다.

장간(藏干)

己 ○		기토일주(己土日柱)로 천간(天干)에 있는 기토(己土)
○ 未 - 己		가 비견(比肩)에 해당하고, 지지(地支)에 있는 미토
己 ○		(未土)의 장간(藏干)이 기토(己土)이므로 비견(比肩)
○ ○		에 해당한다.

예7 경금(庚金)이 일주(日柱)인 경우, 경금(庚金)을 비견(比肩)이라 한다.

장간(藏干)

○ ○		경금일주(庚金日柱)로 지지(地支)에 있는 신금(申金)
○ ○		의 장간(藏干)이 경금(庚金)이므로 비견(比肩)에 해
庚 ○		당한다.
○ 申 - 庚		

예8 신금(辛金)이 일주(日柱)인 경우, 신금(辛金)을 비견(比肩)이라 한다.

장간(藏干)

辛 ○	신금일주(辛金日柱)로 천간(天干)에 있는 신금(辛金)
○ 酉 - 辛	이 비견(比肩)에 해당하고, 지지(地支)에 있는 유금
辛 ○	(酉金)의 장간(藏干)이 신금(辛金)이므로 비견(比肩)
○ ○	에 해당한다.

예9 임수(壬水)가 일주(日柱)인 경우, 임수(壬水)를 비견(比肩)이라 한다.

장간(藏干)

○ ○	임수일주(壬水日柱)로 지지(地支)에 있는 자수(子水)
○ ○	의 장간(藏干)이 임수(壬水)이므로 비견(比肩)에 해
壬 ○	당한다.
○ 子 - 壬	

예10 계수(癸水)가 일주(日柱)인 경우, 임수(壬水)를 겁재(劫財)라 한다.

장간(藏干)

癸 ○	계수일주(癸水日柱)로 천간(天干)에 있는 계수(癸水)
○ 子 - 癸	가 비견(比肩)에 해당하고, 지지(地支)에 있는 자수
癸 ○	(子水)의 장간(藏干)이 계수(癸水)이므로 비견(比肩)
○ ○	에 해당한다.

② 겁재(劫財) : 일주(日柱)와 오행은 같으나 음양이 다른 것을 말한다.

예1 갑목(甲木)이 일주(日柱)인 경우, 을목(乙木)을 겁재(劫財)라 한다.

장간(藏干)

乙 ○	갑목일주(甲木日柱)로 천간(天干)에 있는 을목(乙木)
○ 卯 - 乙	이 겁재(劫財)에 해당하고, 지지(地支)에 있는 묘목
甲 ○	(卯木)의 장간(藏干)이 을목(乙木)이므로 겁재(劫財)
○ ○	에 해당한다.

예2 을목(乙木)이 일주(日柱)인 경우, 갑목(甲木)을 겁재(劫財)라 한다.

장간(藏干)

○	○	을목일주(乙木日柱)로 천간(天干)에 있는 갑목(甲木)
甲	寅 - 甲	이 겁재(劫財)에 해당하고, 지지(地支)에 있는 인목
乙	○	(寅木)의 장간(藏干)이 갑목(甲木)이므로 겁재(劫財)
○	○	에 해당한다.

예3 병화(丙火)가 일주(日柱)인 경우, 정화(丁火)를 겁재(劫財)라 한다.

장간(藏干)

○	午 - 丁	병화일주(丙火日柱)로 천간(天干)에 있는 정화(丁火)
丁	○	가 겁재(劫財)에 해당하고, 지지(地支)에 있는 오화
丙	○	(午火)의 장간(藏干)이 정화(丁火)이므로 겁재(劫財)
○	○	에 해당한다.

예4 정화(丁火)가 일주(日柱)인 경우, 병화(丙火)를 겁재(劫財)라 한다.

장간(藏干)

丙	○	정화일주(丁火日柱)로 천간(天干)에 있는 병화(丙火)
○	巳 - 丙	가 겁재(劫財)에 해당하고, 지지(地支)에 있는 사화
丁	○	(巳火)의 장간(藏干)이 병화(丙火)이므로 겁재(劫財)
○	○	에 해당한다.

예5 무토(戊土)가 일주(日柱)인 경우, 기토(己土)를 겁재(劫財)라 한다.

장간(藏干)

○	未 - 己	무토일주(戊土日柱)로 천간(天干)에 있는 기토(己土)
己	○	가 겁재(劫財)에 해당하고, 지지(地支)에 있는 미토
戊	○	(未土)와 축토(丑土)의 장간(藏干)이 기토(己土)이므
○	丑 - 己	로 겁재(劫財)에 해당한다.

예6 기토(己土)가 일주(日柱)인 경우, 무토(戊土)를 겁재(劫財)라 한다.

장간(藏干)

○	辰－戊	기토일주(己土日柱)로 천간(天干)에 있는 무토(戊土)
○	○	가 겁재(劫財)에 해당하고, 지지(地支)에 있는 술토
己	○	(戊土)와 진토(辰土)의 장간(藏干)이 무토(戊土)이므
戊	戊－戊	로 겁재(劫財)에 해당한다.

예7 경금(庚金)이 일주(日柱)인 경우, 신금(辛金)을 겁재(劫財)라 한다.

장간(藏干)

○	○	경금일주(庚金日柱)로 천간(天干)에 있는 신금(辛金)
○	酉－辛	이 겁재(劫財)에 해당하고, 지지(地支)에 있는 유금
庚	○	(酉金)의 장간(藏干)이 신금(辛金)이므로 겁재(劫財)
辛	○	에 해당한다.

예8 신금(辛金)이 일주(日柱)인 경우, 경금(庚金)을 겁재(劫財)라 한다.

장간(藏干)

庚	○	신금일주(辛金日柱)로 천간(天干)에 있는 경금(庚金)
庚	○	이 겁재(劫財)에 해당하고, 지지(地支)에 있는 신금
辛	○	(申金)의 장간(藏干)이 경금(庚金)이므로 겁재(劫財)
○	申－庚	에 해당한다.

예9 임수(壬水)가 일주(日柱)인 경우, 계수(癸水)를 겁재(劫財)라 한다.

장간(藏干)

○	○	임수일주(壬水日柱)로 천간(天干)에 있는 계수(癸水)
癸	○	가 겁재(劫財)에 해당하고, 지지(地支)에 있는 자수
壬	○	(子水)의 장간(藏干)이 계수(癸水)이므로 겁재(劫財)
○	子－癸	에 해당한다.

예10 계수(癸水)가 일주(日柱)인 경우, 임수(壬水)를 겁재(劫財)라 한다.

         장간(藏干)
    ○ ○   계수일주(癸水日柱)로 천간(天干)에 있는 임수(壬水)
    ○ 亥－壬   가 겁재(劫財)에 해당하고, 지지(地支)에 있는 해수
    癸 ○   (亥水)의 장간(藏干)이 임수(壬水)이므로 겁재(劫財)
    壬 ○   에 해당한다.

③ 식신(食神) : 일주(日柱)가 생(生)하는 것으로, 일주(日柱)와 음양(陰陽)
이 같은 것을 말한다.

예1 갑목(甲木)이 일주(日柱)인 경우, 병화(丙火)를 식신(食神)이라 한다.

         장간(藏干)
    ○ ○   갑목일주(甲木日柱)로 천간(天干)에 있는 병화(丙火)
    丙 ○   가 식신(食神)에 해당하고, 지지(地支)에 있는 사화
    甲 ○   (巳火)의 장간(藏干)이 병화(丙火)이므로 식신(食神)
    ○ 巳－丙   에 해당한다.

예2 을목(乙木)이 일주(日柱)인 경우, 정화(丁火)를 식신(食神)이라 한다.

         장간(藏干)
    丁 ○   을목일주(乙木日柱)로 천간(天干)에 있는 정화(丁火)
    丁 未－丁   가 식신(食神)에 해당하고, 지지(地支)에 있는 미토
    乙 ○   (未土)의 장간(藏干)이 정화(丁火)이므로 식신(食神)
    ○ ○   에 해당한다.

예3 병화(丙火)가 일주(日柱)인 경우, 무토(戊土)를 식신(食神)이라 한다.

　　　　장간(藏干)

○　○　　　　　병화일주(丙火日柱)로 천간(天干)에 있는 무토(戊土)
戊　辰－戊　　가 식신(食神)에 해당하고, 지지(地支)에 있는 진토
丙　○　　　　(辰土)와 술토(戌土)의 장간(藏干)이 무토(戊土)이므
○　戌－戊　　로 식신(食神)에 해당한다.

예4 정화(丁火)가 일주(日柱)인 경우, 기토(己土)를 식신(食神)이라 한다.

　　　　장간(藏干)

己　○　　　　정화일주(丁火日柱)로 천간(天干)에 있는 기토(己土)
己　○　　　　가 식신(食神)에 해당하고, 지지(地支)에 있는 미토
丁　○　　　　(未土)의 장간(藏干)이 기토(己土)이므로 식신(食神)
○　未－己　　에 해당한다.

예5 무토(戊土)가 일주(日柱)인 경우, 경금(庚金)을 식신(食神)이라 한다.

　　　　장간(藏干)

庚　○　　　　무토일주(戊土日柱)로 천간(天干)에 있는 경금(庚金)
○　○　　　　이 식신(食神)에 해당하고, 지지(地支)에 있는 신금
戊　○　　　　(申金)의 장간(藏干)이 경금(庚金)이므로 식신(食神)
庚　申－庚　　에 해당한다.

예6 기토(己土)가 일주(日柱)인 경우, 신금(辛金)을 식신(食神)이라 한다.

　　　　장간(藏干)

○　○　　　　기토일주(己土日柱)로 천간(天干)에 있는 신금(辛金)
辛　酉－辛　　이 식신(食神)에 해당하고, 지지(地支)에 있는 유금
己　○　　　　(酉金)의 장간(藏干)이 신금(辛金)이므로 식신(食神)
辛　○　　　　에 해당한다.

예7 경금(庚金)이 일주(日柱)인 경우, 임수(壬水)를 식신(食神)이라 한다.

장간(藏干)

○	○	경금일주(庚金日柱)로 천간(天干)에 있는 임수(壬水)
壬	○	가 식신(食神)에 해당하고, 지지(地支)에 있는 해수
庚	○	(亥水)의 장간(藏干)이 임수(壬水)이므로 식신(食神)
○	亥 - 壬	에 해당한다.

예8 신금(辛金)이 일주(日柱)인 경우, 계수(癸水)를 식신(食神)이라 한다.

장간(藏干)

○	○	신금일주(辛金日柱)로 천간(天干)에 있는 계수(癸水)
○	子 - 癸	가 식신(食神)에 해당하고, 지지(地支)에 있는 자수
辛	○	(子水)의 장간(藏干)이 계수(癸水)이므로 식신(食神)
癸	○	에 해당한다.

예9 임수(壬水)가 일주(日柱)인 경우, 갑목(甲木)을 식신(食神)이라 한다.

장간(藏干)

○	○	임수일주(壬水日柱)로 천간(天干)에 있는 갑목(甲木)
甲	○	이 식신(食神)에 해당하고, 지지(地支)에 있는 인목
壬	○	(寅木)의 장간(藏干)이 갑목(甲木)이므로 식신(食神)
○	寅 - 甲	에 해당한다.

예10 계수(癸水)가 일주(日柱)인 경우, 을목(乙木)을 식신(食神)이라 한다.

장간(藏干)

乙	○	계수일주(癸水日柱)로 천간(天干)에 있는 을목(乙
○	○	木)이 식신(食神)에 해당하고, 지지(地支)에 있는 묘
癸	○	목(卯木)의 장간(藏干)이 을목(乙木)이므로 식신(食
○	卯 - 乙	神)에 해당한다.

④ 상관(傷官) : 일주(日柱)가 생(生)하는 것으로, 일주(日柱)와 음양(陰陽)이 다른 것을 말한다.

예1 갑목(甲木)이 일주(日柱)인 경우, 정화(丁火)를 상관(傷官)이라 한다.

장간(藏干)

○	○	갑목일주(甲木日柱)로 천간(天干)에 있는 정화(丁火)
丁	○	가 상관(傷官)에 해당하고, 지지(地支)에 있는 오화
甲	○	(午火)의 장간(藏干)이 정화(丁火)이므로 상관(傷官)
○	午 – 丁	에 해당한다.

예2 을목(乙木)이 일주(日柱)인 경우, 병화(丙火)를 상관(傷官)이라 한다.

장간(藏干)

丙	○	을목일주(乙木日柱)로 천간(天干)에 있는 병화(丙火)
○	○	가 상관(傷官)에 해당하고, 지지(地支)에 있는 사화
乙	○	(巳火)의 장간(藏干)이 병화(丙火)이므로 상관(傷官)
○	巳 – 丙	에 해당한다.

예3 병화(丙火)가 일주(日柱)인 경우, 기토(己土)를 상관(傷官)이라 한다.

장간(藏干)

○	未 – 己	병화일주(丙火日柱)로 천간(天干)에 있는 기토(己土)
己	○	가 상관(傷官)에 해당하고, 지지(地支)에 있는 미토
丙	○	(未土)의 장간(藏干)이 기토(己土)이므로 상관(傷官)
○	○	에 해당한다.

예4 정화(丁火)가 일주(日柱)인 경우, 무토(戊土)를 상관(傷官)이라 한다.

장간(藏干)

○ ○　　　　정화일주(丁火日柱)로 천간(天干)에 있는 무토(戊土)
○ 戊 - 戊　　가 상관(傷官)에 해당하고, 지지(地支)에 있는 술토
丁 ○　　　　(戌土)의 장간(藏干)이 무토(戊土)이므로 상관(傷官)
戊 ○　　　　에 해당한다.

예5 무토(戊土)가 일주(日柱)인 경우, 신금(辛金)을 상관(傷官)이라 한다.

장간(藏干)

辛 ○　　　　무토일주(戊土日柱)로 천간(天干)에 있는 신금(辛金)
辛 ○　　　　이 상관(傷官)에 해당하고, 지지(地支)에 있는 유금
戊 ○　　　　(酉金)의 장간(藏干)이 신금(辛金)이므로 상관(傷官)
○ 酉 - 辛　　에 해당한다.

예6 기토(己土)가 일주(日柱)인 경우, 경금(庚金)을 상관(傷官)이라 한다.

장간(藏干)

○ ○　　　　기토일주(己土日柱)로 천간(天干)에 있는 경금(庚金)
庚 ○　　　　이 상관(傷官)에 해당하고, 지지(地支)에 있는 신금
己 ○　　　　(申金)의 장간(藏干)이 경금(庚金)이므로 상관(傷官)
○ 申 - 庚　　에 해당한다.

예7 경금(庚金)이 일주(日柱)인 경우, 계수(癸水)를 상관(傷官)이라 한다.

장간(藏干)

○ 子 - 癸　　경금일주(庚金日柱)로 천간(天干)에 있는 계수(癸水)
癸 ○　　　　가 상관(傷官)에 해당하고, 지지(地支)에 있는 자수
庚 ○　　　　(子水)의 장간(藏干)이 계수(癸水)이므로 상관(傷官)
○ ○　　　　에 해당한다.

예8 신금(辛金)이 일주(日柱)인 경우, 임수(壬水)를 상관(傷官)이라 한다.

장간(藏干)

○ ○	신금일주(辛金日柱)로 천간(天干)에 있는 임수(壬水)
○ 亥 – 壬	가 상관(傷官)에 해당하고, 지지(地支)에 있는 해수
辛 ○	(亥水)의 장간(藏干)이 임수(壬水)이므로 상관(傷官)
壬 ○	에 해당한다.

예 9 임수(壬水)가 일주(日柱)인 경우, 을목(乙木)을 상관(傷官)이라 한다.

장간(藏干)

○ ○	임수일주(壬水日柱)로 천간(天干)에 있는 을목(乙木)
乙 ○	이 상관(傷官)에 해당하고, 지지(地支)에 있는 미토
壬 ○	(未土)의 장간(藏干)이 을목(乙木)이므로 상관(傷官)
○ 未 – 乙	에 해당한다.

예 10 계수(癸水)가 일주(日柱)인 경우, 갑목(甲木)을 상관(傷官)이라 한다.

장간(藏干)

甲 ○	계수일주(癸水日柱)로 천간(天干)에 있는 갑목(甲木)
○ 寅 – 甲	이 상관(傷官)에 해당하고, 지지(地支)에 있는 인목
癸 ○	(寅木)의 장간(藏干)이 갑목(甲木)이므로 상관(傷官)
甲 ○	에 해당한다.

⑤ 편재(偏財) : 일주(日柱)가 극(剋)하는 것으로, 음양이 같은 것을 말한다.

예 1 갑목(甲木)이 일주(日柱)인 경우, 무토(戊土)를 편재(偏財)라 한다.

장간(藏干)

○ ○	갑목일주(甲木日柱)로 천간(天干)에 있는 무토(戊土)
戊 戊 – 戊	가 편재(偏財)에 해당하고, 지지(地支)에 있는 술토
甲 ○	(戌土)의 장간(藏干)이 무토(戊土)이므로 편재(偏財)
○ ○	에 해당한다.

예2 을목(乙木)이 일주(日柱)인 경우, 기토(己土)를 편재(偏財)라 한다.

장간(藏干)

○ ○	을목일주(乙木日柱)로 천간(天干)에 있는 기토(己土)
己 ○	가 편재(偏財)에 해당하고, 지지(地支)에 있는 축토
乙 ○	(丑土)의 장간(藏干)이 기토(己土)이므로 편재(偏財)
○ 丑 - 己	에 해당한다.

예3 병화(丙火)가 일주(日柱)인 경우, 경금(庚金)을 편재(偏財)라 한다.

장간(藏干)

○ ○	병화일주(丙火日柱)로 천간(天干)에 있는 경금(庚金)
庚 ○	이 편재(偏財)에 해당하고, 지지(地支)에 있는 신금
丙 ○	(申金)의 장간(藏干)이 경금(庚金)이므로 편재(偏財)
庚 申 - 庚	에 해당한다.

예4 정화(丁火)가 일주(日柱)인 경우, 신금(辛金)을 편재(偏財)라 한다.

장간(藏干)

辛 ○	정화일주(丁火日柱)로 천간(天干)에 있는 신금(辛金)
辛 ○	이 편재(偏財)에 해당하고, 지지(地支)에 있는 유금
丁 ○	(酉金)의 장간(藏干)이 신금(辛金)이므로 편재(偏財)
辛 酉 - 辛	에 해당한다.

예5 무토(戊土)가 일주(日柱)인 경우, 임수(壬水)를 편재(偏財)라 한다.

장간(藏干)

○ ○	무토일주(戊土日柱)로 천간(天干)에 있는 임수(壬水)
壬 ○	가 편재(偏財)에 해당하고, 지지(地支)에 있는 해수
戊 ○	(亥水)의 장간(藏干)이 임수(壬水)이므로 편재(偏財)
○ 亥 - 壬	에 해당한다.

예 6 기토(己土)가 일주(日柱)인 경우, 계수(癸水)를 편재(偏財)라 한다.

장간(藏干)

○	○	기토일주(己土日柱)로 천간(天干)에 있는 계수(癸水)
癸	○	가 편재(偏財)에 해당하고, 지지(地支)에 있는 자수
己	○	(子水)의 장간(藏干)이 계수(癸水)이므로 편재(偏財)
○	子 – 癸	에 해당한다.

예 7 경금(庚金)이 일주(日柱)인 경우, 갑목(甲木)을 편재(偏財)라 한다.

장간(藏干)

○	○	경금일주(庚金日柱)로 천간(天干)에 있는 갑목(甲木)
甲	○	이 편재(偏財)에 해당하고, 지지(地支)에 있는 인목
庚	寅 – 甲	(寅木)의 장간(藏干)이 갑목(甲木)이므로 편재(偏財)
○	○	에 해당한다.

예 8 신금(辛金)이 일주(日柱)인 경우, 을목(乙木)을 편재(偏財)라 한다.

장간(藏干)

○	○	신금일주(辛金日柱)로 천간(天干)에 있는 을목(乙木)
乙	○	이 편재(偏財)에 해당하고, 지지(地支)에 있는 묘목
辛	卯 – 乙	(卯木)의 장간(藏干)이 을목(乙木)이므로 편재(偏財)
乙	○	에 해당한다.

예 9 임수(壬水)가 일주(日柱)인 경우, 병화(丙火)를 편재(偏財)라 한다.

장간(藏干)

丙	○	임수일주(壬水日柱)로 천간(天干)에 있는 병화(丙火)
丙	○	가 편재(偏財)에 해당하고, 지지(地支)에 있는 사화
壬	○	(巳火)의 장간(藏干)이 병화(丙火)이므로 편재(偏財)
○	巳 – 丙	에 해당한다.

[예]10 계수(癸水)가 일주(日柱)인 경우, 정화(丁火)를 편재(偏財)라 한다.

장간(藏干)

○	○	계수일주(癸水日柱)로 천간(天干)에 있는 정화(丁火)
丁	○	가 편재(偏財)에 해당하고, 지지(地支)에 있는 오화
癸	○	(午火)의 장간(藏干)이 정화(丁火)이므로 편재(偏財)
○	午 – 丁	에 해당한다.

⑥ 정재(正財) : 일주(日柱)가 극(剋)하는 것으로, 음양(陰陽)이 다른 것을 말한다.

[예]1 갑목(甲木)이 일주(日柱)인 경우, 기토(己土)를 정재(正財)라 한다.

장간(藏干)

○	○	갑목일주(甲木日柱)로 천간(天干)에 있는 기토(己土)
己	○	가 정재(正財)에 해당하고, 지지(地支)에 있는 미토
甲	○	(未土)의 장간(藏干)이 기토(己土)이므로 정재(正財)
○	未 – 己	에 해당한다.

[예]2 을목(乙木)이 일주(日柱)인 경우, 무토(戊土)를 정재(正財)라 한다.

장간(藏干)

戊	○	을목일주(乙木日柱)로 천간(天干)에 있는 무토(戊土)
○	○	가 정재(正財)에 해당하고, 지지(地支)에 있는 진토
乙	○	(辰土)의 장간(藏干)이 무토(戊土)이므로 정재(正財)
○	辰 – 戊	에 해당한다.

[예]3 병화(丙火)가 일주(日柱)인 경우, 신금(辛金)을 정재(正財)라 한다.

장간(藏干)

○ ○
辛 ○
丙 ○
○ 酉 - 辛

병화일주(丙火日柱)로 천간(天干)에 있는 신금(辛金)이 정재(正財)에 해당하고, 지지(地支)에 있는 유금(酉金)의 장간(藏干)이 신금(辛金)이므로 정재(正財)에 해당한다.

예4 정화(丁火)가 일주(日柱)인 경우, 경금(庚金)을 정재(正財)라 한다.

장간(藏干)

○ ○
庚 ○
丁 ○
○ 申 - 庚

정화일주(丁火日柱)로 천간(天干)에 있는 경금(庚金)이 정재(正財)에 해당하고, 지지(地支)에 있는 신금(申金)의 장간(藏干)이 경금(庚金)이므로 정재(正財)에 해당한다.

예5 무토(戊土)가 일주(日柱)인 경우, 계수(癸水)를 정재(正財)라 한다.

장간(藏干)

癸 ○
癸 ○
戊 ○
○ 子 - 癸

무토일주(戊土日柱)로 천간(天干)에 있는 계수(癸水)가 정재(正財)에 해당하고, 지지(地支)에 있는 자수(子水)의 장간(藏干)이 계수(癸水)이므로 정재(正財)에 해당한다.

예6 기토(己土)가 일주(日柱)인 경우, 임수(壬水)를 정재(正財)라 한다.

장간(藏干)

壬 ○
壬 ○
己 亥 - 壬
○ ○

기토일주(己土日柱)로 천간(天干)에 있는 임수(壬水)가 정재(正財)에 해당하고, 지지(地支)에 있는 해수(亥水)의 장간(藏干)이 임수(壬水)이므로 정재(正財)에 해당한다.

예7 경금(庚金)이 일주(日柱)인 경우, 을목(乙木)을 정재(正財)라 한다.

장간(藏干)

○ ○	경금일주(庚金日柱)로 천간(天干)에 있는 을목(乙木)
乙 ○	이 정재(正財)에 해당하고, 지지(地支)에 있는 묘목
庚 ○	(卯木)의 장간(藏干)이 을목(乙木)이므로 정재(正財)
乙 卯－乙	에 해당한다.

예8 신금(辛金)이 일주(日柱)인 경우, 갑목(甲木)을 정재(正財)라 한다.

장간(藏干)

○ ○	신금일주(辛金日柱)로 천간(天干)에 있는 갑목(甲木)
甲 寅－甲	이 정재(正財)에 해당하고, 지지(地支)에 있는 인목
辛 ○	(寅木)의 장간(藏干)이 갑목(甲木)이므로 정재(正財)
○ ○	에 해당한다.

예9 임수(壬水)가 일주(日柱)인 경우, 정화(丁火)를 정재(正財)라 한다.

장간(藏干)

丁 未－丁	임수일주(壬水日柱)로 천간(天干)에 있는 정화(丁火)
○ ○	가 정재(正財)에 해당하고, 지지(地支)에 있는 미토
壬 ○	(未土)와 오화(午火)의 장간(藏干)이 정화(丁火)이므
○ 午－丁	로 정재(正財)에 해당한다.

예10 계수(癸水)가 일주(日柱)인 경우, 병화(丙火)를 정재(正財)라 한다.

장간(藏干)

○ ○	계수일주(癸水日柱)로 천간(天干)에 있는 병화(丙火)
丙 ○	가 정재(正財)에 해당하고, 지지(地支)에 있는 오화
癸 ○	(午火)의 장간(藏干)이 병화(丙火)이므로 정재(正財)
丙 午－丙	에 해당한다.

⑦ 편관(偏官) : 일주(日柱)를 극(剋)하는 것으로, 음양이 같은 것을 말한다.

📵1 갑목(甲木)이 일주(日柱)인 경우, 경금(庚金)을 편관(偏官)이라 한다.

장간(藏干)

○ ○ 갑목일주(甲木日柱)로 천간(天干)에 있는 경금(庚金)
庚 ○ 이 편관(偏官)에 해당하고, 지지(地支)에 있는 신금
甲 ○ (申金)의 장간(藏干)이 경금(庚金)이므로 편관(偏官)
○ 申－庚 에 해당한다.

📵2 을목(乙木)이 일주(日柱)인 경우, 신금(辛金)을 편관(偏官)이라 한다.

장간(藏干)

辛 ○ 을목일주(乙木日柱)로 천간(天干)에 있는 신금(辛金)
○ ○ 이 편관(偏官)에 해당하고, 지지(地支)에 있는 유금
乙 ○ (酉金)의 장간(藏干)이 신금(辛金)이므로 편관(偏官)
○ 酉－辛 에 해당한다.

📵3 병화(丙火)가 일주(日柱)인 경우, 임수(壬水)를 편관(偏官)이라 한다.

장간(藏干)

○ ○ 병화일주(丙火日柱)로 천간(天干)에 있는 임수(壬水)
壬 ○ 가 편관(偏官)에 해당하고, 지지(地支)에 있는 자수
丙 ○ (子水)의 장간(藏干)이 임수(壬水)이므로 편관(偏官)
○ 子－壬 에 해당한다.

📵4 정화(丁火)가 일주(日柱)인 경우, 계수(癸水)를 편관(偏官)이라 한다.

장간(藏干)

○ ○ 정화일주(丁火日柱)로 천간(天干)에 있는 계수(癸水)
癸 ○ 가 편관(偏官)에 해당하고, 지지(地支)에 있는 자수
丁 ○ (子水)의 장간(藏干)이 계수(癸水)이므로 편관(偏官)
○ 子－癸 에 해당한다.

예5 무토(戊土)가 일주(日柱)인 경우, 갑목(甲木)을 편관(偏官)이라 한다.

장간(藏干)

甲	○	
甲	○	
戊	○	
○	寅 – 甲	

무토일주(戊土日柱)로 천간(天干)에 있는 갑목(甲木)이 편관(偏官)에 해당하고, 지지(地支)에 있는 인목(寅木)의 장간(藏干)이 갑목(甲木)이므로 편관(偏官)에 해당한다.

예6 기토(己土)가 일주(日柱)인 경우, 을목(乙木)을 편관(偏官)이라 한다.

장간(藏干)

乙	○	
乙	○	
己	卯 – 乙	
○	○	

기토일주(己土日柱)로 천간(天干)에 있는 을목(乙木)이 편관(偏官)에 해당하고, 지지(地支)에 있는 묘목(卯木)의 장간(藏干)이 을목(乙木)이므로 편관(偏官)에 해당한다.

예7 경금(庚金)이 일주(日柱)인 경우, 병화(丙火)를 편관(偏官)이라 한다.

장간(藏干)

丙	午 – 丙	
○	○	
庚	○	
○	○	

경금일주(庚金日柱)로 천간(天干)에 있는 병화(丙火)가 편관(偏官)에 해당하고, 지지(地支)에 있는 오화(午火)의 장간(藏干)이 병화(丙火)이므로 편관(偏官)에 해당한다.

예8 신금(辛金)이 일주(日柱)인 경우, 정화(丁火)를 편관(偏官)이라 한다.

장간(藏干)

○	○	
丁	○	
辛	○	
○	午 – 丁	

신금일주(辛金日柱)로 천간(天干)에 있는 정화(丁火)가 편관(偏官)에 해당하고, 지지(地支)에 있는 오화(午火)의 장간(藏干)이 정화(丁火)이므로 편관(偏官)에 해당한다.

예 9 임수(壬水)가 일주(日柱)인 경우, 무토(戊土)를 편관(偏官)이라 한다.

장간(藏干)

○ ○		임수일주(壬水日柱)로 천간(天干)에 있는 무토(戊土)
戊 戊-戊		가 편관(偏官)에 해당하고, 지지(地支)에 있는 술토
壬 ○		(戌土)의 장간(藏干)이 무토(戊土)이므로 편관(偏官)
○ ○		에 해당한다.

예 10 계수(癸水)가 일주(日柱)인 경우, 기토(己土)를 편관(偏官)이라 한다.

장간(藏干)

○ ○		계수일주(癸水日柱)로 천간(天干)에 있는 기토(己土)
○ 未-己		가 편관(偏官)에 해당하고, 지지(地支)에 있는 미토
癸 ○		(未土)의 장간(藏干)이 기토(己土)이므로 편관(偏官)
己 ○		에 해당한다.

⑧ 정관(正官) : 일주(日柱)를 극(剋)하는 것으로, 음양이 다른 것을 말한다.

예 1 갑목(甲木)이 일주(日柱)인 경우, 신금(辛金)을 정관(正官)이라 한다.

장간(藏干)

○ ○		갑목일주(甲木日柱)로 천간(天干)에 있는 신금(辛金)
辛 酉-辛		이 정관(正官)에 해당하고, 지지(地支)에 있는 유금
甲 ○		(酉金)의 장간(藏干)이 신금(辛金)이므로 정관(正官)
○ ○		에 해당한다.

예 2 을목(乙木)이 일주(日柱)인 경우, 경금(庚金)을 정관(正官)이라 한다.

장간(藏干)

○ ○		을목일주(乙木日柱)로 천간(天干)에 있는 경금(庚金)
○ 申-庚		이 정관(正官)에 해당하고, 지지(地支)에 있는 신금
乙 ○		(申金)의 장간(藏干)이 경금(庚金)이므로 정관(正官)
庚 ○		에 해당한다.

예3 병화(丙火)가 일주(日柱)인 경우, 계수(癸水)를 정관(正官)이라 한다.

장간(藏干)

○ ○　　　　　병화일주(丙火日柱)로 천간(天干)에 있는 계수(癸水)
癸 ○　　　　　가 정관(正官)에 해당하고, 지지(地支)에 있는 자수
丙 ○　　　　　(子水)의 장간(藏干)이 계수(癸水)이므로 정관(正官)
○ 子 − 癸　　에 해당한다.

예4 정화(丁火)가 일주(日柱)인 경우, 임수(壬水)를 정관(正官)이라 한다.

장간(藏干)

○ ○　　　　　정화일주(丁火日柱)로 천간(天干)에 있는 임수(壬水)
壬 子 − 壬　가 정관(正官)에 해당하고, 지지(地支)에 있는 자수
丁 ○　　　　　(子水)의 장간(藏干)이 임수(壬水)이므로 정관(正官)
○ ○　　　　　에 해당한다.

예5 무토(戊土)가 일주(日柱)인 경우, 을목(乙木)을 정관(正官)이라 한다.

장간(藏干)

○ ○　　　　　무토일주(戊土日柱)로 천간(天干)에 있는 을목(乙木)
乙 卯 − 乙　이 정관(正官)에 해당하고, 지지(地支)에 있는 묘목
戊 ○　　　　　(卯木)의 장간(藏干)이 을목(乙木)이므로 정관(正官)
乙 ○　　　　　에 해당한다.

예6 기토(己土)가 일주(日柱)인 경우, 갑목(甲木)을 정관(正官)이라 한다.

장간(藏干)

甲 ○　　　　　기토일주(己土日柱)로 천간(天干)에 있는 갑목(甲木)
甲 ○　　　　　이 정관(正官)에 해당하고, 지지(地支)에 있는 인목
己 ○　　　　　(寅木)의 장간(藏干)이 갑목(甲木)이므로 정관(正官)
○ 寅 − 甲　에 해당한다.

예7 경금(庚金)이 일주(日柱)인 경우, 정화(丁火)를 정관(正官)이라 한다.

장간(藏干)

○	○	경금일주(庚金日柱)로 천간(天干)에 있는 정화(丁火)
丁	○	가 정관(正官)에 해당하고, 지지(地支)에 있는 오화
庚	○	(午火)의 장간(藏干)이 정화(丁火)이므로 정관(正官)
○	午 - 丁	에 해당한다.

예8 신금(辛金)이 일주(日柱)인 경우, 병화(丙火)를 정관(正官)이라 한다.

장간(藏干)

○	○	신금일주(辛金日柱)로 천간(天干)에 있는 병화(丙火)
丙	○	가 정관(正官)에 해당하고, 지지(地支)에 있는 사화
辛	○	(巳火)의 장간(藏干)이 병화(丙火)이므로 정관(正官)
○	巳 - 丙	에 해당한다.

예9 임수(壬水)가 일주(日柱)인 경우, 기토(己土)를 정관(正官)이라 한다.

장간(藏干)

○	○	임수일주(壬水日柱)로 천간(天干)에 있는 기토(己土)
己	未 - 己	가 정관(正官)에 해당하고, 지지(地支)에 있는 미토
壬	○	(未土)의 장간(藏干)이 기토(己土)이므로 정관(正官)
己	○	에 해당한다.

예10 계수(癸水)가 일주(日柱)인 경우, 무토(戊土)를 정관(正官)이라 한다.

장간(藏干)

○	○	계수일주(癸水日柱)로 천간(天干)에 있는 무토(戊土)
戊	○	가 정관(正官)에 해당하고, 지지(地支)에 있는 진토
癸	○	(辰土)의 장간(藏干)이 무토(戊土)이므로 정관(正官)
○	辰 - 戊	에 해당한다.

⑨ 편인(偏印) : 일주(日柱)를 도와 주는 것으로, 음양이 같은 것을 말한다.

예1 갑목(甲木)이 일주(日柱)인 경우, 임수(壬水)를 편인(偏印)이라 한다.

　　　장간(藏干)

| ○ ○ | 갑목일주(甲木日柱)로 천간(天干)에 있는 임수(壬水)
| 壬 子 － 壬 | 가 편인(偏印)에 해당하고, 지지(地支)에 있는 자수
| 甲 ○ | (子水)의 장간(藏干)이 임수(壬水)이므로 편인(偏印)
| ○ ○ | 에 해당한다.

예2 을목(乙木)이 일주(日柱)인 경우, 계수(癸水)를 편인(偏印)이라 한다.

　　　장간(藏干)

| ○ ○ | 을목일주(乙木日柱)로 천간(天干)에 있는 계수(癸水)
| ○ 子 － 癸 | 가 편인(偏印)에 해당하고, 지지(地支)에 있는 자수
| 乙 ○ | (子水)의 장간(藏干)이 계수(癸水)이므로 편인(偏印)
| 癸 ○ | 에 해당한다.

예3 병화(丙火)가 일주(日柱)인 경우, 갑목(甲木)을 편인(偏印)이라 한다.

　　　장간(藏干)

| ○ ○ | 병화일주(丙火日柱)로 천간(天干)에 있는 갑목(甲木)
| 甲 ○ | 이 편인(偏印)에 해당하고, 지지(地支)에 있는 인목
| 丙 寅 － 甲 | (寅木)의 장간(藏干)이 갑목(甲木)이므로 편인(偏印)
| ○ ○ | 에 해당한다.

예4 정화(丁火)가 일주(日柱)인 경우, 을목(乙木)을 편인(偏印)이라 한다.

　　　장간(藏干)

| 乙 ○ | 정화일주(丁火日柱)로 천간(天干)에 있는 을목(乙木)
| ○ ○ | 이 편인(偏印)에 해당하고, 지지(地支)에 있는 묘목
| 丁 卯 － 乙 | (卯木)의 장간(藏干)이 을목(乙木)이므로 편인(偏印)
| 乙 ○ | 에 해당한다.

예5 무토(戊土)가 일주(日柱)인 경우, 병화(丙火)를 편인(偏印)이라 한다.

장간(藏干)

丙	○	무토일주(戊土日柱)로 천간(天干)에 있는 병화(丙火)
○	○	가 편인(偏印)에 해당하고, 지지(地支)에 있는 사화
戊	○	(巳火)의 장간(藏干)이 병화(丙火)이므로 편인(偏印)
○	巳 - 丙	에 해당한다.

예6 기토(己土)가 일주(日柱)인 경우, 정화(丁火)를 편인(偏印)이라 한다.

장간(藏干)

○	○	기토일주(己土日柱)로 천간(天干)에 있는 정화(丁火)
丁	○	가 편인(偏印)에 해당하고, 지지(地支)에 있는 미토
己	○	(未土)의 장간(藏干)이 정화(丁火)이므로 편인(偏印)
○	未 - 丁	에 해당한다.

예7 경금(庚金)이 일주(日柱)인 경우, 무토(戊土)를 편인(偏印)이라 한다.

장간(藏干)

○	○	경금일주(庚金日柱)로 천간(天干)에 있는 무토(戊土)
戊	戊 - 戊	가 편인(偏印)에 해당하고, 지지(地支)에 있는 술토
庚	○	(戌土)의 장간(藏干)이 무토(戊土)이므로 편인(偏印)
○	○	에 해당한다.

예8 신금(辛金)이 일주(日柱)인 경우, 기토(己土)를 편인(偏印)이라 한다.

장간(藏干)

○	○	신금일주(辛金日柱)로 천간(天干)에 있는 기토(己土)
○	○	가 편인(偏印)에 해당하고, 지지(地支)에 있는 축토
辛	○	(丑土)의 장간(藏干)이 기토(己土)이므로 편인(偏印)
己	丑 - 己	에 해당한다.

예9 임수(壬水)가 일주(日柱)인 경우, 경금(庚金)을 편인(偏印)이라 한다.

        장간(藏干)
○ ○   임수일주(壬水日柱)로 천간(天干)에 있는 경금(庚金)
庚 ○   이 편인(偏印)에 해당하고, 지지(地支)에 있는 신금
壬 ○   (申金)의 장간(藏干)이 경금(庚金)이므로 편인(偏印)
○ 申 － 庚   에 해당한다.

예10 계수(癸水)가 일주(日柱)인 경우, 신금(辛金)을 편인(偏印)이라 한다.

        장간(藏干)
○ ○   계수일주(癸水日柱)로 천간(天干)에 있는 신금(辛金)
辛 酉 － 辛   이 편인(偏印)에 해당하고, 지지(地支)에 있는 유금
癸 ○   (酉金)의 장간(藏干)이 신금(辛金)이므로 편인(偏印)
辛 ○   에 해당한다.

⑩ 인수(印綬) : 일주(日柱)를 도와 주는 것으로, 음양(陰陽)이 다른 것을 말한다. 정인(正印)이라고도 한다.

예1 갑목(甲木)이 일주(日柱)인 경우, 계수(癸水)를 인수(印綬)라 한다.

        장간(藏干)
○ ○   갑목일주(甲木日柱)로 천간(天干)에 있는 계수(癸水)
癸 ○   가 인수(印綬)에 해당하고, 지지(地支)에 있는 자수
甲 ○   (子水)의 장간(藏干)이 계수(癸水)이므로 인수(印綬)
○ 子 － 癸   에 해당한다.

예2 을목(乙木)이 일주(日柱)인 경우, 임수(壬水)를 인수(印綬)라 한다.

장간(藏干)

○ ○
壬 子 – 壬
乙 ○
○ ○

을목일주(乙木日柱)로 천간(天干)에 있는 임수(壬水)가 인수(印綬)에 해당하고, 지지(地支)에 있는 자수(子水)의 장간(藏干)이 임수(壬水)이므로 인수(印綬)에 해당한다.

예3 병화(丙火)가 일주(日柱)인 경우, 을목(乙木)을 인수(印綬)라 한다.

장간(藏干)

○ ○
乙 ○
丙 ○
乙 卯 – 乙

병화일주(丙火日柱)로 천간(天干)에 있는 을목(乙木)이 인수(印綬)에 해당하고, 지지(地支)에 있는 묘목(卯木)의 장간(藏干)이 을목(乙木)이므로 인수(印綬)에 해당한다.

예4 정화(丁火)가 일주(日柱)인 경우, 갑목(甲木)을 인수(印綬)라 한다.

장간(藏干)

甲 ○
甲 ○
丁 ○
○ 寅 – 甲

정화일주(丁火日柱)로 천간(天干)에 있는 갑목(甲木)이 인수(印綬)에 해당하고, 지지(地支)에 있는 인목(寅木)의 장간(藏干)이 갑목(甲木)이므로 인수(印綬)에 해당한다.

예5 무토(戊土)가 일주(日柱)인 경우, 정화(丁火)를 인수(印綬)라 한다.

장간(藏干)

丁 ○
○ ○
戊 ○
○ 午 – 丁

무토일주(戊土日柱)로 천간(天干)에 있는 정화(丁火)가 인수(印綬)에 해당하고, 지지(地支)에 있는 오화(午火)의 장간(藏干)이 정화(丁火)이므로 인수(印綬)에 해당한다.

예 6 기토(己土)가 일주(日柱)인 경우, 병화(丙火)를 인수(印綬)라 한다.

장간(藏干)

```
○  ○
丙  午 － 丙
己  ○
○  ○
```

기토일주(己土日柱)로 천간(天干)에 있는 병화(丙火)가 인수(印綬)에 해당하고, 지지(地支)에 있는 오화(午火)의 장간(藏干)이 병화(丙火)이므로 인수(印綬)에 해당한다.

예 7 경금(庚金)이 일주(日柱)인 경우, 기토(己土)를 인수(印綬)라 한다.

장간(藏干)

```
○  ○
己  丑 － 己
庚  ○
己  ○
```

경금일주(庚金日柱)로 천간(天干)에 있는 기토(己土)가 인수(印綬)에 해당하고, 지지(地支)에 있는 축토(丑土)의 장간(藏干)이 기토(己土)이므로 인수(印綬)에 해당한다.

예 8 신금(辛金)이 일주(日柱)인 경우, 무토(戊土)를 인수(印綬)라 한다.

장간(藏干)

```
○  ○
戊  ○
辛  ○
戊  辰 － 戊
```

신금일주(辛金日柱)로 천간(天干)에 있는 무토(戊土)가 인수(印綬)에 해당하고, 지지(地支)에 있는 진토(辰土)의 장간(藏干)이 무토(戊土)이므로 인수(印綬)에 해당한다.

예 9 임수(壬水)가 일주(日柱)인 경우, 신금(辛金)을 인수(印綬)라 한다.

장간(藏干)

```
○  ○
辛  ○
壬  ○
○  酉 － 辛
```

임수일주(壬水日柱)로 천간(天干)에 있는 신금(辛金)이 인수(印綬)에 해당하고, 지지(地支)에 있는 유금(酉金)의 장간(藏干)이 신금(辛金)이므로 인수(印綬)에 해당한다.

예 10 계수(癸水)가 일주(日柱)인 경우, 경금(庚金)을 인수(印綬)라 한다.

장간(藏干)

○	○		계수일주(癸水日柱)로 천간(天干)에 있는 경금(庚金)
庚	申 − 庚		이 인수(印綬)에 해당하고, 지지(地支)에 있는 신금
癸	○		(申金)의 장간(藏干)이 경금(庚金)이므로 인수(印綬)
○	申 − 庚		에 해당한다.

(4) 일주(日柱)와 통변성(通變星)과의 관계

① 비견(比肩)

나와 같으니 무조건적으로 도와 주는데 재물을 탐(貪)하는 것이 가장 문제이다. 그러나 편재(偏財)가 많을 때는 비견(比肩)이 있어서 도와 주어야만 문제를 해결할 수 있다.

즉, 편재(偏財)의 재물을 100% 극(剋)하고, 정재(正財)의 재물도 극(剋)한다고 생각하면 맞다. 그러나 식신(食神)을 만나면 무조건적으로 도와 주는 것이 비견(比肩)이다.

<table>
<tr><td></td><td></td><td>偏
官</td><td>正
官</td><td></td><td></td></tr>
<tr><td></td><td></td><td></td><td>剋</td><td></td><td></td></tr>
<tr><td>偏 印
印 綬</td><td>生</td><td>比
肩</td><td>生</td><td>食 神
傷 官</td></tr>
<tr><td></td><td></td><td>剋</td><td></td><td></td></tr>
<tr><td></td><td></td><td>偏
財</td><td>正
財</td><td></td><td></td></tr>
</table>

편인(偏印)과 인수(印綬)는 비견(比肩)을 생(生)하고, 비견은 식신(食神)과 상관(傷官)을 생(生)한다. 그리고 편관(偏官)과 정관(正官)은 비견을 극(剋)하고, 비견은 편재(偏財)와 정재(正財)를 극(剋)한다.

② 겁재(劫財)

나와 같으나 재물을 보면 비견(比肩)보다 탐(貪)하는 것이 더 강하다. 정재(正財)의 재물은 100% 극(剋)하나 편재(偏財)의 재물도 극(剋)한다고 볼 수 있다.

그러나 정재(正財)가 많으면 일주(日柱)가 힘들기 때문에 겁재(劫財)가 있어 일주(日柱)를 도와 주는 것이 좋다. 그리고 상관(傷官)을 만나면 무조건적으로 도와 주는 것이 겁재(劫財)이다.

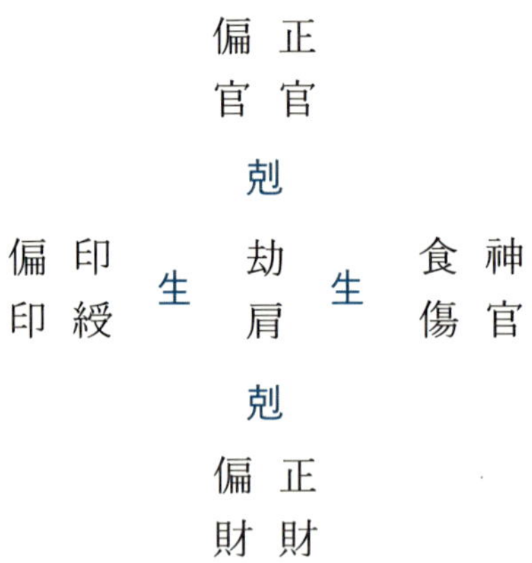

편인(偏印)과 인수(印綬)는 겁재(劫財)를 생(生)하고, 겁재는 식신(食神)과 상관(傷官)을 생(生)한다. 그리고 편관(偏官)과 정관(正官)은 겁재를 극(剋)하고, 겁재는 편재(偏財)와 정재(正財)를 극(剋)한다.

③ 식신(食神)

비견(比肩)이 무조건 도와 주는 것으로, 사람으로 표현하자면 자식을 뜻한다. 또한 일주(日柱)의 식복(食福)이기도 하다.

그러나 편인(偏印)을 만나면 100% 극(剋)을 당하는데 비견(比肩)과 겁재(劫財)가 많이 있을 때에는 식신(食神)이 있는 것이 좋다. 식신(食神)은 편재(偏財)를 보면 무조건적으로 도와 준다.

식신(食神)은 사람 뇌의 기운(氣運)을 빼어 나가는 것으로, 식신(食神)이 있으면 머리가 영리하다.

$$
\begin{array}{ccccc}
 & 偏\ 印 & & & \\
 & 印\ 綬 & & & \\
 & 剋 & & & \\
比\ 肩 & \xrightarrow{生}\ \ 食 & \xrightarrow{生} & 偏\ 財 & \\
劫\ 財 & \qquad\ \ 神 & & 正\ 財 & \\
 & 剋 & & & \\
 & 偏\ 正 & & & \\
 & 官\ 官 & & & \\
\end{array}
$$

④ 상관(傷官)

겁재(劫財)가 도와 주는 것으로, 사람으로 표현하자면 자식을 뜻한다. 또한 예술의 신(神)으로 상관(傷官)이 있으면 사람이 상당히 거칠기 때문에 인수(印綬)가 있어 제화(制化)를 해야 한다. 즉, 인수(印綬)가 상관(傷官)을 100% 극(剋)하기 때문이다.

상관(傷官)은 정재(正財)를 보면 무조건적으로 도와 준다. 그리고 상관(傷官) 역시 사람 뇌의 기운(氣運)을 빼어 쓰는 것으로, 상관(傷官)이 있으면 머리가 영리하다.

$$
\begin{array}{ccccc}
 & 偏\ 印 & & & \\
 & 印\ 綬 & & & \\
 & 剋 & & & \\
比\ 肩 & \xrightarrow{生}\ \ 傷 & \xrightarrow{生} & 偏\ 財 & \\
劫\ 財 & \qquad\ \ 官 & & 正\ 財 & \\
 & 剋 & & & \\
 & 偏\ 正 & & & \\
 & 官\ 官 & & & \\
\end{array}
$$

⑤ 편재(偏財)

비견(比肩)을 만나면 모든 것을 빼앗기는 것이 편재(偏財)이다. 유동의 재물로 장사부터 시작하여 고정적인 재물을 제외한 모든 것을 말한다. 편재(偏財)는 편관(偏官)을 보면 무조건적으로 도와 준다.

그러나 편재(偏財)는 편인(偏印)을 만나면 극(剋)하기 때문에 식신(食神)이 있을 때 편인(偏印)이 있으면 반드시 편재(偏財)가 있는 것이 좋다. 왜냐하면 식신(食神)을 보호하기 위해서는 반드시 필요하기 때문이다.

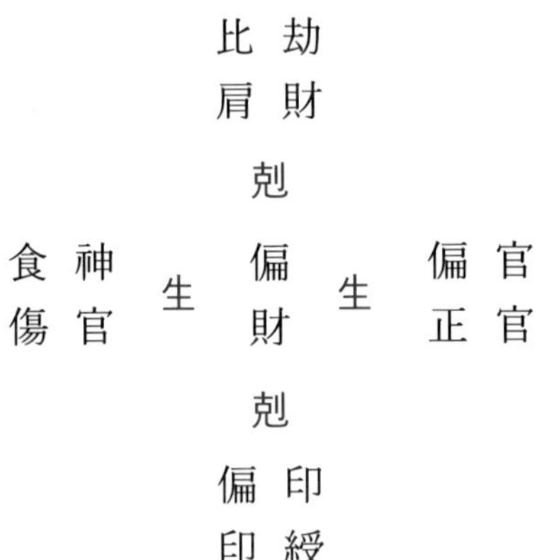

식신(食神)과 상관(傷官)은 편재(偏財)를 생(生)하고, 편재는 편관(偏官)과 정관(正官)을 생(生)한다. 그리고 비견(比肩)과 겁재(劫財)는 편재를 극(剋)하고, 편재는 편인(偏印)과 인수(印綬)를 극(剋)한다.

⑥ 정재(正財)

겁재(劫財)를 만나면 모든 것을 빼앗겨 버리는 것이 정재(正財)이다. 겁재(劫財)가 비견(比肩)보다 재물을 탐(貪)하는 것이 강하기 때문에 적은 재물인 정재(正財)가 겁재(劫財)를 만나면 남는 것이 없다고 볼 수 있다.

정재(正財)는 정관(正官)을 보면 무조건적으로 도와 준다. 그리고 정재(正財)는 고정적인 재물을 뜻하는데, 봉급 생활자 또는 일정하게 고정적으로 들어오는 재물을 뜻한다.

```
                比 劫
                肩 財
                  剋
  食 神         正          偏 官
  傷 官   生   財    生    正 官
                  剋
                偏 印
                印 綬
```

식신(食神)과 상관(傷官)은 정재(正財)를 생(生)하고, 정재는 편관(偏官)과 정관(正官)을 생(生)한다. 그리고 비견(比肩)과 겁재(劫財)는 정재를 극(剋)하고, 정재는 편인(偏印)과 인수(印綬)를 극(剋)한다.

⑦ 편관(偏官)

　편관(偏官)은 비견(比肩)을 극(剋)하는 것으로, 비견(比肩)이 많이 있으면 편관(偏官)이 있는 것이 좋다.

　즉, 비견(比肩)이 있어서 나의 재물인 편재(偏財)를 극(剋)하고 있으면 편관(偏官)이 있어 비견(比肩)을 막아 주는 것이 좋다는 것이다. 편관(偏官)은 편인(偏印)을 보면 무조건적으로 도와 준다.

```
                食 傷
                神 官
                  剋
  偏 財         偏          偏 印
  正 財   生   官    生    印 綬
                  剋
                比 劫
                肩 財
```

편재(偏財)와 정재(正財)는 편관(偏官)을 생(生)하고, 편관은 편인(偏印)과 인수(印綬)를 생(生)한다. 그리고 식신(食神)과 상관(傷官)은 편관을 극(剋)하고, 편관은 비견(比肩)과 겁재(劫財)를 극(剋)한다.

⑧ 정관(正官)

정관(正官)도 일주(日柱)를 극(剋)하는 것이나 편관(偏官)처럼 무자비하게 극(剋)하는 것이 아니라 어느 정도 사정을 봐주면서 극(剋)하는 것이다. 그러나 겁재(劫財)를 보면 무자비하게 극(剋)한다고 볼 수 있다.

그래서 겁재(劫財)가 있으면 반드시 정관(正官)이 있는 것이 좋다. 그리고 정관(正官)은 인수(印綬)를 만나면 무조건적으로 도와 준다.

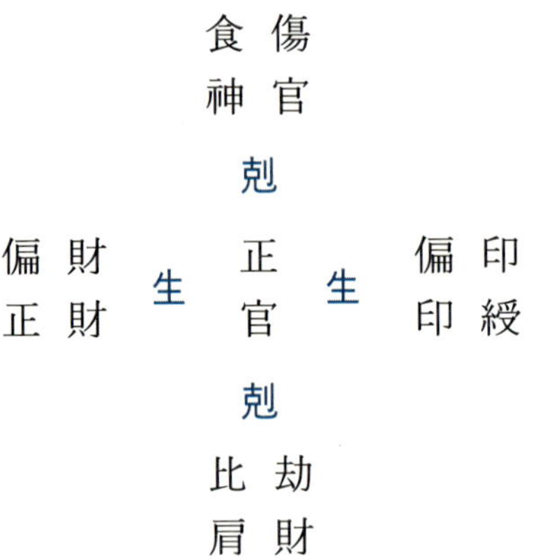

편재(偏財)와 정재(正財)는 정관(正官)을 생(生)하고, 정관은 편인(偏印)과 인수(印綬)를 생(生)한다. 그리고 식신(食神)과 상관(傷官)은 정관을 극(剋)하고, 정관은 비견(比肩)과 겁재(劫財)를 극(剋)한다.

⑨ 편인(偏印)

편인(偏印)은 비견(比肩)을 도와 주는데 무조건적으로 도와 주는 것이 아니라 일주(日柱)가 약할 때만 도와 준다.

편인(偏印)은 일주(日柱)의 식복(食福)인 식신(食神)을 극(剋)하여 일주(日柱)의 식복(食福)을 가져가는 것으로, 일주(日柱)한테는 좋은 점도 있지만 나쁜 점도 있다.

```
            偏 正
            財 財
              剋
偏 官        偏        比 肩
正 官   生   印   生   劫 財
              剋
            食 傷
            神 官
```


⑩ 인수(印綬)

인수(印綬)는 일주(日柱)를 무조건적으로 도와 준다. 일주(日柱)가 약하든 강하든 언제든지 도와 주는 것으로, 인수(印綬)가 있으면 주위의 도움을 받는다고 생각해도 무방하다.

인수(印綬)가 사람으로는 어머니에 해당하는데, 자식한테 무조건적으로 베푸는 것과 같다고 볼 수 있다.

```
            偏 正
            財 財
              剋
偏 官        印        比 肩
正 官   生   綬   生   劫 財
              剋
            食 傷
            神 官
```

(5) 통변성(通變星)의 다른 명칭

① 비견(比肩) : 비(比)라고 줄여서도 쓴다.

② 겁재(劫財) : 겁(劫) 또는 인(刃)이라고도 한다.

③ 식신(食神) : 식(食) 또는 누기신(漏氣神)이라고도 한다.

④ 상관(傷官) : 상(傷) 또는 누기신(漏氣神)이라고도 한다.

⑤ 편재(偏財) : 재(財), 첩성(妾星)이라고도 한다.

⑥ 정재(正財) : 재(財), 처성(妻星)이라고도 한다.

⑦ 편관(偏官) : 칠살(七殺)또는 살(殺)이라고도 한다.

⑧ 정관(正官) : 관(官)이라고도 한다.

⑨ 편인(偏印) : 도식(盜食)이라고도 한다.

⑩ 인수(印綬) : 정인(正印)이라고도 한다.

(6) 통변성(通變星)으로 성격과 직업을 판단하는 방법

① 비견(比肩) : 비견(比肩)이 있으면 의지와 자존심, 독립 정신이 강하여 타인에게 의존하는 것을 싫어한다. 그러나 희신(喜神)이 되면 온건(穩健)하고 평화적이 된다.

〈직업〉 비견(比肩)이 많이 있을 때는 독립적인 사업이 좋다. 비견(比肩)이 합(合)이 되는 경우 공동 사업, 회사 경영 등이 좋다.

② 겁재(劫財) : 겁재(劫財)가 많이 있으면 인격이 떨어지고 내심(內心)이 악(惡)하다. 자기만 아는 이기주의 성격이다.

〈직업〉 비견(比肩)과 비슷하다. 충(沖)이나 극(剋)이 있어 무력하면 봉

• 누기신(漏氣神) : 기운을 빼내는 신 • 처성(妻星) : 본 부인
• 첩성(妾星) : 본 부인이 아닌 다른 부인 • 도식(盜食) : 식복(食福)을 도둑질하는 것

급 생활자가 좋다. 만약 월지(月支)가 비(比)나 겁(劫)이 되고 12운(運)에서 녹(祿)에 해당하면 국가 공무원이 좋다.

③ 식신(食神) : 태과(太過)하지 않으면 온후(溫厚)하고 어른을 공경할 줄 안다. 명랑하고 솔직 담백하며, 음식을 잘하고 노래와 춤을 좋아한다. 태과(太過)하면 고집이 세고 인색하며, 무슨 일을 할 때 이론이 일보다 앞서 결국은 말만 많고 하는 일은 적다.

〈직업〉관 · 살(官殺)이 같이 있는 명식(命式)이라면 구류술업(의사 · 역(易) · 스님 · 신부 등 비생산적인 일)이 맞는다. 의 · 식 · 주에 관한 산업 또는 판매가 좋으며, 재(財)가 있는 경우에는 금융 기관이 좋다. 생왕(生旺)하면 예술 · 문예인 · 사회 사업 등이 좋다.

④ 상관(傷官) : 자존심이 엄청나게 강하다. 총명하고 영리하며 박학하나, 허영심과 말이 많아 비밀을 지킬 수 없으나 의협심은 있다. 재주가 많아 여러 방면의 예술 활동에 재능을 보인다.

〈직업〉예술, 기술, 발명가, 말로 하는 직업(교육자 · 종교가 · 판매직) 등이 있다. 만약 정재(正財)가 있으면 정부 부처의 관료 또는 기술직이 적당하다.

⑤ 편재(偏財) : 빈틈이 없을 정도로 완벽을 추구하며 기교가 다른 사람과 다르다. 시비를 논하는 것을 좋아하나 풍류가 있어 여자와 인연이 많고 재리(財利)에 집착이 강하며, 의(義)를 소중히 여겨 남의 일을 잘 돌봐 준다.

- 녹(祿) : 벼슬
- 태과(太過) : 너무 많은 것, 3개 이상
- 온후(溫厚) : 성품이 온화하고 후덕함
- 명식(命式) : 사주팔자
- 관 · 살(官殺) : 관(官)과 살(殺), 즉 정관(正官)이나 편관(偏官)
- 생왕(生旺) : 도와서 왕성하게 하는 것
- 재리(財利) : 재물과 이익

〈직업〉무역 회사·판매 회사·제조 회사 등 많은 재물이 오가는 형태의 사업, 그리고 투기성 사업 등이 적당하다.

⑥ 정재(正財) : 정직, 성실, 근면, 검약하며, 모든 일을 추진함에 있어 세밀하다. 만약 고(庫) 중에 재(財)가 있으면 인색하다. 그 이유는 창고 속에 재물이 들어 있어 움직이지 않기 때문이다. 정재(正財)가 태과(太過)이면 성질이 조급하고 결단력이 강하다.

〈직업〉금융업 등 성실과 신용을 바탕으로 하는 사업 또는 봉급 생활자, 일정한 수입이 들어오는 사업 등이 맞는다.

⑦ 편관(偏官) : 의협심이 강하나 편굴(偏屈)된 생각을 갖고 있으며, 모험심이 강하고 기이(奇異)한 사상에 빠져드는 경향이 많다. 또한 총명하고 조급하나 기회 포착을 잘하고, 다투는 것을 좋아하며 이기는 것을 좋아한다. 다른 사람을 멸시하는 경향이 심하다.

〈직업〉말단 경찰직인 순경부터 법원, 검찰청 수뇌부까지 모두 해당한다. 군인 하사관부터 장성(將星)까지의 모든 무관직이 적당하다.

⑧ 정관(正官) : 인자하고 관대하며, 정직하고 지성적이다. 온후(溫厚)하면서 풍채와 용모가 준수하고 총명하다.

〈직업〉9급 공무원에서 총리에 이르기까지 모든 문관직에 해당한다. 정계·학계·재계 등의 고위직 또는 기업체의 참모직이나 기획실 등이 적당하다.

⑨ 편인(偏印) : 처음 시작은 좋으나 게으르고 느려 항상 끝이 좋지 않은 용두사미형(龍頭蛇尾形)을 말한다. 임기응변이 좋고, 다양한 재능과 재주를 가지고 있어 여러 가지 일을 시도하나 되는 일이 없어 매우 힘든

• 편굴(偏屈) : 성격이 비뚤어지고 비굴함   • 장성(將星) : 별, 즉 장군

경우에 해당한다.

〈직업〉 의사 · 역술 · 기술 · 예술(배우, 탤런트, 가수 등) · 언론인 등의 직업이 적당하다.

⑩ 인수(印綬) : 인자심이 많고 총명하다. 재(財)에는 인색하고, 이기주의적인 색채가 강하다. 몸과 마음이 풍만하고 단정하다.

〈직업〉 예술 · 종교 · 교육자 등의 직업이 적당하다.

(7) 통변성(通變星)을 길신(吉神)과 흉신(凶神)으로 나누는 방법

십요신(十曜神)을 필요에 따라 나누어 쓰는데 기본적인 원칙은 길신(吉神)은 생(生)해야 하고, 흉신(凶神)은 극(剋)하는 것이 원칙이다.

① 길신(吉神) : 비견(比肩), 식신(食神), 편재(偏財), 정재(正財), 정관(正官), 인수(印綬)

② 흉신(凶神) : 겁재(劫財), 상관(傷官), 편관(偏官), 편인(偏印)

길신(吉神)은 생(生)하는 것이 좋고, 흉신은 극(剋)하는 것이 좋다. 즉, 길신(吉神)이 있으면 생(生)하는 명식(命式)이 좋다는 것이고, 흉신(凶神)이 있으면 극(剋)하는 명식이 좋다는 것이다.

길신(吉神)이란 말 그대로 좋은 신(神)이기 때문에 극(剋)하는 것보다 생(生)하는 것이 더 좋은 것이고, 흉신(凶神)이란 나쁜 신(神)이기 때문에 도와 주면 안되므로 극(剋)하는 것이 좋다는 것이다. 그러나 항상 이런 이치가 해당하는 것은 아니다.

예1 일주(日柱)가 약한데 편인(偏印)이 있는 경우

일주(日柱)가 약한 경우는 편인(偏印)이 인수(印綬)를 대신해 일주(日柱)를 생(生)하게 된다. 이런 경우는 흉신(凶神)으로 작용하는 것이 아니고 길신

(吉神)으로 작용하는데, 위에서 편인(偏印)이 흉신(凶神)이라고 하여 무조
건 극(剋)하면 안 된다.

예2 사주 내에 식신(食神)이 많은 경우

식신(食神)이 많으면 일주(日柱)가 매우 힘들다. 사람으로 말하면 자식이
많아 부모가 어떻게 할 수 없는 경우에 해당한다. 이런 경우 식신(食神)
은 길신(吉神)이므로 생(生)하게 되면 일주(日柱)는 힘을 다 빼앗겨 견딜
수 없게 된다.

이런 경우에는 식신(食神)을 극(剋)하는 것이다. 즉, 사람으로 말하면 입
을 덜어내야 하는 경우가 된다.

위의 **예**와 같은 경우가 있기 때문에 길신(吉神)이라 하여 생(生)하고, 흉
신(凶神)이라 하여 무조건 극(剋)하는 것이 아니라 그때의 상황에 맞게 해
석해야 한다.

■ 태과(太過)와 불급(不及)에 대하여

• 태과(太過) : 태과(太過)라는 것은 사주 내의 간지(干支)에 같은 오행(五
  行)이 3위 이상 있는 것을 말하는데, 2위까지는 태과(太過)라 하지 않
  는다.

예1	○ ○	예2	○ 殺	예3	○ ○
	○ 財		○ 殺		○ 寅
	○ 財		○ 殺		○ 寅
	財 ○		○ 官		乙 卯

예1 · 2 · 3 모두 태과(太過)에 해당하는데, 태과(太過)를 음양(陰陽)을 따
로 보는 것이 아니라 같은 오행(五行)을 하나로 보는 것이다.

• 불급(不及) : 일간(日干)이 약할 때 일간(日干)을 생(生)하거나 도와 주는

것이 전혀 없는 상태를 말한다.

즉, 비견(比肩) · 겁재(劫財) · 인수(印綬) · 편인(偏印) 또는 고(庫)가 되는 것조차 없는 상태에서 정관(正官) · 편관(偏官) · 식신(食神) · 상관(傷官) · 편재(偏財) · 정재(正財) 등만 있는 상태를 말한다.

예1			예2		예3	
食	食		乙	卯	甲	午
○	財		甲	戌	壬	午
○	殺		癸	未	癸	巳
官	官		己	巳	丙	辰

예1은 일주(日柱)가 기(氣)가 없는 상태이다. 그 이유는 일주(日柱)의 힘을 빼가는 식신(食神)이 2개, 재(財)가 1개(일주(日柱)가 극(剋)한다고 하지만 재(財)를 극(剋)하려면 일주(日柱)가 힘을 들이지 않고는 극(剋)을 할 수가 없다. 그러므로 재(財)도 일주(日柱)의 힘이 소모된다고 하는 것이다), 그리고 관 · 살(官殺)이 3개나 있어 일주(日柱)를 도와 줄 수 있는 것이 하나도 없으며, 바로 옆에 비어 있는 곳에 무엇이 와도 전혀 도움이 되지 않는다.

그 이유는 일주(日柱)를 도와 주려면 인수(印綬), 편인(偏印), 비견(比肩), 겁재(劫財) 등이 있어야 하는데, 이것이 있어도 지지(地支)에 뿌리를 내릴 수 없어 자신의 몸도 보존하기가 힘들어 일주(日柱)를 돌봐 줄 여력이 없다. 이러한 경우는 기(氣)가 없는 것이다.

예2는 일주(日柱)인 계수(癸水)가 지지(地支)에서 전혀 도움을 받지 못하는 묘(卯), 술(戌), 미(未), 사(巳)로 구성되어 있으며, 천간(天干)은 을(乙), 갑(甲), 기(己)로 어디에도 수기(水氣)와 금기(金氣)가 보이지 않고, 고(庫)인 진토(辰土)도 없다.

이러한 사주의 구성을 보고 기(氣)가 없다고 하는 것이다.

예3은 계수일주(癸水日柱)가 오월(午月)에 출생하여 지지(地支)에 2개의 오화(午火)와 1개의 사화(巳火)가 일지(日支)에 자리잡고 있는 가운데, 천간(天干)의 투출(透出)한 갑목(甲木)이 병화(丙火)를 생(生)하고 있어 그렇지 않아도 뿌리가 튼튼한 병화(丙火)가 더 강하게 되었지만, 다행히 시지(時支)에 고(庫)인 진토(辰土)가 일주(日柱)의 기(氣)를 보존하고 있고, 천간(天干)에 임수(壬水)가 투출(透出)하여 기(氣)가 없다고 할 수 없다. 그러므로 예3은 일주(日柱)에 기(氣)가 있는 것이다.

사주(四柱)를 보는 방법

사주(四柱)를 풀기 전에는 반드시 다음 사항에 유의해야 한다.

• 의뢰인에게 조상의 세덕(歲德)이 많으면 사주를 풀어 볼 필요가 없다.

이유는 그 의뢰인의 운명은 유동적이기 때문이다. 조상이 베풀어 놓은 은덕(恩德)이 있어 어느 누가 후손을 도와 주려는지 모르기 때문에 주위에 많은 것을 베풀라고 하는 것이다.

• 의뢰인이 태어날 당시의 주변 환경이 어떤지 아는 것이 좋다.

의뢰인의 사주도 중요하지만 태어날 당시의 주변 환경이 어떠했는지도 중요하다. 주변 환경은 부모의 재물이 많고 적음 또는 많이 배우고 적게 배우고를 따지는 것이 아니라, 의뢰인이 어머니 뱃속에서 나와 맨 처음 접하는 주변의 오행(五行)의 기운(氣運)을 말하는 것이다.

• 의뢰인의 사주가 정확해야 한다.

정확하지 않은 사주를 가지고 풀이하는 것은 다른 사람의 사주를 풀이하는 것과 같다.

이상 세 가지를 꼭 명심해야 한다.

1. 육친(六親)을 보는 방법

- 생년(生年) : 조상
- 생월(生月) : 부모, 형제
- 생일(生日) : 본인, 남편이나 처
- 생시(生時) : 자식

위에 표시한 위치에 있으면서 월지(月支)에 인종(引從)해 본 결과, 월지(月支)를 도와 주거나 일주(日柱)를 도와 주는 희신(喜神)일 경우 인연(因緣)이 있다고 해석한다.

그러나 월지(月支)를 도와 주는 것도 아니고, 일지(日支)를 도와 주는 것도 아니면서 해(害)를 입히는 기신(忌神)일 경우 인연(因緣)이 없다고 해석한다.

또한 위에 표시한 육친(六親)이 사주 내에 없으면 인연(因緣)이 없다고 해석하는 것이다. 비록 사주 내에 있으나 바로 옆에 다른 것이 충(沖)·극(剋)하는 경우 인연(因緣)이 없다고 해석하고, 만약 대운(大運)에서 충(沖)·극(剋)하는 것을 제거하면 그때는 다시 인연(因緣)이 있다라고 해석한다.

2. 용신(用神) 잡는 방법

용신(用神)이라는 것은 내가 부리는 것을 말한다.

모든 물질에 상대가 있듯이 내가 있으면 네가 있는 것이다. 일주(日柱)가 왕이라면 왕이 직접 일을 하는 것이 아니라 언제나 하인을 시켜 일을 하는

- 인종(引從) : 확인하는 것
- 해(害) : 해롭다, 방해하다, 손해, 재앙

것처럼 사주 내에서도 일주(日柱)가 부리는 하인이 있는데 이것을 용신(用神)이라 한다. 그러므로 일주(日柱)가 주인이므로 일주(日柱)는 몸에 해당하는 것인데 이를 체(體)라 한다.

그리고 하인은 주인의 명령에 따라 행동하므로 이를 용신(用神)이라 한다. 예를 들면 주인이 어느 곳을 간다고 하면 하인인 용신(用神)이 먼저 가서 일을 보는 것과 같다.

용신(用神)은 월지(月支)에서 정하는 것을 원칙으로 한다. 그러나 월지(月支)를 용신(用神)으로 사용하지 못하는 경우에도 월지(月支)에 인종(引從)하여서 가장 강한 것을 용신(用神)으로 사용한다.

그 이유는 월지(月支)가 세월을 뜻하고, 가장 강하다고 보기 때문이다.

월지(月支)라는 것은 월(月)의 지(地)를 말한다.

	天	地
年	○	○
月	○	○
日	○	○
時	○	○

예 1970년 7월 15일 8시 30분 출생의 경우

	天	地
年	庚	戌
月	甲	申
日	戊	辰
時	丙	辰

무진일주(戊辰日柱)가 신월(申月)에 출생하여 신금(申金)이 월지(月支)가 된다. 그러나 월지(月支)를 용신(用神)으로 사용하지 못하는 경우가 있는데, 다음과 같다.

① 충(沖)・극(剋)이 되면 용신(用神)으로 사용하지 않는다.

예　○　○
　　○　卯
　　○　酉
　　○　○

월지(月支)가 예와 같이 묘목(卯木)이고, 바로 옆에 있는 것이 유금(酉金)이면 묘유충(卯酉沖)이 성립한다. 이 때에는 묘목(卯木)을 월지(月支)로 사용이 불가능하다.

② 합(合)이 되어 변화하였으면 변화한 것을 쓸 수가 있는지 반드시 확인해야 한다.

예1　○　○　　　예2　○　○
　　　○　酉　　　　　○　辰
　　　○　辰　　　　　○　酉
　　　○　○　　　　　○　○

예1을 보면 유금(酉金)이 월지(月支)인데 긴첩(緊疊)하여 있는 것이 진토(辰土)인 경우는 합(合)하여 다시 금(金)으로 되므로, 이러한 경우는 금기(金氣)가 더 강해졌기 때문에 좋다.

그러나 반대로(예2의 경우) 진토(辰土)가 월지(月支)이고 긴첩(緊疊)한 것이 유금(酉金)이면 토(土)가 변하여 금(金)으로 되었기 때문에 변한 금(金)이 사주에 미치는 것을 알아봐야 한다는 것이다.

③ 재(財)나 관(官)이 있으면 있는 것으로 용신(用神)을 잡으면 되는데, 반드시 주위의 조건을 살펴야 한다.

예　○　劫
　　○　財
　　○　○
　　○　○

재(財)가 있는 경우 식신(食神)이 없는데 긴첩(緊疊)해 있는 것이 겁재(劫財)인 경우에는 재(財)가 힘이 없어 써서는 안되는 것이다.

④ 사주 내의 위치에 상관 없이 무조건 강한 것을 용신(用神)으로 사용한다. 위의 세 가지 사항 중에서 없으면 어느 곳이든 상관하지 않고 가장 강한 것을 용신(用神)으로 쓰는데, 반드시 월지(月支)에 인종(引從)해야 한다.

예 ○ 酉
　　 ○ 卯
　　 ○ 午
　　 ○ 丑

예와 같이 사주가 구성되어 있다면 묘유충(卯酉沖)으로 월지(月支)는 사용할 수 없고, 일지(日支)인 오화(午火)나 시지(時支)인 축토(丑土) 중에서 어느 것이 일주(日柱)와 관계가 있는지를 보고 묘목(卯木)에 인종(引從)하여 가장 강한 것을 용신(用神)으로 삼는다.

3. 용신(用神)의 취용(取用)법

용신(用神)을 취용하는 방법은 대체로 5가지로 분류한다.

(1) 억부법(抑扶法)

억부법(抑扶法)에는 일주(日柱)를 억부(抑扶)하는 방법과 월령(月令)을 억부하는 방법이 있다.

즉, 일주(日柱)가 강하면 일주(日柱)를 억제(抑制)하고, 일주(日柱)가 약하면 일주(日柱)를 부조(扶助)하는 방법이다.

이렇게 하는 것을 억부법(抑扶法)이라 한다.

그리고 일주(日柱)에만 이러한 것이 적용되는 것이 아니라 다른 것에도 똑같이 적용되는데 월령(月令)이 너무 약하다면 월령(月令)을 부조(扶助)하고, 월령(月令)이 강하다면 억제(抑制)하는 것이다.

① 일주(日柱)를 억부(抑扶)하는 방법

• 일주(日柱)를 억(抑)하는 방법 : 일주(日柱)를 억(抑)하는 방법에는 두 가지가 있다. 관·살(官殺)로 억(抑)하는 방법(예1)과 식상(食傷)으로 강한 기운(氣運)을 설(泄)하는 방법(예2)이 있다.

예1 ○ ○   예2 ○ ○
  ○ 寅   ○ 午
  甲 寅   甲 寅
  庚 ○   ○ ○

예1은 갑인일주(甲寅日柱)가 인월(寅月)에 출생하여 일주(日柱)가 매우 강하므로 시지(時支) 천간(天干)에 있는 경금(庚金)을 용신(用神)으로 쓰는 경우로 경금(庚金)이 강한 것이 좋다.

경금(庚金)이 약하면 오히려 반굴(盤屈)할 경우가 있다. 그 이유는 목(木)이 너무 강하고 금(金)이 약하면 금(金)이 목(木)을 이기는 것이 아니라 금(金)이 파손되기 때문이다.

예2는 갑인일주(甲寅日柱)가 오월(午月)에 출생하여 일주(日柱)가 강한 목(木)의 기운(氣運)을 설(泄)하여 주기 때문에 매우 좋다. 즉, 목(木)의 기운(氣運)이 흐르게 되어 좋다는 것으로 극(剋)하는 것보다는 설(泄)하는 것이 더 좋은 결과가 있다.

• 일주(日柱)를 부(扶)하는 방법 : 일주(日柱)를 부(扶)하는 방법에는 두

• 부조(扶助) : 힘을 다해서 도와 주는 것   • 반굴(盤屈) : 거꾸로 공격을 당하는 것

가지가 있다. 인수(印綬)로 도와 주는 방법(예1)과 비겁(比劫)으로 도와 주는 방법(예2)이 있다.

예1 ○ ○   예2 ○ ○
   ○ 申   ○ 申
   戊 午   戊 申
   庚 ○   ○ 戌

예1은 무토일주(戊土日柱)가 신월(申月)에 출생하여 설기(泄氣)가 심한데 일지(日支)에 인수(印綬)인 오화(午火)가 있어 오화(午火)를 용신(用神)으로 쓰는 경우이다.

이 경우는 인수(印綬)인 오화(午火)가 신금(申金)과 긴첩(緊疊)되어 있어 일주(日柱)를 생(生)하는 것은 좋으나 신금(申金)을 극(剋)하는 것도 겸하고 있어 썩 좋은 경우는 아니다.

예2는 무토일주(戊土日柱)가 신월(申月)에 출생하여 설기(泄氣)가 심한데 일지(日支)에 또 신금(申金)이 좌(坐)하고 있어 매우 설기(泄氣)가 심한 경우로 시지(時支)에 술토(戌土)가 있어 일주(日柱)를 도와 주는 경우이다.

② 월령(月令)을 억부(抑扶)하는 방법

• 월령(月令)이 강한 경우 : 억(抑)하는 방법(예1)

• 월령(月令)이 약한 경우 : 부(扶)하는 방법(예2)

예1 ○ ○   예2 ○ ○
   庚 申   丙 申
   甲 寅   甲 ○
   丙 ○   ○ 寅

예1은 갑인일주(甲寅日柱)가 신월(申月)에 출생하였는데 월천간(月天干)에 경금(庚金)이 투출(透出)하여 살(殺)인 경금(庚金)이 매우 강한 경우이다.

시천간(時天干)에 있는 병화(丙火)가 강한 경금(庚金)을 극(剋)하여 일주(日柱)인 갑목(甲木)과 용신(用神)인 신금(申金)이 균등하여 좋은 구성이다.

예2는 갑목일주(甲木日柱)가 신월(申月)에 출생하였는데 월천간(月天干)에 투출(透出)한 병화(丙火)가 신금(申金)을 극(剋)하고 있어 신금(申金)이 비록 월령(月令)을 얻었다고는 하나 매우 약한 상태이다. 이러한 경우에는 신금(申金)을 도와 주는 토(土)가 있어야 한다.

(2) 통관신(通關神)

두 개의 오행(五行)에 대치하여 전극(戰剋)이 일어날 때 오행(五行)의 강·약의 구별이 안되거나, 서로 화해를 해야 좋은 경우는 당연히 화해시켜야 하기 때문에 이럴 때에 통관신(通關神)을 쓴다.

예1 ○ ○	예2 ○ ○	예3 ○ ○
丙 午	甲 寅	癸 亥
丁 酉	甲 戌	壬 午
丁 酉	戊 辰	○ 巳

예1은 정유일주(丁酉日柱)가 오월(午月)에 출생하고 월천간(月天干)에 겁재(劫財)인 병화(丙火)가 있고, 시천간(時天干)에는 비견(比肩)인 정화(丁火)가 투출(透出)하여 매우 강한 구성이다.

재물인 유금(酉金)이 일지(日支)와 시지(時支)에 있으나 매우 약한 경우이다. 재(財)의 분탈(奔奪)이 일어나지 않도록 하려면 토(土)가 필요한데 토(土)가 있으므로 해서 화(火)가 토(土)를 생(生)하고, 토(土)는 금(金)을 생(生)하므로 재물이 풍부해진다. 이러한 경우를 보고 통관신(通關神)이 필요하다고 한다.

예2는 갑술일주(甲戌日柱)가 인월(寅月)에 출생하고 월천간(月天干)에 갑목(甲木)이 투출(透出)하여 매우 강하다. 그러나 일지(日支)에 술토(戌土)가 있고, 시주(時柱)에 무진토(戊辰土)가 있어 토(土) 또한 약하지 않다.

이러한 구성이 되면 재물이 풍부하여 좋으나 언젠가는 대운(大運)이 목(木)의 운(運)으로 향할 수 있어 매우 불안한 형국(形局)이라 할 수 있다. 그러므로 이러한 구성에는 화(火)가 있어 재물을 분탈(奔奪)하지 못하도록 하는 것이 필요하다. 여기서 화(火)가 통관신(通關神)에 해당한다.

예3은 임수일주(壬水日柱)가 해월(亥月)에 출생하고 월천간(月天干)에 계수(癸水)가 투출(透出)하여 매우 강한 가운데 일지(日支)에 재(財)인 오화(午火)가 좌(坐)하여 있고, 시지(時支)에 사화(巳火)가 있으나 재(財)가 약한 상태이다.

만약 임계수(壬癸水)의 운(運)으로 향하면 재(財)의 분탈(奔奪)이 생겨 매우 좋지 않은 결과가 생긴다. 그러므로 목(木)이 있어 수생목(水生木)과 목생화(木生火)로 서로 다투지 않도록 한다면 좋은 구성이 된다. 여기서 목(木)은 통관신(通關神)에 해당한다.

(3) 조후(調喉)

만약 금수일주(金水日柱)가 겨울에 출생하였거나 목화일주(木火日柱)가 여름에 출생하였다면, 너무 한랭(寒冷)하여 발복(發福)이 되지 않거나 너무 뜨거워서 잘못하면 일주(日柱)가 분목(焚木)이 되는 경우가 있다.

이러한 경우에는 기후(氣候)를 조화시키는 것이 적당하다. 이렇게 기후(氣候)를 조화시키는 것을 조후(調喉)라 한다.

• 분탈(奔奪) : 빼앗아 달아나는 것
• 발복(發福) : 운(運)이 트여 복이 닥침
• 분목(焚木) : 나무가 불에 타는 것

조후용신(調候用神)을 쓰는 경우에는 음양(陰陽)을 구별하지 않고 적용한다.

① 목(木)

- 봄의 목(木)은 화(火)가 있어 습기(濕氣)를 어느 정도 제거하여 목(木)이 상하지 않도록 해야 한다(예1).
- 여름의 목(木)은 화(火)가 왕성한 때이므로 잘못하면 분목(焚木)이 될 수 있기 때문에 왕성한 수(水)가 있어야 목(木)이 시들지 않고, 분목(焚木)이 되는 것을 막을 수 있다(예2).
- 가을의 목(木)은 금기운(金氣運)이 강하여 목(木)이 상할 수 있으므로 수(水)가 있어 금(金)의 기운(氣運)을 설(泄)하고, 목(木)을 생(生)하여 주는 것이 좋다. 한로(寒露) 이후에는 반드시 화(火)가 있어 목(木)이 한랭(寒冷)해 지는 것을 막아 주어야 한다(예3).
- 겨울의 목(木)은 토(土)가 많으면 반굴(盤屈)의 걱정이 없지만 토(土)가 적으면 반굴(盤屈)해진다. 그러나 금수(金水)가 많으면 매우 해롭다.

  결국 목(木)은 사시사철 어느 때나 금기운(金氣運)이 있는 것은 좋지 않다. 더욱이 여름의 목(木)은 어떠한 경우에도 금(金)의 기운이 있는 것은 좋지 않다.

  일반적으로 목(木)이 왕성한 경우에는 금(金)의 기운(氣運)이 있어 벌목(伐木)을 해 주는 것이 좋다고는 하나 결과적으로 좋은 일은 없다(예4).

예1			예2			예3			예4		
○	○		丙	午		○	申		○	子	
○	寅		甲	○		乙	亥		乙	未	
甲	戌		壬	子		○	戌		○	辰	
○	○										

• 반굴(盤屈) : 서리고 엉클어 짐

114

예1은 술토(戌土)가 화토(火土)로서 초봄의 냉기(冷氣)를 해소하고, 목(木)을 보호하는 경우이다.

예2는 갑목일주(甲木日柱)가 여름에 생(生)하고 천간(天干)에 병화(丙火)가 투출(透出)하여 화(火)가 매우 강하여 분목(焚木)이 될 정도이나, 시지(時支)에 임자(壬子)가 강하게 자리를 잡고 있어 갑목(甲木)이 분목(焚木)이 되지 않고 기(氣)가 흐르게 되는 좋은 구성으로 이루진 경우이다.

예3은 을목일주(乙木日柱)가 가을에 생(生)하여 금기(金氣)가 가득하나 일지(日支)에 좌(坐)하고 있는 해수(亥水)가 금기(金氣)를 설(泄)하고 일주(日柱)인 을목(乙木)을 생(生)하는 구성이다. 더 좋은 것은 술토(戌土)가 시지(時支)에 좌(坐)하고 있어 냉(冷)한 기운(氣運)을 제거하여 을목(乙木)의 생육(生育)에 도움을 주고 있다.

예4는 을목일주(乙木日柱)가 자월(子月)에 생(生)하고 시지(時支)에 습토(濕土)인 진토(辰土)가 좌(坐)하고 있어 냉(冷)하나, 일지(日支)에 좌(坐)하고 있는 미토(未土)가 냉(冷)한 기운(氣運)을 제거하여 자수(子水)가 일주(日柱)인 을목(乙木)을 생조(生助)하도록 하고 있다.

② 화(火)

- 봄의 화(火)는 목(木)이 왕성한 때이므로 목화(木火)의 세력이 함께 왕성하여 생조(生助)하는 것이 너무 지나치므로 수(水)가 있어 조절해 주는 것이 좋다(예1).
- 여름의 화(火)는 스스로 소멸할 수 있으므로 수(水)가 있어야 하고, 만약 목(木)이 있어 생조(生助)하면 요절(夭折)할 수가 있다(예2).
- 가을의 화(火)는 목(木)의 생조(生助)가 반드시 필요한 때이다. 수(水)가

• 생육(生育) : 성장할 수 있도록 도와 주는 것

많으면 화(火)가 꺼질 수 있다(예3).

· 겨울의 화(火)는 목화토(木火土)가 있어야 영화(榮華)롭다. 그러나 금(金)이 있어 수(水)를 생(生)하면 매우 좋지 않다(예4).

예1 ○ ○	예2 ○ ○	예3 ○ ○	예4 ○ ○
○ 寅	○ 午	○ 申	○ 亥
丙 ○	丙 ○	丁 ○	丁 酉
○ ○	甲 ○	○ ○	○ ○

예1은 병화(丙火)가 인월(寅月)에 출생하여 일주(日柱)가 매우 강한 경우로, 일주(日柱)의 기운(氣運)을 극(剋)하는 수(水)의 기운(氣運)이 필요로 하는 경우이다.

예2는 일주(日柱)인 병화(丙火)가 오월(午月)에 출생하여 일주(日柱)가 매우 강한데 시간(時干)에 갑목(甲木)이 있어 강한 일주(日柱)를 생조(生助)하는 경우로, 만약 수(水)가 목(木)을 생조(生助)하지 않으면서 분목(焚木)이 되지 않도록 하지 못하면 결국 요절(夭折)하는 경우이다.

예3은 정화일주(丁火日柱)가 신월(申月)에 출생하여 일주(日柱)가 약하므로 인수(印綬)인 목(木)의 생조(生助)가 필요한 경우이다.

예4는 정화일주(丁火日柱)가 해월(亥月)에 출생하여 일주(日柱)가 매우 허약한데, 월지(月支) 해수(亥水)는 일지(日支)에 좌(坐)하고 있는 유금(酉金)의 생조(生助)를 받아 매우 왕성한 경우이다.

이렇게 구성이 되면 칠살(七殺)이 매우 강한 경우로 일주(日柱)인 정화(丁火)를 생조(生助)하는 것이 있어야 번영한다.

③ 토(土)

· 봄의 토(土)는 허약하니 반드시 화(火)의 생조(生助)를 받아야 한다. 금수목(金水木)이 많으면 좋지 않다(예1).

- 여름의 토(土)는 마른 토(土)로 반드시 수(水)가 있어야 한다. 수(水)는 재물에 해당하며, 수(水)가 없는 토(土)에 목화(木火)가 중첩(重疊)하면 매우 좋지 않다. 그러나 토(土)만 많이 있으면 목(木)이 있는 것이 좋다 (예2).

- 가을의 토(土)는 설기(泄氣)가 심하니 화(火)가 있어 생조(生助)하는 것이 좋으나 조화가 잘 이루어져야 한다. 그러나 수(水)가 많은 것은 좋지 않다. 수(水)가 많으면 오히려 재물로 인하여 화(禍)를 당하게 된다(예3).

- 겨울의 토(土)는 표면은 얼었으나 속은 따사로우니 목화금수(木火金水) 어떠한 것이 와도 좋다. 일주(日柱)가 강하면 장수(長壽)한다(예4).

예1			예2			예3			예4		
○	○		○	○		○	○		○	○	
○	卯		○	巳		○	酉		○	子	
戊	午		戊	○		己	○		己	○	
○	○		○	○		○	○		○	○	

예1은 무토일주(戊土日柱)가 묘월(卯月)에 출생하여 일주(日柱)가 매우 허약하나, 일지(日支)에 좌(坐)하고 있는 오화(午火)가 묘목(卯木)의 생(生)을 받아 일주(日柱)를 생조(生助)하니 매우 좋은 경우에 해당한다.

예2는 무토일주(戊土日柱)가 사월(巳月)에 출생하여 무토일주(戊土日柱)는 인수(印綬)를 만나 좋은 것 같으나, 무토(戊土)는 원래 건토(乾土)로 사화(巳火)의 생조(生助)를 받아 무토(戊土)가 더욱 건조한 상태이다.

이러한 경우에는 수(水)가 있어야 토(土)의 역할을 제대로 할 수 있으며, 더구나 수(水)는 재물에 해당하므로 수(水)가 있어야 재물이 있을 수 있다. 만약 수(水)가 없는데 목화(木火)가 중첩(重疊)되어 토(土)를 생(生)하면 매우 좋지 않다.

- 화(禍) : 재앙
- 중첩(重疊) : 거듭 겹치거나 겹쳐지는 것

예3은 기토일주(己土日柱)가 유월(酉月)에 출생하여 설기(泄氣)가 매우 심한 경우에 해당한다. 이것은 반드시 화(火)가 있어야 하는 경우로, 화(火)가 유금(酉金)을 극(剋)하지 않는 위치에 있는 것이 좋다.

그러나 수(水)가 많이 있어서 기토일주(己土日柱)를 극(剋)하게 되는 것은 재물로 인하여 오히려 화(禍)를 당하는 경우가 된다.

예4는 기토일주(己土日柱)가 자월(子月)에 출생하여 일주(日柱)가 매우 습(濕)하고 냉(冷)한 상태이다. 이 경우에는 화토(火土)인 술토(戌土)가 있어 냉(冷)한 기운(氣運)을 제거해야 재물이 풍부하다.

④ 금(金)

- 봄의 금(金)은 한랭(寒冷)한 기운(氣運)이 남아 있을 때이므로 화토(火土)가 함께 있는 것이 좋고, 수(水)는 왕성하면 좋지 않다(**예**1).
- 여름의 금(金)은 수(水)가 있어 화(火)의 기운(氣運)을 막아 주는 것이 좋으나, 수(水)가 목(木)을 생(生)하고 목(木)이 화(火)를 생(生)하는 구조가 되면 오히려 좋지 않다. 그리고 토(土)가 많으면 매몰될 우려가 있어 좋지 않다(**예**2).
- 가을의 금(金)은 화(火)가 반드시 있어야 한다. 화(火)가 없으면 오히려 영화(榮華)롭지 못하다. 토(土)가 있어 생(生)하는 것은 좋지 않고, 수(水)가 있어 설기(泄氣)하는 것은 매우 좋다(**예**3).
- 겨울의 금(金)은 화토(火土)가 같이 있어야 영화(榮華)롭다. 그러나 수(水)가 많이 있으면 매우 좋지 않다(**예**4).

예1 ○ ○	**예**2 ○ ○	**예**3 ○ ○	**예**4 ○ ○
○ 寅	○ 午	○ 酉	○ 子
庚 ○	庚 ○	辛 ○	辛 ○
○ ○	○ ○	○ ○	○ ○

예1은 경금일주(庚金日柱)가 인월(寅月)에 출생하여 재물이 충분히 있는 것 같으나 냉기(冷氣)가 아직 남아 있으며, 목(木)은 아직 여린 때이다. 그러므로 경금일주(庚金日柱)는 냉기(冷氣)가 가득하여 남에 대한 배려가 없고 재물도 부족한 때이다.

그러나 화(火)가 있으면 목(木)이 활발하게 성장할 수 있으며, 또 토(土)가 있어 경금(庚金)을 생조(生助)하면 좋은 구성이 된다.

예2는 경금일주(庚金日柱)가 오월(午月)에 출생하여 칠살(七殺)이 매우 강한 경우이다. 이러한 경우에는 수(水)가 있어 화(火)를 극(剋)하여 일주(日柱)가 화(火)의 극(剋)에서 벗어날 수 있도록 하면 좋다.

그러나 목(木)이 있어 수(水)가 목(木)을 생(生)하고, 목(木)이 화(火)를 생(生)하는 구성이 되면 오히려 경금일주(庚金日柱)가 받는 고통은 매우 크다.

예3은 신금일주(辛金日柱)가 가을에 출생하여 일주(日柱)가 매우 강한 경우이다. 금속의 종류는 화(火)가 있어 제련(製鍊)을 해야 하듯이 이 경우도 화(火)가 있어 강한 금(金)을 부드럽게 만들어야 앞길이 막히는 것이 없다.

그러나 토(土)가 있어 금(金)을 생조(生助)한다면 본인 자신만 위하는 경우가 될 것이고, 다른 사람을 공격하여 끝을 봐야 끝내는 경우가 생겨 사회 생활을 하기가 매우 어렵다. 그렇지만 수(水)가 있어 강한 기운(氣運)을 설기(泄氣)하면 매우 좋은 구성이 된다.

예4는 신금일주(辛金日柱)가 겨울에 출생한 경우이다. 매우 냉(冷)한 기운이 가득하므로 화(火)가 있어 따뜻하게 풀어주면 좋고, 또한 토(土)가

• 제련(製鍊) : 광석을 용광로에 녹여서 함유 금속을 뽑아 내어 정제함

있어 수(水)가 마음대로 활동하지 못하도록 막아 주는 것이 좋다. 그러나 화(火)가 수(水)와 충돌이 일어나지 않도록 구성되어야 한다.

⑤ 수(水)

• 봄의 수(水)는 수(水)가 많으면 홍수가 나므로 수(水)가 많은 것은 좋지 않다. 목(木)이 있어 수(水)의 기운(氣運)을 흐르게 하는 것이 좋다. 그러나 토(土)가 없으면 산만하여 좋지 않다(예1).

• 여름의 수(水)는 금수(金水)가 함께 있는 것이 좋다. 목화토(木火土)가 많으면 수(水)가 고갈(枯渴)되어 매우 좋지 않다(예2).

• 가을의 수(水)는 금(金)이 중첩(重疊)되어 있으면 수(水)를 생조(生助)하여 좋은 것 같으나 오히려 수(水)가 탁(濁)해지므로 매우 좋지 않다. 목(木)이 많이 있어 기(氣)가 흐르게 되는 것이 좋다(예3).

• 겨울의 수(水)는 화(火)가 있어 수(水)가 따뜻해지면 좋다. 토(土)가 있어야 하는데 토(土)가 너무 많이 있으면 오히려 수(水)가 고갈(枯渴)되어 좋지 않다. 수(水)는 목(木)이 있어 흐르게 되는 것이 가장 좋은데, 여름의 수(水)는 반드시 생조(生助)하는 것이 있어야 영화(榮華)롭다(예4).

예1 ○ ○	예2 ○ ○	예3 ○ ○	예4 ○ ○
○ 寅	○ 午	○ 酉	○ 亥
壬 ○	壬 ○	癸 ○	癸 ○
○ ○	○ ○	○ ○	○ ○

예1은 임수일주(壬水日柱)가 인월(寅月)에 출생한 경우이다. 인월(寅月)은 수(水)가 아직 물러가지 않았을 때라 수(水)가 많이 있으면 목(木)이 썩을 수가 있고, 잘못하면 물난리가 날 수 있으니 될 수 있으면 수(水)가 적어야 한다.

• 고갈(枯渴) : 물이 바짝 마름

예2는 임수일주(壬水日柱)가 오월(午月)에 출생하여 임수(壬水)가 매우 약한 상태이므로 금수(金水)가 있어 생조(生助)해야 한다. 그러면 재물이 풍부하여 매우 좋은 구성이 된다.

예3은 계수일주(癸水日柱)가 유월(酉月)에 출생하여 계수일주(癸水日柱)가 약하지 않은 구성이다. 만약 금(金)의 생조(生助)가 너무 많으면 오히려 수(水)가 탁(濁)해져 좋지 않다.

수(水)가 탁(濁)해지면 되는 일이 없으며 모든 일이 풀리지 않는다. 탁(濁)한 기운(氣運)이 풀어져야 한다. 그러나 목(木)이 있어 수(水)의 기운(氣運)을 흐르게 하면 매우 좋은 구성이 된다.

예4는 계수일주(癸水日柱)가 해월(亥月)에 출생하여 일주(日柱)가 매우 냉(冷)하다. 이러한 구성은 화(火)가 있어 냉한 기운(氣運)을 해소해야 하는데 냉(冷)한 기운(氣運)을 해소하지 못하면 하고자 하는 일이 이루어지지 않는다.

만약 토(土)가 수(水)의 행동을 어느 정도 막을 수 있는 정도만 있으면 매우 좋은 구성이다. 토(土)는 여기서 정관(正官)의 역할을 하므로 생각한 대로 움직일 수가 있으며 체(體)가 반듯하다. 그러나 토(土)가 너무 많으면 수(水)가 고갈(枯渴)하여 전혀 쓸모가 없게 변하고, 심하면 요절(夭折)할 수도 있다.

(4) 병약(病藥)

기운(氣運)이 약한 경우 부조(扶助)해야 하는데, 이 부조(扶助)하는 오행(五行)을 극(剋)하는 것이 있을 경우 이것을 병(病)이라 하고, 이 병(病)을 치료하여 제거하는 것을 약(藥)이라 한다. 이러한 경우에 쓰는 오행(五行)을 병약(病藥)이라 한다.

예1 ○ 戊　　　　예2 癸 ○　　　　예3 己 ○
　　　甲 子　　　　　　 己 酉　　　　　　 乙 巳
　　　己 ○　　　　　　 丁 丑　　　　　　 癸 ○
　　　戊 ○　　　　　　 ○ 午　　　　　　 ○ 子

예1은 기토일주(己土日柱)가 월령(月令)을 얻지 못하였지만 연지(年支)에 술토(戊土)가 있고 시천간(時天干)에 무토(戊土)가 있어 재(財)가 비록 월지(月支)에 있다고는 하나 기토일주(己土日柱)가 더 강하다.

이렇게 일주(日柱)가 강하면 비겁(比劫)이 필요 없다. 그런데 월천간(月天干)에 있는 갑목(甲木)을 자수(子水)가 생조(生助)하여 충분히 무토(戊土)를 극(剋)할 수 있다. 여기서 병(病)은 무토(戊土)이고, 약(藥)은 갑목(甲木)이다.

예2는 정화일주(丁火日柱)가 유월(酉月)에 출생하여 월령(月令)을 득(得)하지 못하였으나 시지(時支)에 오화(午火)가 있어 약하지 않다. 월지(月支)에 있는 유금(酉金)이 연천간(年天干)에 있는 계수(癸水)를 생(生)하여 정화일주(丁火日柱)를 극(剋)하고 있다.

여기서 계수(癸水)는 병(病)에 해당한다. 병(病)인 계수(癸水)를 월천간(月天干)에 있는 기토(己土)가 극(剋)하여 일주(日柱)를 극(剋)하지 못하도록 막아주는 구성으로 기토(己土)는 약(藥)에 해당한다.

예3은 계수일주(癸水日柱)가 사월(巳月)에 출생하여 일주(日柱)가 약하나 시지(時支)에 자수(子水)가 있어 약하지 않다. 월지(月支)에 있는 재(財)가 칠살(七殺)을 생조(生助)하여 일주(日柱)를 극(剋)하나 월천간(月天干)에 있는 을목(乙木)이 칠살(七殺)인 기토(己土)를 극(剋)하여 일주(日柱)를 보호하는 구성이다. 여기서 병(病)은 기토(己土)이고, 약(藥)은 을목(乙木)이다.

(5) 전왕(專旺)

사주의 기세(氣勢)가 한 쪽으로 치우쳐 있어 그 기세(氣勢)에 순응(順應)하지 않으면 안되는 경우가 있는데, 이 때에는 오로지 그 기세(氣勢)에 순응(順應)해야 한다.

종격(從格), 화격(化格), 전왕격(專旺格)이 여기에 해당한다.

예1 壬 ○　　예2 ○ ○　　예3 ○ 辰
　　丁 卯　　　　己 未　　　　乙 卯
　　己 未　　　　丁 卯　　　　壬 寅
　　○ 亥　　　　癸 卯　　　　丁 ○

예1은 연천간임수(年天干壬水)와 월천간(月天干) 정화(丁火)가 합(合)이 되고, 지지(地支)는 해묘미(亥卯未) 삼합(三合) 목국(木局)을 이루고 있다. 지지(地支)에서 목국(木局)을 이루고 있어 천간(天干)의 합(合)은 화(化)하여 목(木)으로 변하였다.

일주(日柱)인 기토(己土)는 일지(日支)에 미토(未土)가 있어 힘이 될 것 같았으나 해묘미(亥卯未) 삼합(三合)으로 목국(木局)을 이루어 일주(日柱)에 도움이 되지 않는다. 그러므로 일주(日柱)는 칠살(七殺)에 종(從)하는 수 밖에 없다.

예2는 정화일주(丁火日柱)가 미월(未月)에 출생하고, 지지(地支)에 묘(卯)가 두 개나 있어 매우 강하다. 시천간(時天干)에 칠살(七殺)이 있으나 강한 일주(日柱)를 극(剋)할 수가 없으므로 오히려 묘목(卯木)을 생조(生助)하여 결과적으로는 정화일주(丁火日柱)를 생조(生助)하는 경우이다.

예3은 임수일주(壬水日柱)가 묘월(卯月)에 출생하여 일주(日柱)가 매우 허약한 상태이고, 지지(地支)에는 인묘진(寅卯辰) 방합(方合) 목국(木局)을 이루고 있어 일주(日柱)의 근(根)은 없는 상태이다.

그런데 시천간(時天干)에 정화(丁火)가 있어 일주(日柱)인 임수(壬水)와 합(合)하여 목(木)으로 변화하여 진정한 화격(化格)으로 변하였다.

4. 격(格)에 의해서 용신(用神)을 잡는 법

(1) 내격(內格)과 외격(外格)

격(格)에는 내격(內格)과 외격(外格)이 있다.

내격(內格)은 십요신(十曜神)을 가지고 사주를 풀어 나가는 방식이고, 외격(外格)은 내격(內格)을 제외한 전부라고 생각하면 된다.

① 내격(內格)

식신격(食神格), 상관격(傷官格), 편재격(偏財格), 정재격(正財格), 편관격(偏官格), 정관격(正官格), 편인격(偏印格), 인수격(印綬格), 양인격(羊刃格) 등이 있다.

내격(內格)을 다른 명칭으로 정격(正格)이라고도 한다.

예1 ○ ○　　　예2 ○ ○　　　예3 ○ ○　　　예4 ○ ○
　　○ 食　　　　　○ 傷　　　　　○ 財　　　　　○ 官
　　○ ○　　　　　○ ○　　　　　○ ○　　　　　○ ○
　　○ ○　　　　　○ ○　　　　　○ ○　　　　　○ ○

예5 ○ ○　　　예6 ○ ○　　　예7 ○ ○
　　○ 殺　　　　　○ 印　　　　　○ 劫
　　○ ○　　　　　○ ○　　　　　○ ○
　　○ ○　　　　　○ ○　　　　　○ ○

예에서는 격(格)을 월지(月支)에서 잡는 것만 보여 주었다. 월지(月支)가 무엇이 있느냐에 따라 격(格)이 달라지고, 살(殺)이 있으면 편관격(偏官

格), 인(印)이 있으면 인수격(印綬格) 등의 방법으로 격(格)을 정한다. 월지(月支)가 아니더라도 가장 강한 용신(用神)이 무엇이냐에 따라 격(格)이 정해진다. 만약 가장 강한 것이 정관(正官)이라면 정관격(正官格)이 되는 것이다.

② 외격(外格)

내격(內格)을 제외한 모든 것을 말하며, 변격(變格)이라고도 한다.

(2) 격(格)의 순(順)과 역(逆)

① 식신(食神), 편재(偏財), 정재(正財), 정관(正官), 인수(印綬) 등 길신(吉神)을 생(生)하여 주는 것을 희신(喜神)이라 하며, 이것을 순용(順用)이라 한다. 단, 태과(太過)하지 않아야 한다.

② 상관(傷官), 편관(偏官), 편인(偏印), 양인(羊刃) 등 흉신(凶神)을 극(剋)하는 것을 희신(喜神)이라 하며, 이것을 역(逆)이라 한다.

(3) 격국(格局)의 청(淸)과 탁(濁)

어떠한 사주를 막론하고 격국(格局)이 청(淸)해야 발복(發福)할 수 있다.

① 청(淸)

사주 내의 용신(用神)에 대하여 희신(喜神)만 존재하고, 기신(忌神)과 구신(仇神) 등이 없는 사주를 말한다. 단, 기신(忌神)과 구신(仇神)이 없을 때라도 희신(喜神)이 정편교집(正偏交集)이 되지 않아야 한다.

예 사주 내의 희신(喜神)이 편재(偏財)인 경우 정재(正財)가 사주 내에 존재해서는 안 된다. 그러나 사주의 구성상 서로 상극(相剋)이 되는 것끼리

• 정편교집(正偏交集) : 같은 오행의 음(陰)과 양(陽)이 같이 있는 경우

전극(戰剋)이 일어나지 않도록 구성되어 있으면 상관이 없다. 그 예로 인수(印綬)가 있을 때에는 재(財)가 없어야 한다.

그러나 재(財)가 있어도 되는 경우가 있는데, 이 때에는 정관(正官)이 있어 재(財)와 인수(印綬) 사이를 통과시키는 통관신(通關神) 노릇을 하는 경우(재생관(財生官), 관생인(官生印))이다. 그리고 인수(印綬)가 일주(日柱) 옆에 바로 붙어 있어 일주(日柱)가 재(財)를 극(剋)하는 경우 등으로 볼 수 있다.

② 탁(濁)

용신(用神)에 대하여 기신(忌神)과 구신(仇神)만 있고, 희신(喜神)은 없는 사주를 말한다. 더구나 기신(忌神)과 구신(仇神)이 정편교집(正偏交集)이 되어 있으면서 이것을 거(去)하는 것이 없는 경우를 말한다.

그리고 충(沖)·극(剋)이 겹치는 경우이다. 그러나 만약 거(去)하는 것이 있으면 탁(濁)한 후 청(淸)해졌다고 한다.

🔲 사주 내에 희신(喜神)이 비견(比肩)과 겁재(劫財)인 경우 희신(喜神)인 비견(比劫)은 없고, 재(財)와 편관(偏官)이 있어 힘이 들 때 또는 정관(正官)이 있어 편관(偏官)을 편들어 일주(日柱)를 더 괴롭히는 경우이다.

만약 이렇게 구성되어 있을 때 인수(印綬)가 일주(日柱) 옆에 붙어 있어 재생관(財生官), 관생인(官生印), 인생일주(印生日柱)로 이어지면 좋은 구성이라 한다.

이렇게 구성되면 관·살(官殺)이 같이 있어도 무방하며, 모든 것을 인수(印綬)가 다 받아들이는 형상이다.

• 거(去) : 없애다.

■ 희신(喜神)

일주(日柱)가 약할 때는 도와 주는 것이 필요한데 이것을 희신(喜神)이라
한다.

예 ○ ○
○ 戌
甲 子
○ ○

갑목일주(甲木日柱)가 술월(戌月)에 출생하여 일주(日柱)가
약하다. 이렇게 일주(日柱)가 약할 때 도와 주는 것을 희신
(喜神)이라 하는데, 여기서는 자수(子水)가 희신(喜神)에 해
당한다.

■ 기신(忌神)

일주(日柱)가 약할 때는 극(剋)하는 것이 있으면 힘이 드는데, 이것을 기
신(忌神)이라 한다.

예 ○ ○
庚 戌
甲 子
○ ○

갑목일주(甲木日柱)가 술월(戌月)에 출생하여 일주(日柱)가
약한데, 약한 갑목(甲木)을 극(剋)하는 것을 기신(忌神)이라
한다. 여기서는 경금(庚金)이 기신(忌神)에 해당한다.

■ 구신(仇神)

기신(忌神)이 있어서 일주(日柱)가 괴로운데, 그 기신(忌神)을 도와서 일
주(日柱)를 더 힘들게 하는 것을 구신(仇神)이라 한다.

예 戊 ○
庚 戌
甲 子
○ ○

갑자일주(甲子日柱)가 술월(戌月)에 출생하여 월령(月令)을
얻지 못하고, 더구나 월천간(月天干)에서 경금(庚金)이 일
주(日柱)를 극(剋)하고 있어 매우 힘이 든다.
그런데 연천간(年天干)에 있는 무토(戊土)가 강한 경금(庚
金)을 생조(生助)하여 더욱 더 일주(日柱)를 극(剋)하도록
하고 있는데, 이를 생조(生助)하는 것을 구신(仇神)이라 한
다. 여기서는 무토(戊土)가 구신(仇神)에 해당한다.

■ 구신(救神)

일주(日柱)를 괴롭히는 기신(忌神)이 있을 때, 그 기신(忌神)을 제거해 주는 것을 구신(救神)이라 한다.

|예| 戊 ○
　　庚 戌
　　甲 子
　　丙 ○

갑자일주(甲子日柱)가 술월(戌月)에 출생하여 인수(印綬)인 자수(子水)의 생조(生助)에 의지하고 있는데, 연천간(年天干)에 있는 무토(戊土)는 월천간(月天干)에 있는 경금(庚金)을 생조(生助)하여 일주(日柱)를 극(剋)한다. 그런데 시천간(時天干)에 있는 병화(丙火)가 경금(庚金)을 극(剋)하여 더 이상 일주(日柱)를 극(剋)하지 못하도록 하고 있다.

이렇게 일주(日柱)를 극(剋)하는 것을 다시 극(剋)하여 일주(日柱)를 극(剋)하지 못하도록 하는 것을 구신(救神)이라 한다. 여기서는 병화(丙火)가 구신(救神)에 해당한다.

■ 한신(閑神)

일주(日柱)를 도와 주지도 않고 괴롭히지도 않는, 즉 도움이 전혀 안되는 것을 한신(閑神)이라 한다.

|예| 丁 ○
　　壬 戌
　　乙 未
　　○ ○

을목일주(乙木日柱)가 술월(戌月)에 출생하였으나 일지(日支)에 있는 미토(未土)의 장간(藏干)인 을목(乙木)에 의지하여 뿌리가 있다.

월천간(月天干)에 있는 임수(壬水)가 일주(日柱)를 생조(生助)해야 하는데 정화(丁火)를 가까이 하려고 보니 일주(日柱)를 생조(生助)하는 것을 잊어버리고 있는 구성이다.

이렇게 일주(日柱)에게 도움을 주지 않고 있는 것을 한신(閑神)이라 한다. 여기서는 임수(壬水)가 한신(閑神)에 해당한다.

5. 용신(用神)의 간합(干合)

간합(干合)은 남녀가 서로 좋아 함께 있으면서 시간 가는 줄 모르는 것과 같이 전혀 움직이지 않는 것을 말한다.

① 길신(吉神)

길신(吉神)은 용신(用神)이 간합(干合)하여 움직이지 않으면 길작용(吉作用)이 일어나지 않아 좋지 않다.

<table>
<tr><td></td><td></td><td>장간(藏干)</td></tr>
<tr><td>예</td><td>○ ○</td><td></td></tr>
<tr><td></td><td>甲 巳 - 丙</td><td></td></tr>
<tr><td></td><td>癸 酉 - 辛</td><td></td></tr>
<tr><td></td><td>○ ○</td><td></td></tr>
</table>

예를 보면 유금(酉金)이 편인(偏印)에 해당하고 계수(癸水)가 약한 경우이다. 이것은 사유반합(巳酉半合)이 일어난 사주로, 더 좋지 않은 것은 사(巳) 속에 있는 병화(丙火)가 유금(酉金) 속에 있는 신금(辛金)과 합(合)이 되어 움직이지 않는 것이다.

즉, 장간(藏干)이 사람이기 때문이다. 이것을 해석하면 부모가 재물에 욕심이 생겨 자식을 도와 주지 않는 형국(形局)으로, 움직이지 않으면 길작용(吉作用)을 전혀 하지 않는 것이다.

② 흉신(凶神)

흉신(凶神)은 용신(用神)이 간합(干合)하여 움직이지 않으므로, 흉작용(凶作用)이 일어나지 않아 오히려 좋다.

단, 용신(用神) 이외의 간합(干合)은 단지 합(合)하여 변화한 것으로만 본다.

장간(藏干)

예 ○ 巳
    ○ 戌 － 戊
    壬 子 － 癸
    ○ ○

예를 보면 임수일주(壬水日柱)가 강한 술토(戌土)를 만난 경우이다.

술토(戌土)가 살(殺)에 해당하는데, 비록 임수일주(壬水日柱)가 일지(日支)에 자수(子水)가 좌(坐)하고 있어 강하지만 술토(戌土)의 강함에는 미치지 못한다.

임수일주(壬水日柱)가 힘이 드는데 마침 지지(地支)에서 자(子) 속에 있는 계수(癸水)와 술토(戌土) 속에 있는 무토(戊土)와 만나 무계합(戊癸合)으로 간합(干合)하여, 술토(戌土)가 일주(日柱)를 극(剋)하는 것을 잃어버려 흉(凶)이 일어나지 않는다.

6. 만세력(萬歲曆)에 대하여

사주팔자를 찾을 때는 만세력에 의존해야 한다. 그러므로 무엇보다 정확한 만세력이 필요하다. 만약 만세력이 정확하지 않다면 보지 않는 것보다 못한 결과가 있게 된다.

다음은 만세력을 고르는 방법이다.

① 만세력을 만든 사람이 입운(入運)을 계산을 할 때 소수점 이하를 반올림한 것인지, 아니면 소수점 이하를 모두 버린 것인지에 따라 많은 차이가 있다.

소수점 이하를 모두 버렸다는 것은 소수점 이하가 얼마가 되었던지 모두 버렸다는 것이고, 소수점 이하를 반올림했다는 것은 버린 것보다는 차이가 조금 덜 난다는 것이다. 그러므로 입운(入運)을 계산해 놓은 것에 차이가 있어 운(運)이 들어오는 시점이 달라지는 것이다.

② 만세력은 역술인이 일일이 찾아 계산해야 하는 것을 보기 쉽게 풀어놓은 것이다. 그래서 찾기 쉽고, 보기 쉬운 것이 좋다.

물론 여기에는 신·살(神殺)이 차지하는 부분이 많은 만세력도 있다. 신·살(神殺)을 위주로 사주를 풀려면 신·살(神殺)이 많이 나와 있는 것이 필요하지만, 명리학(命理學)에서는 신·살(神殺)을 보지 않으므로 신·살(神殺)이 적은 것이 좋다.

(1) 만세력(萬歲曆) 보는 방법

① 연주(年柱)를 찾는 방법

만세력을 보면 연(年)에 해당하는 간지(干支)가 나와 있는데, 그것을 찾아서 적는 것이다.

예 1970년 출생이라 하면 1970년도를 찾아 페이지 위를 보면 경술년(庚戌年)이라고 적혀 있다. 이것이 연주(年柱)의 간지(干支)에 해당한다.

② 월주(月柱)를 찾는 방법

만세력을 보면 월건(月建)이라고 되어 있는 항목이 있다. 음력이든 양력이든 그 월(月)에 해당하는 월건(月建)을 찾아서 보는 것이다.

예 1970년 5월 출생이면 음력의 경우 5월에 해당하는 월건(月建)이 2개가 되는데, 하지(夏至)의 입절일(入節日)은 음력 5월 3일 11시 52분으로 같은 5월 3일 출생이라도 5월 3일 11시 52분 이전 출생이라면 월건(月

• 간지(干支): 천간(天干)과 지지(地支)　　• 월건(月建): 간(干)의 간지(干支)

建)이 신사(辛巳)가 되고, 5월 3일 11시 52분 이후 출생이라면 월건(月建)이 임오(壬午)가 된다. 월건(月建)이 임오(壬午)가 되는 기간은 다음 입절일인 소서(小暑)가 들어오는 6월 7일 22시 11분까지이다.

③ 일주(日柱)를 찾는 방법

만세력에서 찾아 보면 자기가 태어난 날, 즉 생일(生日)을 알고 찾으면 된다.

예 1970년 5월 15일 출생

5월 15일에 해당하는 간지(干支)를 찾으면 기사(己巳)이다.

④ 시주(時柱)를 찾는 방법

만세력에서 보면 태어난 시를 1일을 12시각으로 나누어 놓은 표(시간지조견표(時干支早見表))에서 찾아 적으면 된다.

예 1970년 5월 15일 9시 31분 출생이면

일주(日柱)가 기사(己巳)이기 때문에 일간(日干)은 기(己)가 되므로 기일(己日)에 해당하면서 9시 31분에 해당하는 시각을 조견표에서 찾아보면 9시 31분은 기사시(己巳時)에 해당한다. 그러면 시간지(時干支)는 기사(己巳)가 된다.

따라서 1970년 5월 15일 9시 31분의 사주팔자를 만들어 보면 연주(年柱)에 경술(庚戌), 월주(月柱)에는 임오(壬午), 일주(日柱)에는 기사(己巳), 시주(時柱)에도 기사(己巳)가 된다.

- 연주(年柱) – 경술(庚戌)
- 월주(月柱) – 임오(壬午)
- 일주(日柱) – 기사(己巳)
- 시주(時柱) – 기사(己巳)

■ 시(時)의 중요성

사주팔자(四柱八字) 중에서 중요하지 않은 것은 아무 것도 없고, 버릴 것도 없다.

사주팔자라고 하는 것은 네 개의 기둥과 여덟 글자를 말한다.

사주팔자를 집이라고 표현했을 때 기둥이 하나라도 없으면 집이 무너지듯이 하나하나의 기둥 모두가 중요하다. 그런데 시(時)에 상관하지 않고 보는 술객(術客)들이 종종 있다.

시(時)라는 것은 우리가 죽고 살고 하는데 많은 영향을 미치는 것으로, 반드시 정확한 시(時)를 알고 사주를 풀어야 한다.

그 이유는 시(時)는 일주(日柱)와 가장 가깝게 있는 것으로 일주(日柱)에게 도움을 줄 수 있느냐 없느냐에 따라 사주의 주인이 행복한 생(生)을 마감하느냐, 불행한 생(生)을 마감하느냐를 결정할 수 있는 것이 시주(時柱)이기 때문이다.

예를 들어 1952년 5월 4일 출생의 묘시(卯時)와 진시(辰時)를 비교해 보자.

예1 1952년 5월 4일 묘시생(卯時生)	예2 1952년 5월 4일 진시생(辰時生)
壬 辰	壬 辰
乙 巳	乙 巳
癸 酉	癸 酉
乙 卯	丙 辰

위의 두 사주는 시(時)만 다르고, 나머지는 모두 같다.

예1의 사주는 식신생재격(食神生財格)이 되나 일주(日柱)가 약하여 종재격(從財格)이 되는 경우이다. 그 이유는 연주(年柱)에 있는 임수(壬水)가 일주(日柱)를 생조(生助)해야 일주(日柱)가 강해지는데 연주(年柱)의 임수(壬水)는 일주(日柱)의 식신(食神)인 월천간(月天干)의 을목(乙木)을 생(生)

하고 일주(日柱)를 조(助)할 마음이 전혀 없다.

또한 일지(日支)에 있는 유금(酉金)이 일주(日柱)를 생(生)해야 하는데 월지(月支)의 사화(巳火)가 매우 강하여 겉으로는 사유반합(巳酉半合)으로 일주(日柱)를 생(生)할 것 같으나 실제로는 사화(巳火)에 유금(酉金)이 녹아 전혀 일주(日柱)에 도움이 되지 않는다.

실상은 일주(日柱)의 재물인 사화(巳火)를 유금(酉金)이 가깝게 하려고 하는 것은 결국 부모가 자식인 계수(癸水)를 재물이 부족하여 도와 줄 능력이 없는 것은 어쩔 수 없지만, 거꾸로 부모가 자식의 재물을 탐(貪)하는 경우이다.

이렇게 되면 일주(日柱)가 의지할 곳은 연지(年支) 밖에 없는데, 연지(年支)는 일주(日柱)와 가장 먼 거리에 있는 관계로 전혀 도움이 되지 않는다. 그래서 할 수 없이 남에게 신세를 지고 살아야 일신(一身)이 편하기 때문에 종(從)을 사는 것이다.

이렇기 때문에 이 사주는 목화운(木火運)이 오면 일신(一身)이 편하고 행복하게 생활할 수 있다. 그러나 일주(日柱)를 생조(生助)하는 금수운(金水運)이 오면 오히려 불행해지므로 금수운(金水運)이 오지 않아야 한다.

예2의 사주는 월지(月支)에 있는 재물인 사화(巳火)의 원신(原神)인 병화(丙火)가 시천간(時天干)에 투출(透出)하여 재물이 매우 강하다.

일주(日柱)는 시주(時柱)에 있는 진토(辰土)가 수고(水庫)로 일주(日柱)의 뿌리 역할을 하므로, 약하지만 뿌리가 있기 때문에 생조(生助)하는 운(運)이 오면 발복(發福)을 할 것이다. 진토(辰土)는 수(水)의 창고로 일주(日柱)의 뿌리로 사용하는 것은 아무런 제약이 없다.

이 사주의 경우 일주(日柱)가 약하여 재물로 인한 화(禍)를 입을 수 있으나, 생조(生助)하는 수(水)의 운(運)으로 흘러가면 매우 큰 발복(發福)이

기다리고 있으며, 금운(金運)으로 가더라도 천간(天干)에만 나타나지 않고 매우 강하게 나타나면 좋다.

그 이유는 인수(印綬)인 경금(庚金)과 재물인 병화(丙火)와는 상극(相剋)으로 경금(庚金)이 뿌리가 없는 대운(大運)이 온다면 매우 어려운 처지에 놓이기 때문이다.

만약 경술대운(庚戌大運)이 왔다고 하면 경금(庚金)의 지지(地支)에 술토(戌土)가 좌(坐)하고 있는데 술토(戌土)는 화토(火土)로 경금(庚金)을 생(生)하는 것이 아니라 무르게 하여 쓸모 없게 만드는 관계로 전혀 도움이 되지 않는다.

더구나 사주에 있는 병화(丙火)를 경술대운(庚戌大運)이 만나면 오히려 병화(丙火)가 더 강하게 되고, 경금(庚金)은 뿌리가 없기 때문에 녹아버리는 현상이 일어나 일주(日柱)인 계수(癸水)를 생(生)하지 못할 뿐만 아니라 오히려 해(害)를 입히는 결과가 생긴다.

이렇기 때문에 경금대운(庚金大運)이 오면 반드시 강한 세운(歲運)이 와서 생(生)해야 한다.

이와 같이 단지 시(時)만 변하였을 뿐인데 두 사주를 비교해 보면 매우 다르다는 것을 알 수 있다.

이렇게 시(時)만 틀려도 전혀 다른 사람의 사주가 되므로, 시(時)에 대하여 깊이 생각해야 된다.

시조견표(時早見表)

生時 ＼ 日干	甲己日	乙庚日	丙辛日	丁壬日	戊癸日
零時半 一時半 (朝子時)	甲子	丙子	戊子	庚子	壬子
一時半 三時半	乙丑	丁丑	己丑	辛丑	癸丑
三時半 五時半	丙寅	戊寅	庚寅	壬寅	甲寅
五時半 七時半	丁卯	己卯	辛卯	癸卯	乙卯
七時半 九時半	戊辰	庚辰	壬辰	甲辰	丙辰
九時半 十一時半	己巳	辛巳	癸巳	乙巳	丁巳
十一時半 十三時半	庚午	壬午	甲午	丙午	戊午
十三時半 十五時半	辛未	癸未	乙未	丁未	己未
十五時半 十七時半	壬申	甲申	丙申	戊申	庚申
十七時半 十九時半	癸酉	乙酉	丁酉	己酉	辛酉
十九時半 二十一時半	甲戌	丙戌	戊戌	庚戌	壬戌
二十一時半 二十三時半	乙亥	丁亥	己亥	辛亥	癸亥
二十三時半 零時半 (夜子時)	丙子	戊子	庚子	壬子	甲子

- 우리나라의 표준 시간 기준은 동경 135°00분으로 우리나라를 기준으로한 시간과 30분 정도 차이가 난다.

- 다른 시각(時刻)은 2시간이 1시각으로 되어 있으나 자시(子時)의 경우는 야자시(夜子時)와 조자시(朝子時)로 나뉘어져 있다.

■ 만세력(萬歲曆)에서 주의할 점

• 신년(新年)의 시작은 음력 1월 1일이 아니라 입춘(立春)이 시작되는 입춘입절시간(立春入節時間)이라는 점을 간과(看過)하면 안 된다. 만약 음력 1월 1일이 입춘 이전이라면 새해가 시작된 것이 아니므로 생년(生年)의 간지(干支)는 전년도 것을 사용한다.

예 2003년 1월 2일 출생

2003년의 입춘은 1월 4일 5시 7분에 시작되었으므로 계미년(癸未年) 출생이 아니라 임오년(壬午年) 출생이다.

그러므로 연간지(年干支)는 임오(壬午)이다. 그리고 입춘 이전이므로 월간지(月干支)는 소한(小寒)의 간지(干支)를 사용하는데, 그것은 계축(癸丑)에 해당하고 생일(生日)은 그대로 사용한다.

　연(年) – 임오(壬午)

　월(月) – 계축(癸丑)

　일(日) – 병호(丙午)

• 월간지(月干支)의 한계는 같은 월(月)의 태생이라도 월간지(月干支)가 틀린 경우가 있다. 그 이유는 입절시간(入節時間) 때문에 생겨난 것인데, 입절시기(入節時期)가 매월 1일부터 시작하는 것이 아니라 매월마다 입절시기가 다르기 때문이다.

입절일(入節日)에 태어난 사람의 월간지(月干支)는 입절일 시간 이전인지 이후인지 보고 결정한다. 입절일 시간 이전이면 입절일은 되었어도 시간은 되지 않아 아직 절기가 시작되지 않은 것이므로 전월(前月)의 절기를 표시하는 것이다.

• 간과(看過) : 대충 보아 넘기다, 빠트리다.

이렇기 때문에 입절일 시(時)를 정확히 알아야 한다.

월(月)의 한계는 입절 시작 시간부터 다음 입절 시작 시간까지이다.

예 2003년 청명(淸明)의 한계

청명(淸明)은 3월 4일 13시 48분(양력 4월 5일 13시 48분)부터 시작하여 4월 6일 6시 59분(양력 5월 6일 6시 59분)까지가 된다.

그러므로 이 기간 안에 출생한 사람의 월건(月建)은 병진(丙辰)에 해당한다.

위와 같은 사항은 반드시 확인해서 틀리지 않도록 해야 한다.

　이사를 하기 위해 술객(術客)에게 이삿날을 잡아 달라고 부탁하는 사람들이 있다. 그러면 술객은 음력으로 9일, 10일에 해당하는 날짜를 가르쳐 주면서 손(損)이 없으니 이 때 이사를 가라 하고, 또한 일반인들도 9일, 10일에 해당하는 날이 손(損)이 없다고 믿고 있다.

　이것이 맞는지 살펴보자.

　오행(五行)을 숫자로 표시하면 다음과 같다.

1	2	3	4	5	6	7	8	9	10
木	木	火	火	土	土	金	金	水	水

　1, 3, 5, 7, 9는 양(陽)에 해당하고 2, 4, 6, 8, 10은 음(陰)에 해당하며, 손(損)은 귀신을 뜻한다. 손(損)이 없다는 것은 귀신이 없다는 것과 같은 말이다.

　1, 2는 동쪽 귀신, 3, 4는 남쪽 귀신, 7, 8은 서쪽 귀신, 9, 10은 북쪽 귀신에 해당한다. 5, 6은 중간에 속하는 방향이므로 귀신이 존재하지 않는다. 그런데 9, 10은 북쪽 귀신이 엄연히 존재하는데 손(損)이 없다고 하면서 그때 이사를 가라고 하는 것은 매우 잘못된 것이다.

　위와 같이 표시하는 것은 명리학만이 독단적으로 하는 것이 아니라 모든 역술서에 같은 방법으로 표시한다.

　손(損)이 없다고 하면서 9, 10일로 날을 받아 주는 것 또한 당사주류의 폐해(弊害)이다. 그러면 이사 가기 좋은 날이 언제인지 살펴보자.

　집안의 가장 어른의 일주(日柱)와 천지덕합(天地德合 : 하늘과 땅이 합(合)이 되는 날)이 들어 있는 날이 가장 좋고, 두 번째는 일주(日柱)와 천간(天干)이 합(合)이 되는 날, 세 번째는 일주(日柱)와 지합(支合)이 합(合)이 되는 날이다.

　가장 나쁜 날은 일주(日柱)와 천전지충(天戰支沖)이 되는 날로, 이때는 되도록 이사를 가지 않는 것이 좋다.

제 2 부
일주론(日柱論)

일주(日柱)

일주(日柱)는 그 사주(四柱)의 주인을 말하는 것으로, 주인이 능력이 있어야 하인을 마음대로 부릴 수 있기 때문에 일주(日柱)가 강한 것이 좋다.

그러나 남자의 사주에서 일주(日柱)가 강하면 좋지만, 여자의 사주에서는 일주(日柱)가 강하면 흔히 하는 말로 '팔자가 세다' 라고 한다.

그렇기 때문에 여자의 사주에서는 일주(日柱)가 어느 정도 약한 것이 오히려 좋은 사주라고 할 수 있다. 그러나 사회에서 활동하는 여자의 경우에는 일주(日柱)가 강한 것이 좋다.

단, 일주(日柱)가 강해야 한다고 해서 너무 강하면 사주팔자(四柱八字) 내에 다른 것이 없어 혼자 있는 것과 같아 세상살이가 너무 괴롭기 때문에 혼자서 살아야 하는 경우가 있다. 그러므로 적당한 것, 즉 중화(中和)가 가장 좋다.

1. 일주(日柱)의 강(强)함과 약(弱)함에 대하여

일주(日柱)가 '강하다', '약하다'에 따라 용신(用神)을 취해 사주팔자의 길흉(吉凶)을 정확하게 알아낼 수 있다.

일주(日柱)가 강한데 약한 것으로 잘못 판단하면 길흉(吉凶)이 바뀌게 되어 전혀 다른 사람의 것을 판단하는 것과 같다.

예를 들면 일주(日柱)가 강하고 용신(用神)이 약한데 잘못하여 반대로 판단할 경우, 대운(大運)이나 세운(歲運)에 일주(日柱)가 강해지는 운(運)이 들어오는 것이 가장 좋다고 판단하는 것이다.

제대로 판단한다면 용신(用神)이 약하기 때문에 용신(用神)이 강해지는 운(運)이 필요한 것이다. 그런데 일주(日柱)가 강해지는 직업을 택할 것을 권유하고, 다른 방위나 기타 모든 것을 일주(日柱)가 강해지는 것으로 권유하기 때문에 문제가 되는 것이다.

2. 일주(日柱)의 강(强)·약(弱)을 알아보는 방법

(1) 오행(五行)의 왕쇠강약(旺衰强弱)

오행의 상생(相生)과 상극(相剋)의 법칙에 의하여 강·약을 측정하는 방법으로, 오행을 사계절로 표현한 것이다.

① 목(木)

목(木)은 자기의 근거지라고 할 수 있는 봄이 가장 강하다. 봄이면 나무(木)에서 싹이 나고 무럭무럭 자라나는 시기이다. 그러므로 목(木)에 있어서 봄은 비견(比肩)과 겁재(劫財)에 해당한다.

목(木)이 힘을 받으려면 수(水)가 와서 도와 주어야 한다. 수(水)는 겨울에 해당하며, 겨울은 편인(偏印)과 인수(印綬)에 해당한다.

여름은 꽃이 피는 때인데, 꽃이 핀다는 것은 목(木)의 기운(氣運)이 바깥으로 흘러 나간다는 것으로, 즉 일주(日柱)의 기운(氣運)을 설(泄)한다는 것이다. 이 때가 식신(食神)과 상관(傷官)에 해당한다.

가을에는 목(木)의 기운(氣運)이 다하여 땅에 뿌리를 깊이 내릴 때이다. 목(木)의 기운(氣運)으로 보면 금(金)의 기운(氣運)에 극(剋)을 당하여 목(木)의 기운(氣運)이 땅으로 숨기 때문에 목(木)이 극(剋)을 당하는 것과 같으므로 정관(正官)과 편관(偏官)에 해당한다.

그리고 사계절은 토(土)에 해당한다. 토(土)가 목(木)을 배양(培養) 하지만 결국은 목(木)이 토(土)를 극(剋)하여 편재(偏財)와 정재(正財)에 해당한다.

목(木)은 토(土)가 없으면 생존하지 못한다. 다시 말하면 인간 사회에서 재물이 없으면 제대로 구실을 못한다는 뜻이다.

② 화(火)

화(火)는 여름이 화(火)의 집 안으로, 사람으로 비교하면 비견(比肩)과 겁재(劫財)에 해당한다.

화(火)의 불꽃을 잘 타오르게 하려면 목(木)이 있어야 하는데, 목(木)은 봄에 해당하며, 봄은 편인(偏印)과 인수(印綬)에 해당한다.

목(木)을 태워서 재가 되는 것은 결국 토(土)가 되는 것인데, 토(土)가 되려면 화(火)의 기운(氣運)을 설(泄)해야 한다. 토(土)는 사계절에 해당하므로 결국 사계절은 식신(食神)과 상관(傷官)에 해당한다.

토(土)에서 나온 금(金)을 화(火)가 녹이는데, 금(金)으로 보면 극(剋)을 당하는 관계이다. 금(金)은 가을에 해당하며, 가을은 편재(偏財)와 정재(正財)에 해당한다.

화(火)를 끄려고 하면 수(水)가 필요하다. 수(水)가 있어야 화(火)의 불꽃을 잠재우는데, 화(火)로 보면 극(剋)을 당하는 것으로 수(水)는 겨울에 해당하며, 겨울은 편관(偏官)과 정관(正官)에 해당한다.

③ 토(土)

토(土)의 고향은 사계절에 해당한다. 고향은 일가 친척을 말하므로, 사계절이 비견(比肩)과 겁재(劫財)에 해당한다.

토(土)를 생(生)하여 주는 방법은 화(火)가 목(木)을 태워서 토(土)로 만들어 주는데, 결국 화(火)는 여름에 해당하며, 여름은 편인(偏印)과 인수(印綬)에 해당한다.

토(土)에서 나오는 것은 금(金)이다. 금(金)은 토(土)의 기운(氣運)을 설(泄)하여 만들어지는 것으로, 금(金)은 가을에 해당하며, 가을은 식신(食神)과 상관(傷官)에 해당한다.

수(水)의 광란(狂亂)을 막는 것은 토(土)이다. 수(水)가 마음대로 흘러가는 것을 막아서 모아 놓는 것도 토(土)의 힘이다. 그러나 수(水)로 봐서는 토(土)에게 극(剋)을 당하는 것이다. 수(水)는 겨울에 해당하며, 겨울은 편재(偏財)와 정재(正財)에 해당한다.

목(木)은 토(土)가 없으면 생존하지 못하지만 목(木)은 의존을 하면서도 토(土)를 괴롭히는 것으로, 토(土)가 많으면 목(木)만이 토(土)를 극(剋)할 수 있다. 목(木)은 봄에 해당하며, 봄은 편관(偏官)과 정관(正官)에 해당한다.

④ 금(金)

가을은 금(金)의 고향이라 할 수 있다. 그러므로 가을은 비견(比肩)과 겁재(劫財)에 해당한다.

금(金)을 생산하는 곳은 토(土)이다. 토(土)에서만 금(金)이 나오는 것으로, 금(金)에서 보면 토(土)가 금(金)을 생(生)하는 것이다. 토(土)는 사계절에 해당하며, 사계절은 편인(偏印)과 인수(印綬)에 해당한다.

금(金)이 화(火)를 만나서 녹으면 수(水)로 변하는데, 결국 금(金)의 기운(氣運)을 설기(泄氣)하여 수(水)를 생(生)하는 것이다. 수(水)는 겨울에 해당하며, 겨울은 식신(食神)과 상관(傷官)에 해당한다.

목(木)은 금(金)이 있어야 숲이 우거질 때 나무를 자를 수 있고, 땔감으로 사용할 때도 금(金)이 있어야 편리하게 쓸 수 있다. 봄은 목(木)에 해당하며, 봄은 편재(偏財)와 정재(正財)에 해당한다.

화(火)가 있어야 금(金)을 유용하게 만들어 쓸 수 있으나 금(金)으로 보아서는 극(剋)을 당하는 것이다. 화(火)는 여름에 해당하며, 여름은 편관(偏官)·정관(正官)에 해당한다.

⑤ 수(水)

겨울은 수(水)의 고향에 해당한다. 고향은 일가 친척이 있는 곳으로 비견(比肩)·겁재(劫財)에 해당한다.

금(金)은 화(火)를 만나 녹으면 수(水)가 되므로 결국 금(金)이 수(水)를 도와 주는 형상이다. 금(金)은 가을에 해당하며, 가을은 편인(偏印)과 인수(印綬)에 해당한다.

목(木)은 수(水)가 없으면 성장하기 어렵다. 수(水)가 목(木)이 성장할 수 있도록 도와 주는 것은 수(水)의 기운(氣運)을 설(泄)하여 도와 주는 것이다. 목(木)은 봄에 해당하고 봄은 식신(食神)과 상관(傷官)에 해당한다.

수(水)가 있어야 화(火)를 제압할 수 있다. 화(火)로 봐서는 수(水)에게 극(剋)을 당하는 것이다. 화(火)는 여름에 해당하며, 여름은 편재(偏財)와 정재(正財)에 해당한다.

수(水)가 광분을 하면 토(土)가 있어야 막을 수 있는데, 수(水)로 봐서는 토(土)에게 극(剋)을 당하는 것이다. 토(土)는 사계절에 해당하며, 사계절은 편관(偏官)과 정관(正官)에 해당한다.

위에서 말한 것을 왕(旺)·상(相)·휴(休)·수(囚)·사(死)를 표로 만들면 다음과 같다.

- 왕(旺)은 고향을 말하며, 비견(比肩)과 겁재(劫財)에 해당한다.
- 상(相)은 생(生)하는 것을 말하며, 편인(偏印)과 인수(印綬)에 해당한다.
- 휴(休)는 나의 기운(氣運)이 설(泄)되는 것을 말하며, 식신(食神)과 상관(傷官)에 해당한다.
- 수(囚)는 내가 기운(氣運)을 써서 상대방을 제압하는 것을 말하며, 편재(偏財)와 정재(正財)에 해당한다.
- 사(死)는 나를 제압하는 기운(氣運)을 말하며, 편관(偏官)과 정관(正官)에 해당한다.

왕(旺)·상(相)·휴(休)·수(囚)·사(死)

통변성 五行	比肩·劫財 旺	偏印·印綬 相	食神·傷官 休	偏財·正財 囚	偏官·正官 死
木(甲·乙)	봄	겨울	여름	사계절	가을
火(丙·丁)	여름	봄	사계절	가을	겨울
土(戊·己)	사계절	여름	가을	겨울	봄
金(庚·辛)	가을	사계절	겨울	봄	여름
水(壬·癸)	겨울	가을	봄	여름	사계절

예 1954년 2월 9일 유시생(酉時生)

甲　午

丁　卯 － 死 － 正官

戊　辰

辛　酉

예를 보면 무토(戊土)가 봄에 출생하여 사(死)에 해당하고 일주(日柱)가 약하다. 그러나 연지(年支)에 오화(午火)가 묘목(卯木)의 기운(氣運)을 받아 활발하고 천간(天干)의 정화(丁火)가 뿌리를 튼튼하게 하여 무토(戊土)를 생조(生助)하여 주는 데는 이상이 없다.

그러나 진토(辰土)와 유금(酉金)이 합(合)하여 금(金)으로 변하여 강한 가운데 신금(辛金)이 천간(天干)에 투출(透出)하여 설기(泄氣)가 심하다.

위와 같이 일간(日干)이 어느 곳에 해당하여 약한지 강한지를 먼저 살펴본 다음, 다른 곳에서 일간(日干)을 생조(生助)하는 것이 있는지 살펴보는 것이 순서이다.

(2) 12운(運)

오행(五行)의 왕쇠강약(旺衰强弱)을 알기 위해 일반적으로 적용하는 방법으로, 사람의 생장(生長) 과정부터 죽은 후 소멸하여 다시 태어나는 과정을 설정하여 비유한 것이다. 불교에서 이야기하는 윤회설(輪回說)과 같은 이치이다.

① 사주 내에 있는 지지(地支)에 대하여 강(强)·약(弱)을 알아보는 방법

일간(日干)을 기준으로 사주 내에 있는 지지(地支)에 대하여 비교·분석하는 것을 말한다.

즉, 연(年)·월(月)·일(日)·시(時)에 있는 지지(地支)에 일간(日干)을 대

• 투출(透出) : 천간(天干)에 나와 있는 것
• 설기(泄氣) : 기운(氣運)을 빼내는 것
• 윤회설(輪回說) : 불가에서 말하는 윤회를 뜻함(돌고 돈다는 뜻).

조하여 뿌리가 있는지 없는지를 확인하여 강·약을 정하는 방법이다.

예를 들면 일간(日干)이 경금(庚金)일 경우, 어느 지지(地支)이든 지지(地支)에 신금(申金)이 있어 경금(庚金)의 뿌리가 되어 주면 일간(日干)이 강한 것이고(예1), 지지(地支)에 오화(午火)나 인목(寅木), 자수(子水), 묘목(卯木) 등이 있으면 일간(日干)은 뿌리가 없어 약하다(예2)는 결론을 내리는 것이다.

예1 뿌리가 있는 경우

○ ○
○ 申
庚 寅
○ ○

예2 뿌리가 없는 경우

○ 子
○ 卯
庚 午
○ 寅

② 각각의 주(柱)마다 확인하여 강(强)·약(弱)을 알아보는 방법

연간(年干), 월간(月干), 시간(時干) 등이 모두 약한지 강한지를 지지(地支)에 대조해서 확인해야 한다.

예를 들면 연간(年干)에 있는 비견(比肩)이 강하게 자리를 잡고 있는지 알기 위해서는 지지(地支)가 천간(天干)을 받치고 있는지(예1), 아니면 지지(地支)가 천간(天干)을 극(剋)하고 있는지(예2)를 알아야 하는 것이다.

즉, 갑목(甲木)이 일주(日柱)인 경우 연간(年干)에 갑목(甲木)이 있고, 연지(年支)에 신금(申金)이 자리를 잡고 있으면 갑목(甲木)이 신금(申金) 위에 좌(坐)하고 있어 갑목(甲木)은 좌불안석(坐不安席)이 된다.

그러므로 연간(年干)의 갑목(甲木)은 강하지 않고 약하다는 결론을 내릴 수 있다.

• 좌불안석(坐不安席) : 마음에 불안이나 근심 등이 있어 한자리에 오래 앉아 있지 못함.

대운(大運)이나 세운(歲運)도 위와 같이 확인해서 들어오는 운(運)이 강한지 약한지 판단한다.

<table>
<tr><td>예1 지지(地支)가 천간(天干)을 받치고 있는 경우</td><td>예2 지지(地支)가 천간(天干)을 극(剋)하는 경우</td></tr>
<tr><td>甲 子
○ ○
甲 ○
○ ○</td><td>甲 申
○ ○
甲 ○
○ ○</td></tr>
</table>

③ 12운(運)의 종류

• 장생(長生) : 어머니로부터 막 태어나는 순간을 말한다.

• 목욕(沐浴) : 태어난 후 아기를 목욕시키는 것을 말한다.

• 관대(冠帶) : 아기가 점점 자라서 청년으로 성장하는 과정을 말한다.

• 건록(建祿) : 청년으로 성장하여 벼슬하는 것을 말한다.

　　　　　　즉, 사회에서 직업을 갖고 활동하는 시기에 해당한다.

• 제왕(帝王) : 일생 중 가장 왕성한 활동을 하는 시기로, 벼슬길에 올라 임금을 보필하는 자리까지 올라가는 것을 말한다.

　　　　　　즉, 사장으로 승진하거나 임원으로 승진하여 활동하는 시기에 해당한다.

• 쇠(衰)　　 : 무엇이든 왕성하였으면 쇠락(衰落)하는 것이 당연하다. 기운(氣運)이 왕성하였다가 약해지는 것으로 은퇴하는 시기에 해당한다.

• 병(病)　　 : 몸이 약해지면 병이 있겠으나 이 경우는 쇠(衰)하여 얻는 병을 말한다. 즉, 노쇠(老衰)하여 얻는 병이다.

• 쇠(衰) : 쇠하다, 약하다.　　　　　• 쇠락(衰落) : 약하여 떨어지는 것

• 사(死) : 기(氣)가 다하여 기력이 전혀 남아 있지 않은 상태를 말한다.
　　　　　즉, 기(氣)가 다하였다는 것은 숨을 쉬지 않는 것과 같으므로
　　　　　죽음을 말한다.

• 묘(墓) : 죽으면 땅에 묻히는 것을 말한다. 자연의 법칙에 따라 모든 것
　　　　　을 거두어 들이고 갈무리하는 시기에 해당한다.

• 절(絶) : 땅에 묻히면 모든 것으로부터 인연이 끊어지고 새로운 탄생을
　　　　　준비하는 시기로 보면 된다.

• 태(胎) : 새로운 탄생의 준비가 다 되어 생명이 다시 잉태(孕胎)되는 상
　　　　　태를 말한다.

• 양(養) : 잉태된 생명이 어머니의 뱃속에서 자라나는 상태를 말한다.
　　　　　즉, 임신된 상태를 말한다.

④ 12운(運)을 읽는 방법

• 12운(運)을 강한 것과 중간, 그리고 약한 것으로 나눌 수 있다.

– 강한 운(運) : 장생(長生), 관대(冠帶), 건록(建祿), 제왕(帝王)

– 중간 운(運) : 목욕(沐浴), 묘(墓), 태(胎), 양(養)

– 약한 운(運) : 쇠(衰), 병(病), 사(死), 절(絶)

• 일간(日干)을 12운(運) 표에 대조해 보면 일간(日干)의 강·약을 아는
　데 일조(一助)한다.

예　○　酉　胎
　　○　未　墓
　　甲　戌　養
　　○　寅　建祿

예와 같이 갑목일주(甲木日柱)가 지지(地支)를 12운(運)에 대조한 결과 태
(胎), 묘(墓), 양(養), 건록(建祿) 등이 되는 경우에는 일간(日干)이 약하지

않고 강하다는 것을 알 수 있다.

⑤ 일주(日柱)가 월지(月支)에 대조한 결과 약한 경우

일주(日柱)를 월지(月支)에 오행(五行)의 왕(旺), 상(相), 휴(休), 수(囚), 사(死)로 대조한 후 일주(日柱)에 해당하는 것이 휴(休), 수(囚), 사(死)가 된 경우에도 약하다고 바로 결정을 내리지 말고, 다른 지지(地支)에도 똑같이 대조한 후에 다른 지지(地支)에 녹(祿), 왕(旺)이 있으면 일주(日柱)가 약하다고 보지 않는다.

만약 지지(地支)에 고(庫)가 있으면 고(庫)에 뿌리를 내리고 있다고 생각하여 뿌리가 있다고 결정하는 것이다.

즉, 임수(壬水)가 일주(日柱)인데 지지(地支)에 진토(辰土)가 있으면 진토(辰土)는 수(水)의 고(庫)이므로 임수(壬水)는 뿌리가 있다고 판단하는 것이다.

예 1952년 5월 4일 9시 30분

壬　辰　墓
乙　巳　絕
癸　酉　沐浴
丙　辰　墓

예를 보면 12운(運)이 약한 것으로 구성되어 있어 일주(日柱)가 약하다고 판단할 수 있다.

그러나 자세히 보면 일주(日柱)가 약하지만 뿌리가 되는 수(水)의 고(庫)인 진토(辰土)가 2개나 있고, 연간(年干)의 임수(壬水)가 수(水)의 고(庫)인 진토(辰土)에 뿌리를 내리고 있다. 결국 일주(日柱)가 약하지만 뿌리가 있다고 풀이한다.

다음 12운(運)의 표는 음양(陰陽)이 같이 번성하는 것으로 만든 것이다.

12운(運) 표

日干 \ 12運	甲日	乙日	丙日	丁日	戊日	己日	庚日	辛日	壬日	癸日
長生	亥	亥	寅	寅	寅	寅	巳	巳	申	申
沐浴	子	子	卯	卯	卯	卯	午	午	酉	酉
冠帶	丑	丑	辰	辰	辰	辰	未	未	戌	戌
建祿	寅	寅	巳	巳	巳	巳	申	申	亥	亥
帝王	卯	卯	午	午	午	午	酉	酉	子	子
衰	辰	辰	未	未	未	未	戌	戌	丑	丑
丙	巳	巳	申	申	申	申	亥	亥	寅	寅
死	午	午	酉	酉	酉	酉	子	子	卯	卯
墓	未	未	戌	戌	戌	戌	丑	丑	辰	辰
絕	申	申	亥	亥	亥	亥	寅	寅	巳	巳
胎	酉	酉	子	子	子	子	卯	卯	午	午
養	戌	戌	丑	丑	丑	丑	辰	辰	未	未

　기존에 나와 있는 12운(運)의 표를 보면, 음(陰)과 양(陽)의 12운(運)을 적용하는 것이 다르게 나와 있다.

　예를 들면 갑목(甲木)은 해수(亥水)에서 장생(長生)이 되지만 을목(乙木)은 오화(午火)에서 장생(長生)이 되고, 갑목(甲木)은 인목(寅木)에서 건록(建祿)이 되지만 을목(乙木)은 사화(巳火)에서 건록(建祿)이 된다.

그러나 이치적으로 생각하면 음목(陰木)이나 양목(陽木)이 같은 해수(亥水)에서 수(水)의 도움을 받아 생(生)하는 것이 이치이다(적천수천미(滴天髓闡微)를 보면 음양(陰陽)이 다르게 장생(長生)되는 것은 맞지 않다고 되어 있다).

음목(陰木)의 경우 사화(巳火)와는 아무런 관련이 없다.

사화(巳火)의 장간(藏干)을 보면 무(戊), 경(庚), 병(丙)이 있는데 음목(陰木)의 뿌리나 생(生)하는 것이 전혀 있지 않고, 사화(巳火)는 음목(陰木)의 기운(氣運)을 설기(泄氣)하는 것인데 사화(巳火)에서 건록(建祿)이 된다는 것은 이치적으로 맞지 않다.

12운(運)을 적용하는 사람들의 말을 들어보면 '음(陰)은 장생(長生)이 없다고 하면서 적용하는 것은 음(陰)의 장생(長生)이 무엇이다. 그러니 약하다'라는 말을 사용하고 있다.

만약 음(陰)의 장생(長生)이 없다라고 한다면 결국 12운(運)은 양(陽)만 적용하는 것인데, 음양(陰陽) 중 양(陽)만 적용하는 것은 보편적이지 않으므로 아예 보지 않는 것이 더 좋다.

모든 것은 이치에서 벗어나면 안 되는 것으로 양(陽)이 장생(長生)인 곳이 음(陰)에게는 사(死)가 된다는 것은 있을 수 없다. 음양(陰陽)이 서로 어우러져 움직이므로 음(陰)과 양(陽)을 따로 나누어 생각할 수 없는 것이다.

그러므로 양(陽)이 번성하는 곳에서 음(陰)도 번성하므로, 음양(陰陽)이 함께 번성한다고 하는 것이 맞다.

⑥ 용신(用神)과 일주(日柱) 외에 다른 오행(五行)의 강(强)·약(弱)

일주(日柱) 외에도 용신(用神)과 다른 오행이 있으므로 약한지 강한지 확

• 건록(建祿) : 벼슬　　　　　　　　　　• 장생(長生) : 오랫동안 생하는 것

인해 보아야 한다.

위와 같이 일간(日干)을 중심으로 확인하는 방법과 같은 수순(隨順)으로 확인해 보면 다른 오행도 약한지 강한지 알 수 있다.

예 1952년 5월 4일 진시생(辰時生)

壬 辰
乙 巳
癸 酉
丙 辰

이 사주에서 용신(用神)은 병화(丙火)이다. 왜냐하면 월지(月支)에 인종(引從)해 보면 계수일간(癸水日干)이 사월(巳月)에 출생하였는데, 천간(天干)에 병화(丙火)가 투출(透出)하기 때문이다.

그리고 왕쇠강약(旺衰强弱)으로 보더라도 병화(丙火)가 여름인 사화(巳火)를 만났기 때문에 고향에 온 것과 같은 이치로 왕(旺)에 해당한다. 또한 12운(運)의 표를 보면 병화(丙火)는 사화(巳火)에서 건록(建祿)에 해당한다.

여기서 알아본 것과 같이 병화(丙火)가 이 사주에서는 가장 강하다.

예 1954년 2월 9일 유시생(酉時生)

甲 午
丁 卯
戊 辰
辛 酉

이 사주에서 가장 강한 것을 알아보면 봄인 묘월(卯月)에 출생하였는데, 인수(印綬)인 정화(丁火)가 천간(天干)의 갑목(甲木)과 지지(地支)의 묘목(卯木)의 생(生)을 받고 연지(年支)인 오화(午火)에 뿌리를 두어 가장 강하다.

왕쇠강약(旺衰强弱)으로 알아보면 정화(丁火)가 봄을 만났으니 상(相)에 해당한다. 또 12운(運)의 표로 보면 정화(丁火)는 목욕(沐浴)에 해당한다. 즉, 약하지 않다는 것이다.

위와 같이 다른 오행(五行)을 월지(月支)에 인종(引從)시켜 보면 약한지 강한지 알 수 있다.

⑦ 일주(日柱)의 강(强)·약(弱)을 확인하는 방법

• 최강(最强)

  ㉠ 일주(日柱)는 월지(月支)에서 월령(月令)을 얻어야 한다. 즉, 고향을 말하데 일주(日柱)가 임수(壬水)이면 겨울로 들어서야 하므로 해자축(亥子丑)이 임수(壬水)의 고향이 된다.

  ㉡ 지지(地支)에 인수(印綬)·비견(比肩)·겁재(劫財)·양인(羊刃) 등이 있어야 한다. 즉, 지지(地支)가 일주(日柱)를 생조(生助)하는 것으로 가득 차야 한다.

  ㉢ 12운(運)이 강한 것으로 구성되어야 한다. ㉠, ㉡과 같이 구성되면 대개 12운(運)이 강한 것으로 가득 차게 되지만 꼭 그렇지 않은 경우도 있다.

• 중강(中强)

  ㉠ 일주(日柱)가 월령(月令)을 얻은 경우 : 최강(最强)에서 말한 ㉡이나 ㉢과 같이 어느 하나의 항은 똑같아야 한다. 즉, ㉡과 같거나 ㉢과 같아야 한다.

  ㉡ 일주(日柱)가 월령(月令)을 얻지 못한 경우 : 최강(最强)에서 말한 ㉡

• 최강(最强) : 아주 많이 강한 것　　　　• 중강(中强) : 어느 정도 강한 것(중간)

과 ⓒ이 모두 강한 것으로 구성되어 있어야 한다. 즉, 월령(月令)을
얻지 못했을 뿐이지 최강(最强)과 같아야 한다.

• 소강(小强)

ⓐ 월령(月令)을 얻은 경우 : 최강(最强)의 ⓑ과 ⓒ이 모두 약한 경우이다.

ⓑ 월령(月令)을 얻지 못한 경우 : 최강(最强)에서 ⓑ이나 ⓒ 중 어느 하
    나가 강해야 한다.

• 소약(小弱)

ⓐ 월령(月令)을 얻은 경우 : 관(官) · 살(殺) · 재(財)가 많지 않으면서 12
    운(運)이 약한 것을 말한다.

ⓑ 월령(月令)을 얻지 못한 경우 : 관(官) · 살(殺) · 재(財)가 적으면서 12
    운(運)이 강한 것을 말한다.

• 중약(中弱) : 월령(月令)을 얻었으나 관(官) · 살(殺) · 재(財)가 많고 12운
  (運)이 약한 것을 말한다.

• 최약(最弱) : 월령(月令)을 얻지 못하고 관(官) · 살(殺) · 재(財)가 많고
  12운(運)이 약한 것을 말한다.

위와 같이 6가지의 등급으로 나누어 설명하였으나 실질적으로 사용할
때에는 일일이 나누어 볼 시간이 없다. 그러므로 일주(日柱)의 강 · 약을
측정할 수 있을 때까지 연습하여 한눈에 볼 수 있는 정도의 단계가 되어야
한다.

실제로 사용할 때는 강하냐 약하냐, 기(氣)가 있느냐 없느냐만을 따지기
때문이다.

• 소강(小强) : 조금 강한 것   • 중약(中弱) : 많이 약한 것
• 소약(小弱) : 조금 약한 것   • 최약(最弱) : 아주 많이 약한 것

3. 일지(日支)에 대하여

(1) 일지(日支)가 충극(沖剋)이나 합(合)이 되는 경우

① 충극(沖剋)이 일어나는 경우

일지(日支)는 남편이나 처(妻)가 있는 자리로, 만약 충(沖)이나 극(剋)이 되는 경우에는 이롭지 않으나 최악의 경우 생이별을 할 수 있다.

평소에는 부부간에 다툼이 자주 일어나 가정생활이 평탄하지 못하다.

■ 월지(月支)가 일지(日支)를 충극(沖剋)하는 경우

월지(月支)가 재(財)이고 일지(日支)가 비겁(比劫)일 경우에는 가정 파탄이 난다고 하여도 무방할 것이다.

그러나 재(財)가 강하여 비겁(比劫)의 충극(沖剋)을 이겨내는 경우에는 오히려 처(妻)로 인하여 부(富)가 늘어난다.

예1	○	○		예2	○	○		예3	丙	寅
	○	財			○	午			○	午
	○	比			壬	子			壬	子
	○	○			○	○			庚	○

예1·2는 자오충(子午沖)으로 충(沖)이 되어 오화(午火)가 없어지는 것을 말한다.

예3은 일지(日支)인 자수(子水)가 지지(地支)에서 자오충(子午沖)으로 오화(午火)를 충(沖)하는데 연지(年支)의 인목(寅木)이 오화(午火)를 생조(生助)하고, 더구나 연천간(年天干)에 병화(丙火)가 투출(透出)하여 있어 충(沖)이 오히려 화(火)의 기운(氣運)을 분발하게 한 것이다. 이것이 부(富)가 늘어나는 경우에 해당한다.

• 충극(沖剋) : 다투거나 극하는 것

■ 일지(日支)와 시지(時支)가 충극(沖剋)이 되는 경우

충극(沖剋)이 당하는 오행(五行)이 자식에 해당하면, 자식과 일주(日柱) 간에 불화가 생겨 자식을 극(剋)하는 경우가 된다.

② 합(合)이 되는 경우

일지(日支)와 합(合)은 부부 관계가 원만하고 화합하는 것을 뜻한다.

예1 ○ ○   예2 ○ ○   예3 ○ ○
    ○ 卯   ○ 辰   ○ 寅
    庚 戌   丁 酉   丙 午
    ○ ○   ○ ○   ○ 戌

예1·2는 지지(地支)가 합(合)이 되면서 재물로 변하여(묘술합목(卯戌合木), 진유합금(辰酉合金)) 남자의 사주에서 일주(日柱)가 강하면 처(妻)의 도움을 받으면서 부부 사이가 좋다고 할 수 있고, 여자의 사주에서도 일주(日柱)가 강하다면 재물이 풍부하여 남편과의 관계가 원만하다 .

그러나 예3에서는 인오술(寅午戌)로 삼합(三合)이 되어 부부 사이가 좋을 것 같지만 일주(日柱)가 병화(丙火)이고 지지(地支)가 인오술합(寅午戌合)하여 화국(火局)으로 변한 것이 결국은 비겁(比劫)으로 변한 것이다.

이러한 사주에서는 처(妻)가 발을 붙일 수 없으므로 부부 사이가 원만하지 못한 것이다. 그러므로 합(合)이 되어 무엇으로 변하였고, 변한 것이 일주(日柱)에 어떤 작용을 하는지 잘 살펴보아야 한다.

③ 일간지(日干支)와 연간지(年干支)가 충극(沖剋)이 일어나는 경우

■ 일간지(日干支)가 연간지(年干支)를 충극(沖剋)하는 경우

후손이 조상을 극(剋)하는 것과 같으므로(하극상(下剋上)), 부모 유산이 있

• 하극상(下剋上) : 아랫사람이 윗사람에게 대드는 것

어도 그것을 지키지 못하기 때문에 부모 유산이 없다고 생각해야 무방하다.

예 癸 未
　　甲 戌
　　己 丑
　　己 巳

이러한 구성을 말하는데 연주(年柱)인 계미(癸未)를 일주(日柱)인 기축(己丑)이 충극(沖剋)하는 것으로, 이러한 충극(沖剋)을 천전지충(天戰支沖)이라고도 한다.

■ 연간지(年干支)가 일간지(日干支)를 충극(沖剋)하는 경우

일간지(日干支)가 충극(沖剋)하는 경우보다 정도가 조금 약하다고 생각하면 된다. 왜냐하면 조상이 자손을 충극(沖剋)하는 것은 당연한 것이지만 충극(沖剋)이 없는 것보다는 못하므로 유산을 잃어버리는 정도가 가볍다고 할 수 있다.

예 己 丑
　　甲 戌
　　癸 未
　　癸 亥

이러한 구성을 말하는데 연간지(年干支)가 일간지(日干支)를 충(沖)하는 것으로, 연간지(年干支)인 기토(己土)가 계수(癸水)를 극(剋)하고 연지(年支)인 축토(丑土)가 미토(未土)를 충(沖)하는 것과 같은 경우이다.

■ 연간지(年干支)와 일간지(日干支)가 같을 경우

연간지(年干支)와 일간지(日干支)가 같을 때는 일간(日干)이 2개가 되는 경우이다. 부부로 보면 1 대 1이 아니라 1 대 2가 되어 부부 사이에 정이 다르다

• 천전지충(天戰支沖) : 하늘과 땅에서 싸움이 일어나는 것

할 수 있다. 이러한 경우에는 이별할 수 있으니 만사에 조심하는 것이 좋다.

예　丙　午
　　○　○
　　丙　午
　　○　○

이러한 구성은 일주(日柱)가 2개가 되는 경우이다. 그러므로 처(妻) 한 명과 남편 두 명이 있는 것으로, 이러한 경우에는 부부 사이의 정이 좋지 않다.

④ 일지(日支)의 길(吉)·흉(凶)

■ 일지(日支)에 비견(比肩)·겁재(劫財)가 있는 경우

비견(比肩)이 있으면 일주(日柱)가 강한 경우에 해당하여 부부간에 불화할 수 밖에 없고, 재물의 손실이 따른다.

그런데 다른 주(柱)에 비견(比肩)이 중첩(重疊)되어 있으면, 생이별 할 수 있으며 재물도 다 없어진다.

재(財)가 있으면서 약하면 처(妻)를 극(剋)하여 생사별을 하고, 재물도 잃어버린다.

예1　○　○　　　예2　○　○　　　예3　○　○
　　 ○　○　　　　　 ○　○　　　　　 甲　○
　　 甲　寅　　　　　 甲　寅　　　　　 甲　寅
　　 ○　○　　　　　 甲　○　　　　　 ○　卯

예1은 일지(日支)에 비견(比肩)이 좌(坐)하고 있는 경우로, 처(妻)인 재물이 강하지 않으면 부부간에 불화할 경우가 많다.

예2는 일주(日柱)가 매우 강한 경우로 부부간에 불화하는 것은 물론이

고, 자칫 생이별을 하는 경우가 있으며 재물도 없어진다.

예3은 일주(日柱)인 갑목(甲木)이 2개의 비견(比肩)과 하나의 겁재(劫財)를 가지고 있어 매우 강하다. 이러한 경우에는 재물과 처(妻) 모두를 극(剋)하여 생사별하는 일이 생긴다.

■ 일지(日支)에 식신(食神)·상관(傷官)이 있는 경우

• 식신(食神)이 있는 경우 : 식신(食神)이 일지(日支)에 있으면 일주(日柱)는 반드시 강해야 한다. 그러면 식신(食神)은 나의 식복(食福)이므로 의식주는 걱정하지 않아도 된다. 반대로 약한 경우에는 의·식·주로 인해 고생이 심하다.

예1	○ ○	예2	○ ○	예3	○ ○
	○ ○		○ 卯		○ 申
	甲 午		甲 午		丙 辰
	○ ○		○ ○		○ ○

예1은 일지(日支)에 식신(食神)이 좌(坐)하고 있는 것을 예로 들었는데, 반드시 예2와 같이 일주(日柱)가 강해야 한다.

예2는 월지(月支)가 양인(羊刃)으로 매우 강한 것에 속한다. 그러므로 일지(日支)에서 일주(日柱)의 기운(氣運)을 설(泄)하는 것은 아름답다 할 수 있다. 이렇게 사주가 구성이 되면 좋다.

예3은 일주(日柱)가 약한 것을 예로 든 것이다. 이와 같이 약하면 일지(日支)에서 설기(泄氣)하는 힘을 이겨내지 못한다. 설기(泄氣)하는 힘이 많으면 많을수록 의·식·주로 고생할 수밖에 없다.

• 상관(傷官)이 있는 경우 : 상관(傷官)이 일지(日支)에 있으면 반드시 제화(制化)하는 것이 필요하고, 제화(制化)하는 것이 없으면 그 기운(氣運)을 설기(泄氣)하는 것이 필요하다.

상관(傷官)이라는 것은 교만하기 때문에 제화(制化)하거나 설기(泄氣)하지 못하고, 그냥 놓아 두면 행동이 거칠고, 화려한 것을 좋아하여 재물을 소비하는 것이 심하다. 그러므로 많은 재물도 지키지 못해 가난해질 수밖에 없는 것이다.

만약 상관(傷官)이 여자 사주에 있으면서 남편(男便)인 정관(正官)과 충극(沖剋)이 되는 경우에는 남편과 생사별을 하게 된다. 그러므로 상관(傷官)은 명식(命式)에 있어 희신(喜神)인지 기신(忌神)인지를 먼저 잘 살펴보아야 한다.

<table>
<tr><td></td><td>장간(藏干)</td><td></td><td>藏干</td><td></td><td>藏干</td></tr>
<tr><td>예1 ○ ○</td><td></td><td>예2 ○ ○</td><td></td><td>예3 ○ ○</td><td></td></tr>
<tr><td>○ ○</td><td></td><td>○ ○</td><td></td><td>○ 卯 － 甲</td><td></td></tr>
<tr><td>庚 子 － 癸</td><td></td><td>丙 寅 － 戊</td><td></td><td>己 酉 － 庚</td><td></td></tr>
<tr><td>○ 未</td><td></td><td>○ 丑 － 癸</td><td></td><td>○ ○</td><td></td></tr>
</table>

예1은 지지(地支)의 장간(藏干)이 계수(癸水)에 해당하여 상관(傷官)이 되는 경우이다. 계수(癸水)를 긴첩(緊疊)하여 있는 미토(未土)가 극(剋)하여 제(制)하는 경우로, 이렇게 되면 상관(傷官)이 마음대로 활동을 할 수 없어 교만하지가 않다.

예2는 일지(日支)인 인목(寅木)의 장간(藏干)이 무토(戊土)에 해당하여 상관(傷官)이 되는 경우이다. 시지(時支)에 있는 축토(丑土)의 장간(藏干)이 계수(癸水)가 되어 상관(傷官)이 간합(干合)하여 본분을 잃어버린 경우이다.

예3은 일지(日支)의 장간(藏干)이 일주(日柱)의 정관(正官)을 충극(沖剋)하는 경우로, 이러한 명식(命式)에서 만약 대운(大運)이나 세운(歲運)에서 다시 정관(正官)을 충극(沖剋)하는 운(運)이 오면 반드시 생사별 한다.

■ 일지(日支)에 재성(財星)이 있는 경우

재(財)는 남자에 있어 편재(偏財)는 편처(偏妻), 정재(正財)는 정처(正妻)를 말한다. 사주 내에 정처(正妻)가 없고 편처(偏妻)만 있는 경우에는 편처(偏妻)를 정처(正妻)로 본다.

• 편재(偏財)가 있는 경우 : 편재(偏財)가 충극(沖剋)을 받지 않으면 부부가 모두 재물이 풍부하다. 단, 여명(女命)에서 사주의 구성이 좋지 않으면 다른 사람의 첩명(妾命)이다.

예1	○ ○	예2	○ ○	예3	丙 戌	예4	乙 未
	○ 子		○ 酉		庚 辰		庚 午
	庚 寅		己 亥		乙 未		甲 戌
	○ 午		○ 寅		辛 丑		己 卯

예1·2는 편재(偏財)가 충극(沖剋)을 받지 않고 식(食)과 상(傷)으로부터 생(生)을 받고 있는 것을 예로 들었다. 이렇게 구성되면 식(食)과 상(傷)이 편재(偏財)를 생(生)하고, 편재(偏財)가 관·살(官殺)을 생(生)하는 것으로 일주(日柱)가 강하면 발복(發福)을 한다 .

예3·4는 구성이 좋지 않은 사주를 예로 든 것이다. 예3은 연간지(年干支)와 월간지(月干支), 일간지(日干支)와 시간지(時干支)가 천전지충(天戰支沖)이 되어 하루도 편할 날이 없는 사주의 예이다.

예4는 연간지(年干支)와 월간지(月干支), 일간지(日干支)와 시간지(時干支)가 천지덕합(天地德合)이 되어 있는 사주의 예이다. 이러한 사주는 정이 많아 남녀 모두에게 좋지 않으며, 여자 사주로서는 더 좋지 않다.

• 정재(正財)가 있는 경우 : 정재(正財)가 충극(沖剋)을 받지 않으면 남자는 처복이 있고, 여자는 좋은 남편을 만나며 부부 사이에 정이 있고 화합하며 재물도 풍부하다.

그러나 남자의 명(命)이 정재(正財)와 편재(偏財)가 교집(交集)되어 있으면 좋지 않다. 그 이유는 정처(正妻)와 편처(偏妻) 두 사람이 존재하는 것으로, 반드시 첩(妾)을 두거나 다른 여자와의 관계가 끝나지 않고 재물 또한 모이지 않는다.

남자의 사주에서 정재(正財)가 타주(他柱)에는 없고 일지(日支)에만 있는 경우, 타주와 간합(干合)하면 반드시 처(妻)는 남편과 다른 뜻을 가지고 있다.

	장간(藏干)		藏干		藏干
예1 ○ ○		예2 ○ ○		예3 ○ ○	
丁 卯		戊 戌 - 戊		○ 午 - 丁	
己 亥 - 壬		甲 午 - 己		己 亥 - 壬	
○ ○		己 ○		○ ○	

예1은 일지(日支)에 정재(正財)가 있으면서 일주(日柱)에 희신(喜神)이 되는 경우이다. 정재(正財)가 살(殺)을 생(生)하고, 살(殺)이 편인(偏印)을 생(生)하며, 편인(偏印)은 일주(日柱)를 생(生)하는 구성이다. 이렇게 구성되어 있으면 처복(妻福)이 있다.

예2는 남자 사주에 재(財)가 정편교집(正偏交集)되어 있어 반드시 여자가 두 명으로 정처(正妻)와 편처(偏妻)가 있다. 물론 재물 관계도 좋지 않다. 재물이 축적되려면 반드시 둘 중 하나는 제거되거나 화(化)해야 한다. 그렇지 않으면 재물을 축적할 수 없다.

예3은 정재(正財)가 월지(月支)에 간합(干合)하는 경우이다. 이렇게 구성되면 반드시 정처(正妻)는 다른 곳에 뜻이 있는 경우에 해당하므로 조심해야 한다.

• 교집(交集) : 서로 주고 받는 것, 같은 오행(五行)의 음(陰)과 양(陽)이 함께 존재하는 것

■ 일지(日支)에 관·살(官殺)이 있는 경우

여자 사주에서는 편관(偏官)은 편남(偏男), 정관(正官)은 정남(正男)에 해당한다. 사주 내에 정관(正官)이 없고 편관(偏官)만 있으면 편관(偏官)을 정남(正男)으로 본다.

• 살(殺)(편관(偏官))이 있는 경우 : 살(殺)이 있으며, 일간(日干)을 극(剋)하는 경우이다.

- 일주(日柱)가 약할 경우 : 일주(日柱)에 대한 극(剋)이 매우 심하며, 일을 추진하기가 어렵다.

장간(藏干)

예　戊　戊
　　庚　申－庚
　　甲　申－庚
　　乙　卯－乙

이와 같이 구성되면 갑목(甲木)이 묘시(卯時)에 태어나 강한 것 같으나 신금(申金)이 긴첩(緊疊)하여 있어 갑목(甲木)의 뿌리 역할보다는 신금(申金)과 만나 한 눈 팔기 바쁘기 때문에 전혀 일주(日柱)에 도움이 안 되며 일주(日柱)가 매우 약하다. 이러한 경우에는 만사가 어렵다.

- 일주(日柱)가 강할 경우 : 살(殺)을 마음대로 할 수 있어 모든 권한을 가지고 움직일 수 있으며 서로 화합한다.

장간(藏干)

예　○　○
　　○　卯－甲
　　丙　子－壬
　　○　○

예를 보면 일주(日柱)인 병화(丙火)가 묘월(卯月)에 생(生)하여 인수(印

綬)(일주(日柱))가 약하면 편인(偏印)도 인수(印綬) 역할을 한다)가 일주(日柱)를 생(生)하고 있어 일주(日柱)가 강하다. 그러므로 일지(日支)에 있는 살(殺)인 자수(子水)가 일주(日柱)를 극(尅)하는 것이 아니라 월지(月支)인 묘목(卯木)을 생(生)하고 묘목(卯木)은 일주(日柱)인 병화(丙火)를 생(生)하는 것으로 일주(日柱)가 살(殺)의 극(尅)을 받지 않는 것이다.

그러므로 사주가 이렇게 구성이 되면 일주(日柱)가 살(殺)보다 강하여 살(殺)을 마음대로 움직일 수 있어 모든 권한을 일주(日柱)가 가질 수 있다.

– 살(殺)(편관(偏官))을 제화(制化)하는 것이 없는 경우 : 일주(日柱)가 약하고 살(殺)을 제화(制化)하는 것이 없으면 배우자의 성질이 흉폭하여 부부간에 사이가 좋지 못하다. 더구나 충극(沖尅)이 일어나면 부부간에 생이별을 한다.

예1 ○ ○   예2 ○ ○
　　○ 子　　　　○ 申
　　丙 子　　　　丙 子
　　○ ○　　　　○ 午

예1은 일주(日柱)인 병화(丙火)가 자월(子月)에 출생하여 일주(日柱)가 약한데, 일지(日支)에 살(殺)이 좌(坐)하고 있어 매우 약한 상태이다. 이렇게 구성이 되면 남녀 사주 모두가 힘이 들고, 악처나 흉폭한 남편에 인연이 있다.

예2는 예1의 경우보다 더 좋지 않은 사주이다. 시지(時支)에 일주(日柱)의 뿌리가 있어 일주(日柱)가 좋을 것 같으나 살(殺)인 자수(子水)와 충극(沖尅)이 일어나 오히려 자수(子水)의 성질을 건드리는 효과가 있어 성질이 더 광분하게 변화한 것을 말한다.

– 살(殺)(편관(偏官))을 제화(制化)하는 것이 있는 경우 : 좋은 부부의 인연이 된다.

예　○　○
　　○　子
　　丙　子
　　○　戌

예를 보면 살(殺)인 자수(子水)를 술토(戌土)가 극(剋)하면서 일주(日柱)인 병화(丙火)의 뿌리 역할을 하여 자수(子水)가 광분하지 못하는 구성이다. 이렇게 되면 부부의 인연이 좋다.

– 합(合)이 되는 경우 : 흉(凶)이 일어나지 않는다.

예　○　○
　　○　○
　　丙　子
　　○　丑

예와 같이 자축합(子丑合)이 되면 자수(子水)가 축토(丑土)와 합(合)하느라 병화(丙火)를 극(剋)하는 것을 잃어버려 흉(凶)이 일어나지 않는다.

• 일지(日支)에 정관(正官)이 있는 경우 : 일지(日支)에 정관(正官)이 있으면 배우자의 성격은 온화하고 현명한 사람이다.

– 일간(日干)이 약한 경우 : 일주(日柱)가 약하면 관(官)이나 살(殺)이 작용하는 것은 같다.

예　○　寅
　　○　卯
　　庚　午
　　○　未

예와 같이 사주가 구성되면 일주(日柱)가 약할 수밖에 없다. 이렇게 약하게 구성이 되면 관(官)이 제 역할을 하는 것이 아니라 살(殺)로 변하는 것이다. 예를 들어 강한 사람에게 매를 가한 힘으로 약한 사람에게 잘되라고 매를 가했다면 약한 사람은 강한 사람보다 훨씬 더 아프게 느끼는 것이다. 이렇듯 약한 사주에 극(剋)하면 그 극(剋)이 강한 것으로 변하여 이기지 못할 정도의 극(剋)이 되는 것이다. 그래서 약한 사주에서는 관(官)도 살(殺)이 되는 것이다.

– 일간(日干)이 강한 경우 : 일주(日柱)가 강하면서 상관(傷官)의 충극(沖剋)이 없으면 부부간에 화합하여 좋은 인연을 만든다.

장간(藏干)　　　　　　藏干

예1 ○ ○　　　　　　예2 ○ ○
　　○ 丑　　　　　　　　○ 未 – 己
　　辛 巳 – 丙　　　　　丙 子 – 癸
　　○ ○　　　　　　　　○ ○

예1은 신금일주(辛金日柱)가 축월(丑月)에 출생하여 신금(辛金)이 강한 경우이다. 이렇게 사주가 구성되면 관(官)이 적당하게 극(剋)하여 체(體)를 반듯하게 해주므로 좋은 명(命)이라 할 수 있다.

예2는 상관(傷官)과 정관(正官)이 충극(沖剋)이 되는 경우이다. 이렇게 충극(沖剋)이 되면서 대운(大運)이나 세운(歲運)에서 다시 상관운(傷官運)이 오면 반드시 생사별을 한다.

■ 일지(日支)에 편인(偏印) · 인수(印綬)가 있는 경우

• 편인(偏印)이 있는 경우 : 부부는 정이 있으나 행동이 게으르다.

– 일간(日干)이 약한 경우 : 부부간에 서로 힘이 되어 좋다.

예 ○ ○
　　○ 寅
　　癸 酉
　　○ ○

예와 같이 구성되면 편인(偏印)이 인목(寅木)을 극(剋)하려는 것이 아니

라 일주(日柱)가 약하기 때문에 일주(日柱)를 생(生)하려고 한다.

일주(日柱)는 인수(印綬)가 없어도 편인(偏印)이 대신 인수(印綬) 역할을 하기 때문에 좋다.

- 일간(日干)이 강한 경우 : 편인(偏印)은 일간(日干)이 강하면 내 식복(食福)을 가져가는 것으로 좋지 않다. 만약 다른 곳에 편인(偏印)이 중첩(重疊)되어 있으면 부부간에 생이별을 한다.

예1 ○ ○   예2 ○ ○
　　○ ○   　　壬 午
　　辛 丑   　　甲 子
　　○ 子   　　○ 子

예1은 신금일주(辛金日柱)의 식신(食神)이 시지(時支)에 있는데 편인(偏印)인 축토(丑土)가 자축합토(子丑合土)로 내 식복(食福)을 빼앗기는 것으로 구성되어 있다.

예2는 편인(偏印)이 중첩(重疊)되어 있는 경우이다. 이렇게 구성되면 내 식복(食福)뿐만 아니라, 여자 사주 같으면 관·살(官殺)의 기운(氣運)을 설기(泄氣)하는 힘이 강하여 남편이 힘이 없어 하나도 도움이 안 되는 경우이다.

남자 사주 같으면 재(財)의 뿌리를 제거하는 것으로 재(財)가 편인(偏印)을 극(剋)하는 것이 아니라 오히려 편인(偏印)에게 재(財)가 극(剋)을 당하는 것이 되므로, 결국 남자의 사주에서 재(財)는 처(妻)에 해당하기 때문에 처(妻)가 극(剋)을 당하는 것과 같으므로 처(妻)가 붙어 있을 수 없는 경우가 된다.

• 인수(印綬)가 있는 경우 : 배우자가 매우 현명하고 정이 있다.

- 일간(日干)이 약할 경우 : 부부간에 서로 힘이 되어 좋다.

　　　　　장간(藏干)　　　　　　　　藏干

예1 ○ ○　　　　　　　예2 ○ ○
　　○ ○　　　　　　　　　○ 酉 - 庚
　癸 酉 - 庚　　　　　　　丁 卯 - 甲
　　○ ○　　　　　　　　　○ ○

예1은 인수(印綬)가 일지(日支)에 자리를 잡고 있으면서 일주(日柱)가 약하면 좋은 사주라 할 수 있다. 그러나 예2와 같이 일지(日支)에 인수(印綬)가 있는데 월지(月支)에 정재(正財)가 있어 극(剋)하면 시어머니와 며느리, 즉 고부 사이는 좋지 않다.

– 일간(日干)이 강할 경우 : 일간(日干)이 강할 경우 인수(印綬)가 있으면 자식의 앞길을 막는 경우가 있는데, 만약 다른 곳에 인수(印綬)가 중첩(重疊)되어 있으면 매우 좋지 않은 경우가 된다.

예1 ○ ○　　　　　　예2 ○ ○
　　○ 卯　　　　　　　　庚 子
　甲 子　　　　　　　　壬 申
　　○ 子　　　　　　　　○ 申

예1은 월지(月支)가 양인(羊刃)으로 일주(日柱)가 상당히 강한 것으로 이루어져 있는데, 일지(日支)에 인수(印綬)까지 있어 일주(日柱)가 너무 강하게 구성되어 있다.

일주(日柱)가 강하기 때문에 무슨 일이든 일주(日柱)가 스스로 헤쳐 나갈 수가 있는데도 부모가 일일이 간섭하는 형국(形局)이다. 이렇게 구성되어 있으면 부모가 자식의 앞길을 막는 경우이다.

예2는 예1보다 훨씬 강한 것으로 부모가 자식을 마마보이로 키우려는 경향이 매우 심하여 자식의 앞길을 아주 막는 경우이다.

(2) 일간(日干)으로 보는 성격 판단법

① 목(木)이 일간(日干)일 경우

목(木)을 오상(五常)으로 표현하면 인(仁)에 해당한다.

- 강할 경우 : 온후(溫厚)하고 측은심(惻隱心)이 있으며, 악(惡)을 미워하며 착한 일을 행하는 마음을 갖고 있다.

- 매우 강할 경우 : 성격이 편굴(偏屈)하여 본인이 좋은 것은 호감이 있어 친근하게 대하나, 좋아하지 않는 것은 전혀 쳐다보지 않는 성격을 갖고 있다. 일을 행함에 있어 끝까지 가지 못하고 중간에 포기하는 경향이 심하다. 남을 시기하고 질투하는 마음도 있다.

- 허약할 경우 : 의지가 약하고 성격 자체는 부드러우며, 모든 일에 추진력이 없으며 인색하다.

예1 ○ ○　　**예2** ○ ○　　**예3** ○ ○
　　丁 巳　　　　　○ 卯　　　　　辛 丑
　　甲 子　　　　　甲 寅　　　　　乙 未
　　○ 寅　　　　　甲 子　　　　　辛 未

예1은 갑목일주(甲木日柱)가 사월(巳月)에 출생하여 일주(日柱)가 약하나 일지(日支)에 인수(印綬)인 자수(子水)가 좌(坐)하고 있고, 시지(時支)에는 비견(比肩)인 인목(寅木)이 있어 일주(日柱)가 강하다 할 수 있다.

그리고 월천간(月天干)에 정화(丁火)가 투출(透出)하여 강한 갑목일주(甲木日柱)의 기운(氣運)을 설기(泄氣)하므로 기(氣)가 유행(流行)되는 좋은 구성이다. 이렇게 강하면서 기(氣)가 유행(流行)되면 상대방을 배려하려는 마음이 앞선다.

- 오상(五常) : 다섯가지 불변의 도
- 편굴(偏屈) : 한 쪽으로 치우치는 것
- 측은심(惻隱心) : 딱하고 가엾게 여기는 마음
- 유행(流行) : 기(氣)가 흐르면서 돌아다니는 것

예2는 갑목일주(甲木日柱)가 묘월(卯月)에 출생하여 일주(日柱)가 매우 강한데 일지(日支)에 인목(寅木)이 좌(坐)하고 있고, 시지(時支)에 인수(印綬)인 자수(子水)가 있으며, 시천간(時天干)에는 비견(比肩)이 투출(透出)하여 더 이상 강할 수 없을 정도로 강하다.

이렇게 구성되면 무엇이든 자기 자신밖에 모르고, 자기 마음에 맞으면 모든 것을 다 줄 것처럼 하지만 자기와 생각이 다르면 쳐다보지도 않는 편향(偏向)된 성격의 소유자이다.

예3은 을목일주(乙木日柱)가 축월(丑月)에 출생하여 일주(日柱)가 약한데, 월천간(月天干)에 투출(透出)한 신금(辛金)은 월지(月支)인 축토(丑土)에 뿌리가 있고 더구나 시천간(時天干)에 신금(辛金)이 있어 강하다.

이렇게 을목(乙木)이 허약하면 의지가 약하고 추진력이 없으며, 여자 사주의 경우 남편한테 억압을 받고 남자 사주의 경우는 재물이나 처(妻)로 인하여 매우 곤란한 처지가 될 수 있다.

② 화(火)가 일간(日干)일 경우

화(火)를 오상(五常)으로 표현하면 예(禮)에 해당한다.

- 강할 경우 : 화(火)의 경우 조급한 성질을 갖고 있는데 사람이 겸손하기는 하나 화려한 것을 좋아하고, 말보다는 행동이 앞서는 성질이 있다.
- 매우 강할 경우 : 성질이 몹시 급하여 일을 할 때에도 도가 지나쳐 물질을 상하게 하고 나서야 후회하는 경향이 있다.
- 허약할 경우 : 기교를 부리는 것을 몹시 좋아하나 남을 속이는 경향이 있다. 적은 일은 결과를 얻을 수 있으나, 큰일은 할 수도 없거니와 설령 시작을 하였더라도 결과를 얻을 수 없다.

말도 안 되는 궤변을 늘어 놓아 상대방의 정신을 흩트려 놓거나, 질투심이 강하여 상대방을 곤란하게 하는 경우가 많다.

例1 ○ ○　　　例2 ○ ○　　　例3 ○ 丑
　　　戊 辰　　　　　　丙 午　　　　　　○ 未
　　　丙 寅　　　　　　丙 戌　　　　　　丁 亥
　　　甲 午　　　　　　庚 寅　　　　　　辛 子

例1은 병화일주(丙火日柱)가 진월(辰月)에 출생하여 일주(日柱)가 약한데, 일지(日支)에 인수(印綬)인 인목(寅木)이 좌(坐)하고 있고 시천간(時天干)에는 갑목(甲木)이 투출(透出)하였으며 시지(時支)에 겁재(劫財)인 오화(午火)가 있어 매우 강하다.

그러나 진토(辰土)의 원신(原神)인 무토(戊土)가 월천간(月天干)에 투출(透出)하여 있어 강한 일주(日柱)의 기운(氣運)을 유행(流行)하여 매우 좋은 구성이다. 이렇게 구성되면 성질은 급하나 남을 위하는 마음이 있으며, 무슨 일이든지 남보다 앞에 서서 움직인다.

예2는 병화일주(丙火日柱)가 오월(午月)에 출생하여 월령(月令)을 얻고, 지지(地支)에서는 인오술(寅午戌)로 화국(火局)을 이루고 있으며 월천간(月天干)에는 병화(丙火)가 투출(透出)하여 매우 강하다.

이렇게 구성되면 성격은 매우 급하여 참을성이 전혀 없고, 무슨 일을 하든지 손해를 보더라도 끝장을 보는 성질이 있다 .

예3은 정화일주(丁火日柱)가 미월(未月)에 출생하여 일주(日柱)가 약하지 않으나, 지지(地支)가 해자축(亥子丑)으로 북방(北方) 수국(水局)을 이루어 미토(未土)를 극(剋)하니 정화(丁火)의 뿌리가 약하다.

이렇게 구성되면 일주(日柱)가 허약하기 때문에 사치를 좋아하고, 매사에 허황된 이야기로 상대방을 혼란시키며 남을 속이는 일을 자주하는 성격이다.

③ 토(土)가 일간(日干)일 경우

토(土)를 오상(五常)으로 표현하면 신(信)에 해당한다.

• 강할 경우 : 맡은 일에 대한 책임감이 아주 강하다. 그리고 무슨 종교
든 한번 믿게 되면 진실되게 믿는 신앙심이 아주 깊게 자리를 잡고 있
다. 남을 이해하고, 남에게 베푸는 것을 좋아한다.

• 매우 강할 경우 : 성질이 편굴(偏屈)하다. 일을 행함에 있어 앞길이 막히
는 경우가 매우 많다. 머리 회전이 잘 되지 않으며 의리가 없다.

• 허약할 경우 : 모든 일이 앞뒤가 맞지 않으며, 무슨 일을 행함에 있어
자기만 좋게 하려는 경향이 있다. 자기의 것은 매우 아끼나 타인의 것
은 마음대로 하려는 경향이 심하다.

그리고 마음씨는 매우 독한 반면 자기가 한 말에는 책임감이 없어 신
용이 없다. 때로는 망언(妄言)을 하여 타인에게 해(害)를 입히는 경우가
대단히 많으며, 일을 저질러 놓고도 수치심이 전혀 없다.

예1			예2			예3		
	○	○		○	○		○	○
	○	午		丙	午		○	卯
	戊	寅		戊	戌		己	亥
	丁	○		○	寅		辛	未

예1은 무토일주(戊土日柱)가 오월(午月)에 출생하고, 시천간(時天干)에 오
화(午火)의 원신(原神)인 정화(丁火)가 투출(透出)하여 강하다.

이렇게 구성되면 책임감이 아주 강하고, 남에게 베풀려는 마음이 있으며
배신을 하지 않는다.

예2는 무토일주(戊土日柱)가 오월(午月)에 출생하고, 지지(地支)는 인오
술(寅午戌)로 화국(火局)을 이루고 있다. 월천간(月天干)에는 인수(印綬)

• 원신(原神) : 원래 가지고 있던 것

176

인 병화(丙火)가 투출(透出)하여 매우 강하다. 이렇게 구성되면 무슨 일을 하던지 자기 위주이며, 막히는 일이 많아 굉장히 힘이 든다.

예3은 기토일주(己土日柱)가 묘월(卯月)에 출생하여 일주(日柱)가 약한데, 지지(地支)에서 해묘미(亥卯未)로 목국(木局)을 이루어 일주(日柱)를 극(剋)하여 매우 허약하기 때문에 살(殺)에 종(從)하는 구성이다.

이러한 구성은 일주(日柱)가 약하기 때문에 매우 힘든 생활을 하지만 봉급생활자인 경우에는 좋다.

그러나 이 구성이 여자의 명(命)이면 남편에게 많은 고통을 받으면서도 어쩌지 못하고 사는 경우가 된다. 허약하려면 이 구성처럼 아주 종(從)할 정도로 허약한 것이 좋다.

④ 금(金)

금(金)은 오상(五常)으로 표현하면 의(義)에 해당한다.

- 강할 경우 : 자기의 명예를 굉장히 중요하게 여기고, 의리와 인정이 많다. 겸손하지 못하며 성질이 굉장히 급하고, 재물을 귀중히 여기지 않는 경향이 있다.

- 매우 강할 경우 : 강하기 때문에 용기만 있어서 일을 시작할 때 계획을 세워서 하는 것이 아니라 계획성 없이 무조건 시작하는 경향이 있으다. 마음속에 독을 품고 있어 언제든지 보복하려고 하는 마음이 내재되어 있으며, 모든 일은 자기 위주로 한다.

- 허약할 경우 : 생각하는 것이 지나쳐 행동으로 옮기는 것이 어려우며, 모든 일은 계획으로 시작하였다 계획으로 끝난다. 행동하는 것이 의(義)를 숭상(崇尙)하는 것 같으나 실행하지 못한다.

- 숭상(崇尙) : 높이어 소중하게 여기는 것

예1 ○ ○   예2 ○ ○   예3 ○ ○
    ○ 辰   庚 辰   ○ 午
    庚 申   庚 申   辛 酉
    壬 ○   ○ 酉   ○ 巳

예1은 경금일주(庚金日柱)가 진월(辰月)에 출생하고, 일지(日支)에 신금(申金)이 좌(坐)하고 있어 일주(日柱)가 강하다.

시천간(時天干)에 있는 임수(壬水)는 강한 일주(日柱)의 기운(氣運)을 유행(流行)시키는 것으로 매우 좋다. 이렇게 구성되면 명예를 위하여 매우 신경을 쓰며, 만약 본인의 명예에 관한 일이라면 모든 것을 다 걸고 하는 성격이다.

예2는 경금일주(庚金日柱)가 진월(辰月)에 출생하고 일지(日支)에 신금(申金)이 좌(坐)하고 있으며, 월천간(月天干)에 경금(庚金)이 있고 시지(時支)에는 유금(酉金)이 있어 매우 강하다.

이렇게 구성되면 일을 시작할 때 계획적으로 하는 것이 아니라 계획 없이 시작하여 낭패를 보는 경우가 많다. 본인에게 피해를 준 사람에게는 기회만 있으면 보복을 하고야 마는 성격이다.

예3은 신금일주(辛金日柱)가 오월(午月)에 출생하여 일주(日柱)가 매우 약하나 일지(日支)에 유금(酉金)이 좌(坐)하고 있어 뿌리가 있다고 할 수 있다. 이렇게 구성되면 일을 행함에 있어 계획은 잘 세우나 실행하기가 힘들고, 남을 공격하려 해도 주위의 눈치를 보는 성격이다.

⑤ 수(水)

수(水)를 오상(五常)으로 표현하면 지(智)에 해당한다.

• 강할 경우 : 생각이 깊고 도량(度量)이 넓으며, 모든 일을 함에 있어 치밀하고 계략이 남보다 뛰어나며 기억력이 매우 좋다.

• 매우 강할 경우 : 전후 사정을 생각하지 못하고 망언(妄言)과 망동(妄動)을 부리며, 조석변(朝夕變)으로 생각이 변한다.

  다른 사람을 속이는 경향이 매우 많으며, 마음은 소심하나 색정(色情)이 깊어 방탕(放蕩)하다.

• 허약할 경우 : 마음은 따뜻하나 일을 함에 있어 반복해서 진행해도 결과를 하나도 얻을 수 없다.

  담력이 약하여 일을 추진하는 능력이 없으며, 성질은 이것도 저것도 아닌 애매모호하다. 그리고 앞길이 막혀서 되는 일이 없다.

예1 ○ ○	예2 ○ ○	예3 ○ ○
○ 申	庚 申	乙 卯
壬 子	壬 子	癸 亥
○ ○	○ 辰	○ ○

예1은 임수일주(壬水日柱)가 신월(申月)에 출생하고, 일지(日支)에 자수(子水)가 있어 강하다. 이렇게 구성되면 기억력이 매우 좋으며, 남에게 베푸는 정이 깊다.

예2는 임수일주(壬水日柱)가 신월(申月)에 출생하고 월천간(月天干)에는 경금(庚金)이 투출(透出)하며, 지지(地支)에서는 신자진(申子辰) 수국(水局)을 이루어 매우 강하다.

이렇게 구성되면 색(色)도 깊을 뿐만 아니라 본인 마음대로 헤집고 다니며, 생각이 자주 바뀌어 어디에다 중심을 두어야 할지 모르는 성격이다.

• 망언(妄言) : 허황된 말
• 망동(妄動) : 허황된 행동
• 조석변(朝夕變) : 아침저녁으로 변한다는 것으로 자주 변하는 것
• 색정(色情) : 색을 좋아하는 마음. 남녀간의 정욕
• 방탕(放蕩) : 주색잡기에 빠져서 행실이 좋지 못한 것

예 3은 계수일주(癸水日柱)가 묘월(卯月)에 출생하였으나 일지(日支)에 해수(亥水)가 좌(坐)하고 있어 일주(日柱)가 강할 것 같으나 월천간(月天干)에 을목(乙木)이 투출(透出)하여 약하다.

이렇게 구성되면 하는 일을 추진하지 못하며 식생활을 해결하기가 쉽지 않고, 성질 자체가 애매모호하여 이러지도 저러지도 못하는 성격으로 앞길이 매사에 막힐 수 있다.

결론적으로 보면 일주(日柱)의 오행(五行)이 어떤 것이 되었던지 공통점이 있다. 일주(日柱)가 적당히 강한 경우는 상대방에게 베풀 수 있는 여유와 상대방을 이해하려는 마음이 있는 반면, 일주(日柱)가 너무 강한 경우에는 본인이 하고 싶은데로 해야 직성이 풀리고 상대방을 무시하고 천시하는 마음이 있다.

그리고 일주(日柱)가 너무 약한 경우에는 본인이 하려고 하는 의지가 약하여 비굴한 행동을 하는 경향이 많다.

그러므로 위에 나열되어 있는 것만으로 성격을 판단해서는 안 되며, 사주 전체의 구성을 보고 판단해야 한다.

일주(日柱)와 용신(用神)과의 관계도 보고, 일주(日柱)가 양간(陽干)인지 음간(陰干)인지 여러 가지를 확인해 보는 것이 정확한 성격을 판단할 수 있는 것이다.

　사주팔자(四柱八字)라는 것은 인간이 세상에 태어난 연(年)·월(月)·일(日)·시(時)를 말하는 것으로, 결국 사람의 몸이라 해도 과언이 아니다.

　사주팔자를 보면 물이 필요한 사람인지 아닌지를 알 수 있다. 사주팔자에 물이 없으면 물에 해당하는 기관에 이상이 생기면 반드시 죽는다는 것이다.

　예를 들면 수(水)는 방광과 신장에 해당하는데 사주팔자에 수(水)는 없고 토(土)가 태과(太過)라 한다면, 반드시 화토운(火土運)이 들어오는 대운(大運)에는 신장과 방광에 이상이 생기는 것이다.

　주변에 어떤 사람은 술을 좋아하는 것이 도를 넘어 폭음을 하는데도 그 다음날 조금 마신 사람보다 훨씬 보기가 좋다면, 이것은 술의 힘을 빌려 물을 마셨기 때문이다.

　사람의 몸은 컴퓨터보다 더 정확하게 만들어졌다. 왜냐하면 사람의 몸에서 필요한 것을 요구하면 언제든지 필요로 하는 만큼 섭취하여 균형을 맞추어 주기 때문이다.

　그러므로 음식을 짜게 먹을 사람은 짜게 먹어야지, 그렇지 않으면 오히려 병이 생기게 된다.

　즉, 오미(五味)를 말하는 것이다.

　만약 입에서 먹고 싶은데 먹지 않고 참는다거나, 입에서는 짜게 먹어야 맛이 나는데 싱겁게 먹는 것이 좋다하여 억지로 싱겁게 먹는다면 반드시 병(病)이 온다는 것을 알아야 한다.

제 3 부
정격(正格)과 변격(變格)

정격(正格)

사주팔자(四柱八字)는 크게 정격(正格)과 변격(變格)으로 분류된다.

정격(正格)은 정상적으로 격(格)이 이루어지는 것을 말하는데 월지(月支)나 다른 간지(干支)에 용신(用神)이 있더라도 용신(用神)이 정확하게 구분이 되는 경우이며, 변격(變格)은 오행(五行)의 세력(勢力)이나 기(氣)를 가지고 판단하는 것이다.

예를 들어 정격(正格)이 된다면 운(運)과 건강은 같은 방향으로 흐르는데, 만약 대운(大運)이 길운(吉運)이라면 건강도 좋다. 그러나 대운(大運)이 흉운(凶運)이 되면 건강도 좋지 않다.

그리고 변격(變格)이 된다면 운(運)과 건강은 정반대 방향으로 흐르는데, 만약 대운(大運)이 길운(吉運)이라면 건강은 나쁘다. 그러나 대운(大運)이 흉운(凶運)이 되면 건강은 좋다.

사주팔자의 구성 비율을 보면 정격(正格)이 60%, 변격(變格)이 40% 정도 차지하기 때문에 변격(變格)도 무시할 수 없다. 그러므로 정격(正格)을 중요하게 여겨 정격(正格)만 공부한다면 반쪽짜리 공부가 되므로 반드시 변격(變格)도 공부해야 한다.

이 책에서는 정격(正格)에 있어 8격(格) 이외에 양인격(羊刃格)만 다루고 있다.

자평학(子平學)과 일부 책에서는 건록격(建祿格)과 월겁격(月劫格)이 있다고 설명을 하고, 또 일부 명리학자는 이것을 실제로 적용하여 사용하고 있다.

그러나 다음과 같은 이유로 건록격(建祿格)과 월겁격(月劫格)은 사용할 필요가 없다.

■ 건록격(建祿格)

건록격(建祿格)은 월지(月支)가 녹(祿)에 해당한다 하여 건록격(建祿格)이라 하는데, 녹(祿)이라는 것은 월지(月支)에 일주(日柱)가 강하게 자리를 잡는 것을 말한다.

양일간(陽日干)이 월지(月支)에 겁재(劫財)가 되는 것은 이미 양인격(羊刃格)으로 구분했기 때문에 양일간(陽日干)의 비견(比肩)과 음일간(陰日干)의 비겁(比劫)이 있는 것을 건록격(建祿格)이라 한다. 그러나 천간(天干)에 비겁(比劫)이 투출(透出)한 것은 녹(祿)이라 하지 않는다.

예1	○ ○	예2	○ ○	예3	○ ○	예4	○ ○
	○ 寅		○ 巳		○ 申		○ 子
	甲 ○		丙 ○		辛 申		癸 ○
	○ ○		○ ○		○ ○		○ ○

■ 월겁격(月劫格)

월겁격(月劫格)은 월지(月支)가 겁재(劫財)에 해당하는 것을 말한다. 양일간(陽日干)이 월지(月支)가 겁재(劫財)인 것은 양인격(羊刃格)으로 이미 구분되어 있고, 음일간(陰日干)의 겁재(劫財)만 월겁격(月劫格)에 해당한다.

예1 ○ ○　　예2 ○ ○　　예3 ○ ○　　예4 ○ ○　　예5 ○ ○
　　○ 寅　　　　○ 巳　　　　○ 申　　　　○ 亥　　　　○ 午
　　乙 ○　　　　丁 ○　　　　辛 ○　　　　癸 ○　　　　丙 ○
　　○ ○　　　　○ ○　　　　○ ○　　　　○ ○　　　　丙 ○

위와 같이 월지(月支)가 일주(日柱)와 같거나 음양(陰陽)이 다른 것을 말한다. 그런데 사주팔자를 풀이할 때 월지(月支)에 비겁(比劫)이 존재하면 특수한 경우를 제외하고는 월지(月支)에서 용신(用神)을 찾지 못하게 하고 있다.

그러므로 건록격(建祿格)이나 월겁격(月劫格)은 월지(月支)에서 용신(用神)을 찾지 못하기 때문에 월지(月支)를 제외하고 식상재관살(食傷財官殺) 중에서 가장 강한 것을 용신(用神)으로 택해야 하기 때문에 결국은 정격(正格)에 속할 수 밖에 없다.

이러한 이유로 건록격(建祿格)과 월겁격(月劫格)은 사용하지 않아도 무방하므로 여기에서는 다루지 않는다.

1. 정격(正格)

정격(正格)의 종류에는 식신(食神), 상관(傷官), 편재(偏財), 정재(正財), 편관(偏官), 정관(正官), 편인(偏印), 인수(印綬) 등 정(正) 8격(格) 외에 양인격(羊刃格)이 있다.

(1) 식신격(食神格)

식신(食神)을 누기신(漏氣神)이라 한다.

식신(食神)이 음(陰)일 경우 딸이며, 양(陽)일 경우 아들이다.

일주(日柱)의 기운(氣運)을 설기(泄氣)하는 것이 식신(食神)인데, 사람으로 말하면 뇌의 기운(氣運)을 빼서 쓰는 것으로 몸이 건강하지 않으면 뇌의 기운(氣運)이 빠져나가는 것을 이겨낼 수 없다.

그리고 뇌의 기운(氣運)을 설기(泄氣)하여 쓰는 것이 식신(食神)이기 때문에 식신(食神)이 있으면 머리의 회전력이 높다.

이와 같은 이유로 식신격(食神格)은 일간(日干)이 강하지 않으면 모든 일에 있어 힘이 든다. 그렇기 때문에 식신격(食神格)은 일간(日干)이 반드시 강해야 한다.

성격은 대체적으로 예의가 바르고, 온건하며 평화적이다. 그러나 식신(食神)이 태과(太過)일 경우에 무슨 일을 하든지 자기 중심적이며, 인색하고 비천(卑賤)한 행동을 잘한다.

만약 식신(食神)이 쇠약하면 몸과 마음이 부정하고, 침착하지 못하다.

■ 일간(日干)이 약할 경우

• 식신(食神)이 왕(旺)한 경우 : 모든 화(火)가 입에서 나온다. 다재다능하지만 많이 배워도 써먹지 못하고 나약하다.

• 식신(食神)이 왕(旺)하면서 재성(財星)이 있는 경우 : 빈명(貧命)이다.

• 식신(食神)이 태과(太過)인 경우 : 편인(偏印)이나 인수(印綬)가 있을 경우 편관(偏官)과 정관(正官)이 있어 편인(偏印)이나 인수(印綬)를 생조(生助)하여 식신(食神)을 극(剋)할 수 있도록 구성되어야 한다.

일을 행함에 있어 행동으로 옮기지 못하고 의논만 하다가 끝이 난다.

■ 일간(日干)이 강할 경우

식신(食神)이 왕(旺)하면서 재성(財星)이 있으면, 평생 재화(財貨)가 풍족

• 비천(卑賤) : 지체가 낮고 천함　　　　• 빈명(貧命) : 가난하게 살아야 되는 것

하고 유복(有福)한 명(命)이다.

그러나 관·살(官殺)이 있으면 오히려 매사에 어려움을 당하여 헤어나지
못한다.

|예|1 ○ ○　　　　|예|2 ○ ○　　　　|예|3 ○ 寅　　　　|예|4 壬 申
　　○ 卯　　　　　　○ 午　　　　　　○ 子　　　　　　壬 辰
　　癸 卯　　　　　　甲 戌　　　　　　庚 申　　　　　　丙 午
　　○ 子　　　　　　○ 寅　　　　　　○ ○　　　　　　○ ○

|예|1은 계수일주(癸水日柱)가 시지(時支)에 자수(子水)가 있어 일주(日柱)
가 강한 것 같으나 월지(月支)와 일지(日支)에 묘목(卯木)이 있어 설기(泄
氣)하는 힘이 더 강하다. 이렇게 구성되면 일주(日柱)가 강해지는 운(運)
이 오지 않는 한 빈한(貧寒)하게 살 수 밖에 없다.

|예|2는 갑목일주(甲木日柱)가 시지(時支)에 인목(寅木)이 있어 일주(日柱)
가 강한 것 같으나 지지(地支)가 인오술(寅午戌)로 삼합(三合)하여 화국
(火局)으로 변하여 일주(日柱)의 뿌리가 없어진 경우이다.

이렇게 구성되면 본인이 좋다고 생각한 것이 결국 자기 발등을 찍는 결
과가 되고, 오히려 갑목일주(甲木日柱)가 받는 고통은 매우 크게 된다.

|예|3은 경금일주(庚金日柱)가 강하여 무슨 일이든 헤쳐나갈 수 있다. 더구
나 재(財)까지 있어 평생 재화(財貨)가 풍족한 명(命)이다.

|예|4는 병화일주(丙火日柱)가 오화(午火)를 일지(日支)에 두고 있어 일주
(日柱)가 강하지만, 설기(泄氣)하는 진토(辰土)가 재(財)인 신금(申金)을 생
(生)하고 신금(申金)이 다시 살(殺)인 임수(壬水)를 생(生)하게 된다.

결국 일주(日柱)가 생(生)하여 준 식신(食神)이 살(殺)을 생(生)하여 일주
(日柱)를 극(剋)하는 격(格)이 된다. 이렇게 구성되면 매사에 어려움이 따
른다.

① 식신격(食神格)의 종류

- 목화식신격(木火食神格) : 총명하고 명랑하나 발(發)하기도 쉽고, 쇠(衰)하기도 쉽다(예1, 6).
- 화토식신격(火土食神格) : 재(財)가 없으면 항상 하는 일에 막힘이 많다(예2, 7).
- 토금식신격(土金食神格) : 재리(財利)에 집착이 강하다(예3, 8).
- 금수식신격(金水食神格) : 총명하나 색욕(色慾)이 강하다(예4, 9).
- 수목식신격(水木食神格) : 기억력이 좋으며 다재다능하다(예5, 10).

예1	○ ○	예2	○ ○	예3	○ ○	예4	○ ○	예5	○ ○
	○ 巳		○ 戌		○ 酉		○ 亥		○ 寅
	甲 ○		丙 ○		己 ○		庚 ○		壬 ○
	○ ○		○ ○		○ ○		○ ○		○ ○
예6	○ 卯	예7	○ ○	예8	○ 己	예9	○ ○	예10	甲 辰
	○ 戌		○ 巳		○ 甲		壬 戌		○ 申
	甲 ○		丙 ○		戊 ○		庚 申		壬 子
	丙 ○		戊 ○		庚 ○		乙 酉		壬 寅

② 식신생재격(食神生財格)

명식(命式) 중에서 재성(財星)이 있는 경우이다. 일간(日干)이 강하면 대귀격(大貴格)이다. 그러나 정편교집(正偏交集)이 되면 격(格)이 떨어진다.

예1	甲 寅	예2	壬 寅
	癸 亥		甲 子
	庚 申		庚 申
	庚 辰		乙 酉

- 발(發) : 일어나다, 나타나다.
- 쇠(衰) : 쇠하다, 약해지다.
- 재리(財利) : 재물과 이익
- 색욕(色慾) : 남녀간의 성욕

예1은 경금일주(庚金日柱)가 지지(地支)에 비견(比肩)인 신금(申金)과 편인(偏印)인 진토(辰土), 그리고 시간(時干)에 경금(庚金)이 투출(透出)하여 있어 일주(日柱)가 매우 강하다. 그런데 월간지(月干支)가 계해(癸亥)로 강한 일주(日柱)의 기운(氣運)을 설기(泄氣)하여 재(財)인 갑인(甲寅)을 생(生)하여 재복(財福)이 있다.

그러나 경금(庚金)이 냉한 성질을 갖고 있어 사람의 성격도 차갑고, 더구나 겨울 태생으로 매우 차가운 성격의 소유자로 큰 발전은 없지만 그런대로 재복(財福)이 있다. 만약 사주 내에 화(火)가 있어 냉기(冷氣)를 제거해 준다면 더 많은 재복(財福)이 있을 것이다.

그러므로 식신격(食神格)에 재(財)가 있다고 해서 전부 대귀격(大貴格)이 되는 것은 아니고, 사주의 구성에 따라 재복(財福)의 차이가 있다.

예2는 경금일주(庚金日柱)가 매우 강한 가운데 천간(天干)에 투출(透出)한 재(財)가 정편교집(正偏交集)되어 있어 격(格)이 떨어지는 경우이다. 이렇게 정재(正財)와 편재(偏財)가 같이 투출(透出)하는 것은 처(妻)가 정처(正妻)와 편처(偏妻) 두 사람 있다는 것이다.

허비(虛費)가 많아 재물이 모아지지 않고, 재물 또한 많이 들어오지 않는 명(命)이다.

③ 식신제살격(食神制殺格)

- 식신(食神)이 강하고 살(殺)이 약한 경우 : 매우 힘든 생활을 할 수 밖에 없다.
- 식신(食神)이 약하고 살(殺)이 강한 경우 : 발전성이 없다.

- 재복(財福) : 재물이 많이 있는 것
- 대귀격(大貴格) : 크게 귀하게 되는 격
- 허비(虛費) : 쓸데없는 비용을 쓰는 것

例1 ○ ○　　　　例2 ○ ○

　　甲 寅　　　　　　　壬 戌

　　壬 子　　　　　　　丙 午

　　戊 申　　　　　　　壬 子

例1은 임자일주(壬子日柱)가 인월(寅月)에 출생하였으나 일지(日支)에 자수(子水)가 좌(坐)하고 있어 약하지 않으나 월지(月支) 식신(食神)의 원신(原神)인 갑목(甲木)이 투출(透出)하여 식신(食神)이 더 강하다. 그런데 시간(時干)에 있는 무토(戊土)는 생(生)하여 주는 것이 없고 뿌리가 없어 살(殺)의 역할을 할 수 없다.

여기서 살(殺)이란 일주(日柱)의 직업으로 재(財)가 없는 사주에서 강한 식신(食神)의 극(剋)을 받아 제대로 활동할 수 없는 경우를 말하며, 어려운 생활을 한다.

例2는 병화일주(丙火日柱)가 가을 화토(火土)인 술월(戌月)에 출생하고, 일지(日支)에 오화(午火)가 좌(坐)하고 있어 약하지 않다.

그러나 살(殺)인 자수(子水)가 병화(丙火)의 뿌리인 오화(午火)를 자오충(子午沖)으로 뿌리를 극(剋)하고 있으며, 더구나 천간(天干)에 자수(子水)의 원신(原神)인 임수(壬水)가 투출(透出)하여 있어 살(殺)이 식신(食神)인 무토(戊土)를 오히려 극(剋)한다.

그러므로 내 식복(食福)을 살(殺)이 극(剋)하고 일주(日柱)의 뿌리를 극(剋)하기 때문에 결국 일주(日柱)가 약하여 일을 도모함에 있어 일주(日柱) 자신이 이겨내지 못한다.

④ 식신격(食神格)에 편인(偏印)이 있는 경우

• 식신격(食神格)에 편재(偏財)가 있는데 편인(偏印)이 있는 경우 : 식신격(食神格)에 편재(偏財)가 있는데 편인(偏印)이 있으면 편인(偏印)이 편재

(偏財)에 극(剋)을 받아 도식(盜食) 역할을 할 수 없다.

그러므로 편인(偏印)에게 식신(食神)이 극(剋)을 받지 않아 좋은 명(命)이라 할 수 있다.

- 식신격(食神格)에 편재(偏財)가 없는데 편인(偏印)이 있는 경우 : 식신격(食神格)에 편인(偏印)이 극(剋)을 받지 않고, 식신(食神)을 편인(偏印)이 극(剋)하는 경우에는 편인(偏印)이 도식(盜食)되는 경우이다.

이러한 구성이면 평생 비천(卑賤)한 생활을 할 수 밖에 없다. 비천(卑賤)하지 않으면 일찍 죽는다.

	장간(藏干)		藏干
예1	庚 ○	예2	○ 丑
	甲 戌 – 戊		辛 卯 – 乙
	丙 ○		癸 ○
	○ ○		○ 子

예1은 식신(食神)을 극(剋)하는 편인(偏印)인 갑목(甲木)을 재(財)인 경금(庚金)이 극(剋)하여 식신(食神)인 무토(戊土)를 극(剋)하지 못하게 하는 작용을 하여 식신(食神)을 보호한다. 그러므로 식신격(食神格)이 될 때에는 반드시 편재(偏財)가 있는 것이 좋다.

예2는 식신(食神)·을목(乙木)을 극(剋)하는 편인(偏印)인 신금(辛金)을 극(剋)하는 것이 없다. 더구나 일주(日柱)가 강하여 일주(日柱)를 편인(偏印)이 돌보지 않아도 되기 때문에 마음대로 식신(食神)을 유린하여 내 식복(食福)을 편인(偏印)이 가져가는 것으로, 생활하기가 매우 힘든 명(命)이다. 편인(偏印)을 극(剋)하는 것이 없으면 내 식복(食福)을 가져간다 하여 도식(盜食)이라 한다.

• 도식(盜食) : 편인(偏印)의 다른 명칭, 자식의 식복을 부모가 가져간다는 것

⑤ 식신격(食神格)에 식신(食神)이 왕(旺)하고 관 · 살(官殺)이 없는 경우

식신(食神)이 왕(旺)하다는 것은 내 식복(食福)이 많다는 것으로, 의 · 식 · 주에 신경을 쓰지 않아도 부유하다.

예 ○ ○
○ 寅
甲 午
丙 寅

예는 갑목일주(甲木日柱)가 인월(寅月)에 출생하여 일주(日柱)가 강한데, 시지(時支)에 또 인목(寅木)이 있어 매우 강하다. 그러나 시간(時干)에 병화(丙火)인 식신(食神)이 투출(透出)하여 강한 일주(日柱)의 기운(氣運)을 설기(泄氣)하여 매우 아름답다.

⑥ 식신(食神)이 고(庫) 중에 있을 경우

식신(食神)이 고(庫) 중에 있으면 창고 속에 들어 있는 것과 같으므로 인색하기는 하나 재물은 풍부하다.

장간(藏干)

예 ○ ○
○ 戌 – 丁
乙 ○
○ ○

예와 같이 을목(乙木)의 식신(食神)이 술토(戌土) 속에 들어 있는 경우를 말한다. 즉, 술토(戌土)는 정화(丁火)의 창고로 충(沖)이 되어 없어지지만 않으면 된다. 이 경우는 충(沖)이 있으면 좋지 않다.

⑦ 식신격(食神格)에 상관(傷官)이 천간(天干)에 투출(透出)하여 있는 경우

이것은 좋지 않은 경우이다. 식신(食神)이 뇌의 기운(氣運)을 빼내어 쓰

는 것인데, 상관(傷官) 역시 뇌의 기운(氣運)을 쓰는 것으로 두 개가 혼잡되어 있으면 정신이 혼란하고 집중이 안 되며 산만해진다.

 모든 일을 행함에 있어 말만 많고 행동으로 옮기기가 쉽지 않다. 무슨 기운(氣運)이던지 혼잡되어 있으면 귀(貴)가 감소한다.

<pre>
                장간(藏干)
예 ○ ○
     ○ 戊 － 戊
   丙 ○
   己 ○
</pre>

예와 같이 월지(月支) 식신격(食神格)이 되어 있는데 시천간(時天干)에 상관(傷官)이 있는 경우를 말한다. 이렇게 구성되면 집중력이 떨어지고 말도 많아 성공하기가 매우 힘들다.

■ 사 업

• 학문과 예술 그리고 의식주에 관련된 사업은 모두 좋다.

• 식신(食神)이 정재(正財)와 같이 있으면 봉급 생활자나 일정한 금액이 들어오는 직업이 좋다.

• 식신(食神)이 편재(偏財)와 같이 있으면 조그만 장사부터 규모가 큰 사업까지 좋다.

• 월지(月支)가 식신(食神)이어서 식신격(食神格)이 된 경우에 관·살(官殺)이 있으면 구류술업(九流術業)이 좋다(의사, 약사, 역술 등 비생산적인 직업).

• 귀(貴) : 귀하게 여기는 것

(2) 상관격(傷官格)

상관격(傷官格)은 상관(傷官)이 약하지 않다면 반드시 극(剋)하는 것이 있어야 제대로 활동을 한다.

만약 상관(傷官)이 강한데 극(剋)하는 것이 없다면 마음내키는 대로 행동하여 다른 사람에게 피해를 주어도 본인은 당연한 것으로 알고 오히려 기고만장한다. 그러므로 반드시 극(剋)하는 것이 존재해야 좋다.

성격은 대체로 총명하며 박학(博學)하고, 허영심이 많아 화려한 것을 좋아하며 사치하는 버릇이 있다. 그리고 거만하고 오만하며 입이 가벼워서 비밀을 지킬 수 없다.

만약 양인(羊刃)이 있으면 간사한 계략(計略)이 능란(能爛)하다.

■ 일간(日干)이 약(弱)할 경우

건강에 어려움이 있으며, 빈(貧)한 생활을 할 수 밖에 없다. 비밀 유지가 안 되고 다른 사람을 무시하는 경향이 있다.

장간(藏干)

예 ○ ○
　 辛 酉 − 辛
　 戊 寅
　 ○ ○

예를 보면 무토(戊土)가 유월(酉月)에 출생하여 일주(日柱)가 약한 가운데 일지(日支)에 인목(寅木)이 좌(坐)하고 있어 일주(日柱)를 극(剋)하는 형국(形局)이라 매우 약하다.

유금(酉金)의 원신(原神)인 신금(辛金)이 천간(天干)에 투출(透出)하여 상관(傷官)이 매우 강하다. 이렇게 구성되면 자기가 한 말에 책임감이 없고, 비밀이라 하는 것을 모두 본인 입으로 이야기하므로 이러한 사람과는 비밀을 유지하기가 어렵다. 더구나 교만의 극치이다.

■ 일간(日干)이 강(强)할 경우

반드시 재성(財星)이 있으면 좋다.

예
```
○ 申
○ 丑
丙 寅
○ 午
```

예를 보면 병화일주(丙火日柱)가 축월(丑月)에 출생하여 일주(日柱)가 약한 것 같으나 일지(日支)에 인목(寅木)이 좌(坐)하고 있으며, 시지(時支)에 오화(午火)가 있어 강하다.

연지(年支)에 재(財)가 있으면서도 인목(寅木)과 떨어져 있어 서로 충극(沖剋)이 일어나지 않아 재물이 넉넉하다. 이와 같이 재(財)가 있어도 서로 충극(沖剋)이 일어나지 않게 구성되어야 좋다.

① 상관격(傷官格)의 종류

• 목화상관격(木火傷官格) : 인수(印綬)가 있으면 매우 좋고 목(木)이 여름에 출생하였으니 수(水)의 윤택함이 있으면 좋다. 수(水)가 없어 잘못하면 목(木)이 분목(焚木)이 될 수 있기 때문이다.

성격은 명랑하고 총명하며, 문학에 뛰어나고 화려한 것을 좋아한다.

	장간(藏干)		藏干
예1 ○ ○		예2 ○ ○	
○ 午 - 丁		○ 巳 - 丙	
甲 ○		乙 ○	
○ ○		○ ○	

• 분목(焚木) : 나무가 불에 타는 것

예와 같이 목(木)이 여름에 출생하여 왕(旺)한 화(火)를 목(木)이 생(生)하기 때문에 목(木)이 분목(焚木)이 될 수가 있어 수(水)가 필요한 것이다.

• 화토상관격(火土傷官格) : 관성(官星)이 수(水)가 되는데 관성(官星)이 있어서는 안 된다. 자기 자신을 최고로 착각하여 타인을 멸시하는 기질이 있다.

예1 ○ ○   예2 ○ ○
　　 ○ 未   　　○ 辰
　　 丙 ○   　　丁 ○
　　 ○ ○   　　○ ○

예1은 병화일주(丙火日柱)가 여름인 미월(未月)에 출생한 경우이다. 토(土)가 화토(火土)로 일주(日柱)의 생(生)을 받으면 더욱 토(土)가 조토(操土)로 변하기 때문에 이런 경우에는 수(水)가 있어야 한다.

예2와 같은 경우에는 수(水)가 있으면 수(水)는 진토(辰土)에 뿌리를 두고 일주(日柱)를 괴롭히기 때문에 이런 때에는 수(水)가 없는 것이 좋다.

• 토금상관격(土金傷官格) : 상관격(傷官格) 중에서 가장 낮은 것이라 할 수 있다. 다예다능하지만 오만불손하다.

예1 ○ ○   예2 ○ ○
　　 ○ 酉   　　○ 申
　　 戊 ○   　　己 ○
　　 ○ ○   　　○ ○

예와 같이 토(土)가 금(金)을 생(生)하는 경우이다. 토(土)가 왕(旺)하면 금(金)이 토(土)에 매몰되는 경우가 있어 앞길이 막힌다. 그러므로 상관격(傷官格)에서 격(格)이 다소 낮다는 것이다.

• 금수상관격(金水傷官格) : 정관(正官)이 있어야 하는데 이 때에 정관(正官)은 왕(旺)해야 한다. 그 이유는 금(金)이 겨울에 출생하여 한랭(寒冷)

하기 때문이다. 이 때 화(火)는 한랭(寒冷)함을 풀어 주는 역할을 하여 한랭(寒冷)한 것을 온난하게 만들어 준다.

즉, 조후(調喉) 역할을 말한다. 그러므로 관(官)이 있으면 상관격(傷官格) 중에서 최고로 좋다. 단, 색정(色情)이 깊어 패가망신을 할 수가 있다.

장간(藏干)   藏干

예1 ○ ○   예2 ○ ○
  ○ 子－癸   ○ 亥－壬
  庚 ○   辛 ○
  ○ ○   ○ ○

예와 같은 경우가 금수상관격(金水傷官格)이다. 금(金)의 성질이 냉(冷)한 것인데 겨울에 출생하니 한랭(寒冷)한 것이 극(剋)에 이르면 모든 것이 얼어 붙어 되는 일이 아무 것도 없다. 그러므로 금수상관격(金水傷官格)에는 반드시 화(火)가 있어야 한다.

그리고 금(金)이 수(水)를 보면 색(色)이 발동하기 때문에 관(官)이 없다면 억제하기가 매우 힘들고, 잘못하면 패가망신을 할 수 있다.

• 수목상관격(水木傷官格) : 재관(財官)이 함께 있어야 좋다. 재(財)는 화(火)가 되는데, 화(火)가 있어야 목상관(木傷官)이 발영(發榮)하기 때문이다. 관(官)은 토(土)가 되는데 일주(日柱)가 강하여 목(木)이 부(浮)하는 것을 막을 수 있기 때문이다.

다재다능하고 총명하나 다소 교만한 성질이 있어 오만하고 잘난 척을 한다.

예1 ○ ○   예2 ○ ○
  ○ 卯   ○ 寅
  壬 ○   癸 ○
  ○ ○   ○ ○

예와 같은 경우를 수목상관격(水木傷官格)이라 한다. 수(水)는 지(智)를 말하는 것으로 기억력이 매우 좋다고 할 수 있다. 그런데 상관(傷官)이라는 것도 뇌의 기(氣)를 설기(泄氣)하여 쓰는 것이라 뇌의 활동이 활발한데, 여기에 기억력까지 좋다면 교만해질 수 밖에 없다.

그러므로 재(財)와 관(官)이 같이 있어 막아 준다면 매우 좋은 구성이라 할 수 있다.

② 상관용재격(傷官用財格)

상관격(傷官格)에 정관(正官)이 있으면 상관(傷官)이 정관(正官)을 극(剋)하므로 흉(凶)하다.

재(財)가 있으면 상관(傷官)이 재(財)를 생(生)하고, 재(財)는 정관(正官)을 생(生)하는 통관신(通關神) 역할을 하여 흉(凶)이 길(吉)로 변하여 좋다.

<pre>
              장간(藏干)
예   ○ ○
     ○ 卯 − 乙
     壬 午 − 丁
     ○ 辰 − 戊
</pre>

예와 같이 구성이 되면 일주(日柱)가 묘목(卯木)을 생(生)하고 묘목(卯木)이 오화(午火)를 생(生)하며, 오화(午火)가 진토(辰土)를 생(生)하는 것으로 구성된다. 일주(日柱)가 재(財)인 오화(午火)를 극(剋)하는 것을 진토(辰土)가 막아 주고, 묘목(卯木)이 진토(辰土)를 극(剋)하는 것을 막아 주는 관계로 매우 좋은 구성이다.

③ 상관패인격(傷官佩印格)

상관격(傷官格)에 인수(印綬)를 보는 경우이다. 인수(印綬)와 상관(傷官)은 상극(相剋)으로, 인수(印綬)가 왕(旺)하면 상관(傷官)이 극(剋)을 당하여 쓸모가 없어진다. 그러므로 인수(印綬)가 상관(傷官)을 적당히 제압해야 귀격(貴格)이 된다.

이렇기 때문에 상관(傷官)이 왕(旺)해야 하고, 일주(日柱)가 조금 신약(身弱)하여야 비로소 수기(秀氣)가 빼어나게 된다.

예1　壬　○　　　**예2**　○　○
　　　丙　午　　　　　　○　午
　　　甲　子　　　　　　甲　○
　　　甲　子　　　　　　○　子

예1은 인수(印綬)가 강한 것이다. 오화(午火)에 인수(印綬)인 자수(子水)가 긴첩(緊疊)해 있어 자오충(子午沖)하여 지지(地支)가 흔들리나 천간(天干)에 병화(丙火)가 투출(透出)하여 불이 꺼지지는 않았기 때문에 상관격(傷官格)으로 사용한다.

비록 여름에 물은 약하다 하나 수(水)가 2개나 있고 자수(子水)의 원신(原神)인 임수(壬水)가 천간(天干)에 투출(透出)하여 오화(午火)가 극(剋)을 심하게 당하여 쓸모 없어지는 경우에 해당한다.

예2는 인수(印綬)인 자수(子水)와 상관(傷官)인 오화(午火)가 떨어져 있어 충극(沖剋)이 되지 않을 뿐더러 일주(日柱)가 분목(焚木)되는 것을 인수(印綬)인 자수(子水)가 막아 주고, 일주(日柱)를 생(生)하고 있어 대단히 좋은 구성이다.

④ 상관격(傷官格)에 상관(傷官)이 중첩(重疊)되어 있는 경우

이 경우에는 상관(傷官)이 매우 강하여 일간(日干)이 약할 수 밖에 없다. 이렇게 구성되면 상관(傷官)을 극(剋)하는 것이 반드시 필요하다. 만약 극(剋)하는 것이 없다면 평생 힘들게 살아야 한다.

• 귀격(貴格) : 귀하게 되는 격(格)　　　　• 신약(身弱) : 일주(日柱)가 약한 것

장간(藏干)

예　○ ○
　　　丙 巳 - 丙
　　　乙 卯
　　　丙 戌

예와 같이 구성되면 일주(日柱)가 매우 약한 경우에 해당한다. 더구나 상관(傷官)인 병화(丙火)가 천간(天干)에 투출(透出)하여 매우 강하게 구성되었다. 이렇게 구성되면 평생 되는 일이 없고 말로 시작하여 말로 끝나는 인생이 된다.

■ 직 업

• 예술, 예능 방면, 즉 탤런트, 가수, 배우, 성우, 예술가

• 교수, 교사, 책을 저술하거나 출판 업무 분야

• 광고, 기획 등의 업무 분야

• 화술(話術)을 쓰는 업무 분야

• 설계사, 발명가

• 승려, 신부, 목사

(3) 편재격(偏財格)

월지(月支)를 얻고 기세(氣勢)가 있어야 하며, 12운(運)이 강한 것이어야 한다. 이렇게 되어 있으면 시(時), 세(勢), 지(地)를 얻었다고 한다. 그러므로 편재격(偏財格)은 시(時), 세(勢), 지(地)를 얻어야 좋다.

재(財)는 내가 극(剋)하고 사용하는 것이며, 재물이 되고 처첩(妻妾)도 된

• 시(時) : 월지(月支)를 얻는 것　　　　• 지(地) : 12운(運)이 강한 것
• 세(勢) : 식상(食傷)이 부조하는 것　　• 처첩(妻妾) : 아내와 첩

다. 그리고 재(財)는 관(官)을 생(生)하기 때문에 아름답다.

재(財)를 내가 사용하려면 반드시 나는 강해야 한다. 만약 그렇지 못하면 역(逆)으로 재(財)로 인하여 내가 곤란을 겪게 된다.

편재(偏財)는 유동적인 것으로 많은 재물을 뜻하기 때문에 편재(偏財)가 있으면 봉급 생활자로는 만족을 못한다.

사주 내에 정재(正財)가 없고 편재(偏財)만 있으면 편재(偏財)가 정재(正財)를 대신하여 정처(正妻)가 된다.

① 편재격(偏財格)에 비겁(比劫)을 보는 경우

일주(日柱)가 약하지 않는 한 비겁(比劫)을 보면 가난할 수 밖에 없다.

	장간(藏干)		藏干		藏干
예1 ○ ○		예2 ○ ○		예3 ○ 子	
○ 戌 − 戌		丙 申 − 庚		○ 寅 − 甲	
甲 辰		丙 午		庚 申	
○ ○		○ 寅		庚 辰	

예1은 갑목일주(甲木日柱)가 술월(戌月)에 출생하여 일주(日柱)가 약한데 일지(日支)에 진토(辰土)가 있어 일주(日柱)의 뿌리가 있는 것 같으나 진술충(辰戌沖)으로 진토(辰土) 속에 있던 장간(藏干)이 전부 없어지고, 원신(原神)인 토(土)만 남아 갑목일주(甲木日柱)의 뿌리는 없어 일주(日柱)가 약하다. 그러므로 오히려 재물로 인하여 고통을 받고 살아야 하는 명(命)이 된다.

예2는 병화일주(丙火日柱)가 신월(申月)에 출생하여 일주(日柱)가 약한 것 같으나 일지(日支)에 오화(午火)가 좌(坐)하고, 시지(時支)에 인목(寅木)이 인오합(寅午合)하여 화(火)로 변한다. 더구나 병화(丙火)가 천간(天干)에 투출(透出)하여 매우 강하다.

일주(日柱)가 강하면 비겁(比劫)이 일주(日柱)를 생조(生助)하지 않고, 내 재물을 탐(貪)하고 있는 경우이다.

이렇기 때문에 월지(月支)에 있는 재물을 여러 사람이 나누어 써야 하기 때문에 재물이 많이 들어와도 결국은 남아 있는 재물이 적어 부족하다. 그러므로 가난할 수 밖에 없다.

예3은 경금일주(庚金日柱)가 인월(寅月)에 출생하여 일주(日柱)가 약한 것 같으나 일지(日支)에 신금(申金)이 좌(坐)하고 있어 강하다고 판단할 수 있다. 그런데 일주(日柱)가 강하다고 하는 것은 잘못된 판단으로 지지(地支)가 신자진(申子辰) 삼합(三合)하여 수국(水局)으로 되면서 일주(日柱)의 뿌리인 신금(申金)이 상관(傷官)으로 변한 것을 간과(看過)한 것으로, 결국 일주(日柱)는 강하지 않다.

일주(日柱)가 약하기 때문에 천간(天干)에 있는 비견(比肩)이 재(財)를 탐(貪)하는 것이 아니라 일주(日柱)를 생조(生助)하는 역할을 한다. 이렇게 사주가 구성되면 동생이 형을 도와 사업이 번창한다.

② 편재격(偏財格)이 식상(食傷)을 보는 경우
대귀격(大貴格)이다.

재격(財格)에 식상(食傷)이 있다는 것은 재(財)의 뿌리가 있는 것과 같으며, 일주(日柱)가 강하더라도 일주(日柱)의 기운(氣運)을 설기(泄氣)하여 재(財)를 생(生)하기 때문에 아주 좋은 구성이다.

	장간(藏干)			藏干
예1	○ ○		예2	己 未
	乙 巳 － 丙			己 亥 － 壬
	壬 寅			戊 申
	壬 子			丙 辰

예1은 임수일주(壬水日柱)가 사월(巳月)에 출생하여 일주(日柱)가 약한 것 같으나 시지(時支)에 자수(子水)가 있고, 시천간(時天干)에 임수(壬水)가 투출(透出)하여 약하지 않다.

그런데 일지(日支)에 인목(寅木)이 좌(坐)하고 있어 사화(巳火)를 비견(比肩)으로부터 보호하고, 사화(巳火)를 생조(生助)하기 때문에 재물이 넉넉하다. 만약 병화대운(丙火大運)이 도래(到來)하면 많은 재물이 들어올 것이다.

예2는 무토일주(戊土日柱)가 해월(亥月)에 출생하여 토(土)가 냉(冷)하고 약한 것 같으나 시천간(時天干)에 병화(丙火)가 투출(透出)하여 냉(冷)한 동토(凍土)를 녹이고, 연지미토(年支未土)가 녹이는데 일조(一助)를 하면서 일주(日柱)를 생조(生助)하여 일주(日柱)가 강한 것은 좋으나 토(土)가 사주 내에 5개나 되어 태과(太過)라 한다.

이렇게 구성되면 식신(食神)이 있어 좋지만 천간(天干)에 재물이 오는 대운(大運)이나 세운(歲運)이 들어오면, 결국 군겁쟁재(群劫爭財)가 일어나 아무 것도 남는 것이 없고 재물 때문에 죽게 된다.

③ 편재격(偏財格)이 재(財)를 보는 경우

편재격(偏財格)이 천간(天干)에 편재(偏財)가 1개만 투출(透出)하는 것은 좋지만 2~3개씩 투출(透出)하면 태과(太過)에 해당하여 좋지 않다.

그리고 편재(偏財)가 천간(天干)에 투출(透出)하였을 때 정재(正財)가 천간(天干)에 같이 투출(透出)한 경우에는 정편혼잡(正偏混雜)에 해당하여 매우

• 도래(到來) : 닥쳐오다, 이르러서 오다.
• 동토(凍土) : 얼어 붙은 땅
• 군겁쟁재(群劫爭財) : 여러 사람이 재물을 놓고 다투는 것
• 정편혼잡(正偏混雜) : 정(正)과 편(偏)이 같이 있는 것

좋지 않다.

무슨 오행(五行)이든지 천간(天干)에는 기(氣)가 통일되어 투출(透出)해야지 음양(陰陽)이 함께 투출(透出)하면 혼잡스러워서 좋지 않다.

장간(藏干)　　　　　　藏干

예1 ○ ○　　　　예2 ○ ○
　　戊 戌 － 戊　　　　戊 戌 － 戊
　　甲 寅　　　　　　　甲 寅
　　○ ○　　　　　　　己 ○

예1은 갑목일주(甲木日柱)가 술월(戌月)에 출생하였으나 일지(日支)에 인목(寅木)이 좌(坐)하고 있어 강하다. 그리고 편재(偏財)인 무토(戊土) 역시 천간(天干)에 투출(透出)하여 강하다. 이것은 매우 좋은 구성으로 재물이 풍부하다.

예2는 갑목일주(甲木日柱)가 술월(戌月)에 출생하였으나 일지(日支)에 인목(寅木)이 좌(坐)하고 있어 강하다. 그러나 재(財)는 월령(月令)을 얻고, 천간(天干)에 편정재(偏正財)가 함께 투출(透出)하여 매우 강하다.

그런데 편재(偏財)는 바로 밑에 뿌리가 좌(坐)하고 있어 정재(正財)보다 더 강하다. 그러므로 이 사주가 남자의 사주라고 가정하면 반드시 첩(妾)이 존재하고, 본처(本妻)보다 첩에 대한 애정이 더 크나 모든 주도권이 본처인 편처(偏妻)에게 있어 일주(日柱)가 재물에 대한 욕심 때문에 편처(偏妻)에게 의지하면서 양쪽에 다리를 걸치는 형식의 생활을 할 것이다.

정재(正財)가 원래는 정처(正妻)이지만 이 사주에서는 일주(日柱)가 재물에 대한 욕심 때문에 편처(偏妻)가 정처(正妻)로 변하고, 정처(正妻)가 편처(偏妻)로 변한 것이다.

④ 편재격(偏財格)이 살(殺)을 보는 경우

일주(日柱)가 강하지 않으면 매우 힘이 든다.

재(財)가 살(殺)을 생(生)하고 살(殺)은 재(財)에게 힘을 받아 그 힘으로 일주(日柱)를 극(剋)하기 때문에 강하지 않으면 아무 것도 할 수 없는 명(命)이다. 즉, 가난하고 천(賤)할 수 밖에 없다.

<pre>
            장간(藏干)   藏干
예1 ○ ○   예2 ○ ○
   辛 丑 - 己   癸 酉 - 辛
   乙 未   丁 未
      ○ ○   ○ 卯
</pre>

예1은 을목(乙木)이 겨울에 출생하여 일주(日柱)가 약하다. 일지(日支)에 목(木)의 고(庫)인 미토(未土)가 있어 뿌리가 있을 것 같으나 축미충(丑未沖)으로 미토(未土)에 있는 목(木)의 뿌리가 없어졌다.

더구나 축토(丑土)가 살(殺)인 신금(辛金)을 생(生)하여 신금(辛金)이 을목일주(乙木日柱)를 심하게 극(剋)하는 경우이다. 이렇게 구성되면 재물로 인하여 내가 극(剋)을 받는 결과가 되어, 결국 가난하고 천(賤)할 수 밖에 없다.

예2는 정화일주(丁火日柱)가 유월(酉月)에 출생하여 일주(日柱)가 약한 것 같으나 일지(日支)에 화토(火土)인 미토(未土)가 좌(坐)하고 있고, 시지(時支)에는 인수(印綬)인 묘목(卯木)이 있어 일주(日柱)가 약하지 않다.

그런데 재성(財星)인 유금(酉金)이 계수(癸水)를 생(生)하여 일주(日柱)를 극(剋)하나 일주(日柱)가 인수(印綬)의 도움으로 살(殺)의 극(剋)을 이겨낼 수 있어 부귀(富貴)가 함께 있다.

⑤ 편재격(偏財格)이 관(官)을 보는 경우

매우 좋은 경우이지만 반드시 일주(日柱)가 강해야 한다.

	장간(藏干)		藏干

예1 ○ 酉　　　　예2 ○ ○
　　乙 卯 － 己　　　　己 巳 － 丙
　　辛 丑　　　　　　　壬 子
　　丙 申　　　　　　　○ 未

예1은 신금일주(辛金日柱)가 묘월(卯月)에 출생하여 일주(日柱)가 약한 것 같으나 연지(年支)에 유금(酉金)이 있고, 시지(時支)에는 신금(申金)이 있으며 일지(日支)에 축토(丑土)가 좌(坐)하고 있어 약하지 않다.

시천간(時天干)에 정관(正官)인 병화(丙火)가 편재(偏財)인 을목(乙木)의 생조(生助)를 받아 일주(日柱)를 극(剋)하나 일주(日柱) 스스로 병화(丙火)를 상대할 수 있으며, 병화(丙火) 역시 일주(日柱)를 극(剋)하여 없애려는 것이 아니라 체(體)를 올바르게 할 정도로만 극(剋)하기 때문에 매우 좋은 구성이다.

예2는 임수일주(壬水日柱)가 사월(巳月)에 출생하여 일주(日柱)가 약한 것 같으나 일지(日支)에 자수(子水)를 깔고 있어 약하지 않다. 그러나 편재(偏財)인 사화(巳火)가 정관(正官)인 기토(己土)를 생(生)하고, 시지(時支)에 미토(未土)가 있어 자수(子水)를 극(剋)하는 바람에 정관(正官)보다 약하다.

일주(日柱)가 정관(正官)보다 약할 경우에는 정관(正官)도 살(殺) 역할을 하기 때문에 되는 일이 없다.

⑥ 편재격(偏財格)이 인(印)을 보는 경우

인(印)은 편인(偏印)과 인수(印綬)를 구분없이 말하는 것이다.

　재(財)와 인(印)이 서로 다투지 않게 구성되고 일주(日柱)가 조금 약하면 매우 좋은 명(命)이다.

장간(藏干)		藏干	
예1 ○ 辰		**예**2 ○ ○	
○ 戌 － 戌		○ 申 － 庚	
甲 申		丙 寅	
○ 子		○ ○	

예1은 갑목일주(甲木日柱)가 술월(戌月)에 출생하고 일지(日支)에 살(殺)인 신금(申金)이 좌(坐)하고 있어 매우 약한 것 같으나, 지지(地支)가 신자진(申子辰) 삼합(三合)하여 인수(印綬)로 변하여 일주(日柱)를 생조(生助)하여 일주(日柱)가 강해져 월지(月支)에 있는 편재(偏財)의 재물을 얼마든지 부릴 수가 있어 좋은 구성이다.

예2는 병화일주(丙火日柱)가 신월(申月)에 출생했으나 일지(日支)에 인목(寅木)이 좌(坐)하여 일주(日柱)를 생조(生助)하여 강할 것 같으나, 인신충(寅申沖)으로 인수(印綬)인 인목(寅木)이 없어져 일주(日柱)가 약하다. 이렇게 구성되면 처(妻)로 인하여 부모와 멀어지고, 내 자신도 재물로 인하여 매우 고생이 심하다.

⑦ 편재격(偏財格)에 재(財)가 태과(太過)하고 신약(身弱)한 경우

재물에 대한 집착이 매우 강하며, 남자는 여자와의 관계가 복잡하다.

장간(藏干)	
예 辛 丑	
辛 酉 － 辛	
丁 未	
○ 申	

예는 정화일주(丁火日柱)가 유월(酉月)에 출생하여 일주(日柱)가 약한데, 일지(日支)에 미토(未土)가 좌(坐)하고 있어 강한 것 같으나 시지(時支)에 신금(申金)이 있고, 연천간(年天干)과 월천간(月天干)에 신금(辛金)이 투출

(透出)하여 편재(偏財)가 매우 강하다.

그러므로 재(財)로 인하여 화(禍)를 당하며, 정편교집(正偏交集)되어 여기 저기 연분(緣分)을 뿌리고 다니는 매우 힘든 생활을 할 수 밖에 없다.

■ 직 업

조그만 장사부터 모든 사업에 해당하는데, 편재(偏財)가 해당하는 오행(五行)에 따라 사업을 구분해야 한다.

- 목(木)이 편재(偏財)되면 나무와 관련이 되는 직업, 즉 종이 제조 및 판매 · 목재소 · 건축 내부 장식재 · 가구 계통 · 목(木) 섬유로 만든 의류 · 목(木)을 많이 쓰는 음식점 등이 좋다.
- 화(火)가 편재(偏財)되면 화(火)와 관련된 직업, 즉 주유소 · 가스 · 전기 용품 제조 및 판매 · 석유로 제조하는 의류 등이 좋다.
- 토(土)가 편재(偏財)되면 토(土)와 관련된 직업, 즉 토목공사 · 건축 · 부동산 중개업 등이 좋다.
- 금(金)이 편재(偏財)되면 금(金)에 관련된 직업, 즉 금은방 · 자동차 제작 및 판매 · 운수업 · 철을 사용하는 건축 · 세공 · 기공소 등이 좋다.
- 수(水)가 편재(偏財)인 경우에는 수(水)를 다루는 직업, 즉 무역업 · 카페 · 수(水)를 많이 쓰는 음식점 · 수영장 · 목욕탕 · 주류 제조 및 판매 등이 좋다.

(4) 정재격(正財格)

정재격(正財格)은 월령(月令)을 얻고 기세(氣勢)가 있어야 하며, 지리(地利)를 얻는 것이 좋다.

- 기세(氣勢) : 기운과 세력　　　　　　　　· 지리(地利) : 12운(運)이 강한 것

즉, 정재격(正財格)은 강해야 한다. 정재격(正財格)은 편재(偏財)와 달리 고정적인 수입을 말한다.

① 정재격(正財格)에 비겁(比劫)이 있는 경우

정재격(正財格)에 비겁(比劫)이 있는 경우에는 일주(日柱)가 약하지 않는 한 좋지 않다. 적은 재물을 나누어야 하기 때문에 재물에 대한 욕심이 많을 수 밖에 없다.

<table>
<tr><td></td><td>장간(藏干)</td><td></td><td>藏干</td></tr>
<tr><td>예1</td><td>○ ○</td><td>예2</td><td>○ ○</td></tr>
<tr><td></td><td>乙 未 - 己</td><td></td><td>○ 戌 - 戊</td></tr>
<tr><td></td><td>甲 寅</td><td></td><td>乙 ○</td></tr>
<tr><td></td><td>○ 子</td><td></td><td>○ 寅</td></tr>
</table>

예1은 갑목일주(甲木日柱)가 미월(未月)에 출생하여 일주(日柱)가 약한 것 같으나 일지(日支)에 인목(寅木)이 좌(坐)하고 있고 시지(時支)에 인수(印綬)인 자수(子水)가 있으며, 더구나 월천간(月天干)에 겁재(劫財)인 을목(乙木)이 나와 있어 일주(日柱)가 매우 강하다.

이렇게 구성되면 적은 재물에 너도 나도 눈이 어두워 서로 재물을 탐(貪)하고, 일주(日柱)는 재물에 대한 욕심이 매우 강하다. 만약 다시 대운(大運)에서 비겁운(比劫運)이 온다면 처(妻)와 생사별을 한다.

예2는 을목일주(乙木日柱)가 술월(戌月)에 출생하여 일주(日柱)가 약한 것 같으나 시지(時支)에 인목(寅木)이 있어 약하지 않다. 이렇게 구성되면 비겁(比劫)이 일주(日柱)의 뿌리가 되어 좋고, 재화(財貨)가 충분하다.

② 정재격(正財格)에 식상(食傷)이 있는 경우

식신생재격(食神生財格)과 같다. 재(財)가 있을 경우에는 식신(食神)이나 상관(傷官)은 같다고 생각해도 무방하다.

왜냐하면 식신(食神)이나 상관(傷官)이 재(財)를 생(生)하는 것은 어차피 같은 이치이기 때문이다. 재물이 충분하다.

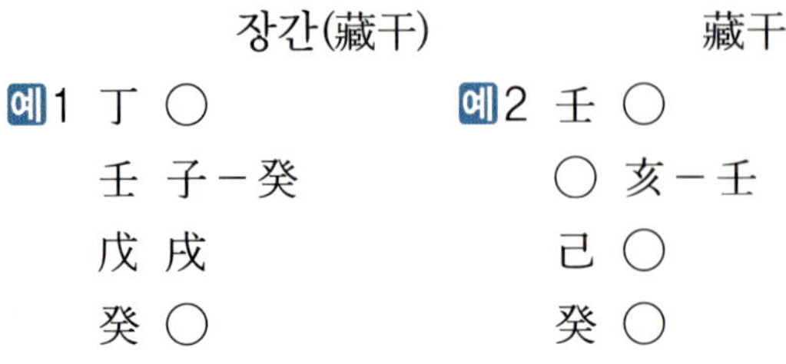

예1은 식신(食神)이 일지(日支)에 좌(坐)하고 월지(月支)에 정재(正財)를 생(生)하는 것으로 구성되어 있다.

예2는 상관(傷官)이 월천간(月天干)에서 월지(月支)에 있는 정재(正財)를 생(生)하는 것으로 구성되어 있다. 식신(食神)이나 상관(傷官)이 같은 역할을 하는 것을 볼 수 있다. 이렇게 구성되면 재물이 풍족하다.

③ 정재격(正財格)에 편재(偏財)가 있는 경우

사주의 구성에 있어 가장 좋지 않은 것은 정편교집(正偏交集)되는 것이다. 더구나 남자 사주에 재(財)가 정편교집(正偏交集)이 되면 매우 좋지 않은 사주이다.

정편교집(正偏交集)이 되면 교집(交集)된 것 중에서 하나를 제거해야 한다. 남자 사주에서 정편교집(正偏交集)된 것은 여자가 두 명이라는 말과 같다.

여자가 두 명이면 가정이 시끄러워 생활하기가 힘들며, 재물도 고정적인 재물과 유동적인 재물이 섞여 있어 정신이 매우 혼란스러워 되는 일이 없다.

예1은 무토일주(戊土日柱)가 자월(子月)에 출생하였으나 천간(天干)에 편재(偏財)인 임수(壬水)와 정재(正財)인 계수(癸水)가 같이 투출(透出)하여 정편교집(正偏交集)이 되어 매우 좋지 않다.

그러나 연천간(年天干)에 정화(丁火)가 있어 임수(壬水)와 합(合)이 되어 재(財)가 청(淸)해지니 매우 좋은 구성으로 변하여 재물이 풍부하고 처(妻)의 도움도 있다.

예2는 기토일주(己土日柱)가 해월(亥月)에 출생하였는데 천간(天干)에 임수(壬水)와 계수(癸水)가 있어 매우 좋지 않은 구성이다.

이렇게 구성되면 재물에 대한 욕심이 쌍방향으로 나 있는 것과 같아 직업의 변화가 심하다. 즉, 사업을 해도 신통하지 않고, 봉급 생활자로 살자니 양이 차지 않는 경우이다.

④ 정재격(正財格)에 편관(偏官)이 있는 경우

정재(正財)가 편관(偏官)인 살(殺)을 생(生)하여 주는 것으로, 일주(日柱)가 마땅히 강해야 한다. 강하지 않으면 평생 재물로 인하여 화(禍)를 당한다.

	장간(藏干)			藏干	
예1	丙	○	**예**2	○	○
	○ 卯 − 乙			丁 卯 − 甲	
	庚 申			辛 未	
	○ 辰			○ ○	

예1은 경금일주(庚金日柱)가 묘월(卯月)에 출생하여 일주(日柱)가 약한 것 같으나 일지(日支)에 신금(申金)이 좌(坐)하고 있고, 시지(時支)에 인수(印綬)인 진토(辰土)가 있어 일주(日柱)를 생조(生助)하기 때문에 일주(日柱)가 강하다. 그러나 월지(月支)의 묘목(卯木)이 연천간(年天干)에 있는 병화(丙火)를 생(生)하여 일주(日柱)를 극(剋)하나 일주(日柱) 스스로 극(剋)

을 이겨낼 수가 있어 명예와 부(富)가 같이 있다.

예2는 신금일주(辛金日柱)가 묘월(卯月)에 출생하여 일주(日柱)가 약한데 일지(日支)에 미토(未土)까지 좌(坐)하고 있어 매우 약한 가운데 천간(天干)에 살(殺)인 정화(丁火)까지 있고, 지지(地支)의 묘(卯)와 미(未)가 합(合)하여 재물인 목(木)으로 변하여 정화(丁火)를 생(生)하는 까닭에 극(剋)이 매우 심하다.

이렇게 구성되면 일주(日柱) 스스로 이겨내지 못하여 만약 법을 어기는 사업을 공동으로 하게 되면 일주(日柱)가 잘못하지 않았어도 일주(日柱)가 전부 책임을 져야 하며, 평생 재물로 인하여 화(禍)를 당한다.

⑤ 정재격(正財格)에 정관(正官)이 있는 경우

정재격(正財格)에 정관(正官)이 있는 경우는 매우 좋은 구성이다. 그러나 일주(日柱)가 강해야 한다. 강하지 않으면 관·살(官殺)이 같은 작용을 한다. 일주(日柱)가 강하면 부귀(富貴)가 같이 있다.

장간(藏干)　　　　　　藏干

예1 ○ ○　　　　　　예2 ○ 辰
　　○ 午－丁　　　　　　癸 巳－丙
　　壬 子　　　　　　　　癸 丑
　　己 ○　　　　　　　　戊 午

예1은 임수일주(壬水日柱)가 오월(午月)에 출생하여 일주(日柱)가 약한 것 같으나 일지(日支)에 자수(子水)가 좌(坐)하고 있어 일주(日柱)가 약하지 않다. 시천간(時天干)에 있는 정관(正官) 기토(己土)가 일주(日柱)를 극(剋)하는데, 일주(日柱) 스스로 감당할 수 있을 정도의 극(剋)이므로 부귀(富貴)가 있다.

예2는 계수일주(癸水日柱)가 사월(巳月)에 출생하여 일주(日柱)가 약하나,

일지(日支)에 축토(丑土)가 좌(坐)하고 있어 일주(日柱)는 뿌리가 있으나, 천간(天干)에 있는 비견(比肩)인 계수(癸水)는 자신의 몸도 돌보기 힘이 들어 일주(日柱)를 도와 줄 여력이 전혀 없다.

그런데 시지(時支)에 오화(午火)가 있으면서 시천간(時天干)에 있는 무토(戊土)를 사화(巳火)와 같이 생(生)하여 일주(日柱)를 극(剋)하고 있어 일주(日柱) 스스로 정관(正官)의 극(剋)을 이겨내지 못한다.

결국 일주(日柱)가 너무 약하기 때문에 정관(正官)이 극(剋)하는 것도 살(殺)이 극(剋)하는 것과 같아진다. 이러한 이치로 일주(日柱)가 약할 때는 관(官)도 살(殺)이 되는 것이다. 이렇게 구성되면 무슨 일이든 할 수가 없고, 재물로 인하여 관제(官制)가 끊이지 않는다.

⑥ 정관격(正財格)에 인수(印綬)가 있는 경우

정관격(正財格)에 인수(印綬)가 있는 것은 매우 좋지 않다. 일주(日柱)가 약하여 인수(印綬)가 있어야 하는 경우에는 인수(印綬)와 정재(正財)가 서로 상극(相剋)이 되지 않게 구성되어야 한다.

만약 편인(偏印)이 정재(正財)와 합(合)이 되면 길신(吉神)은 합(合)이 되어 길(吉)이 오지 않아 좋지 않다.

	장간(藏干)		藏干		藏干
예1 ○ ○		예2 ○ ○		예3 ○ 子	
○ 未－己		○ 未－己		○ 巳－丙	
甲 子－癸		甲 ○		癸 酉－辛	
○ ○		○ 子		○ ○	
예4 ○ ○		예5 ○ ○			
丙 子－癸		○ 申－庚			
戊 申		庚 辰			
壬 戌		乙 ○			

예1은 갑목일주(甲木日柱)가 미월(未月)에 출생하고 일지(日支)에 인수(印綬)가 좌(坐)하고 있으나 정재(正財)인 기토(己土)에 극(剋)을 받아 인수(印綬) 역할을 제대로 못하게 구성되어 있다.

이렇게 구성되면 부모가 재물 때문에 자식을 도와 줄 수 없는 경우에 해당한다.

예2는 갑목일주(甲木日柱)가 미월(未月)에 출생하였으나 시지(時支)에 인수(印綬)가 있어 갑목일주(甲木日柱)를 생(生)하고 있으므로 일주(日柱)가 약하지 않다. 예1과의 차이는 재물과 인수(印綬)가 긴첩(緊疊)되어 있으면 인수(印綬)가 제 역할을 할 수 없다는 것이다.

예3은 계수일주(癸水日柱)가 사월(巳月)에 출생하고 일지(日支)에 편인(偏印)이 좌(坐)하고 있어 일주(日柱)를 생(生)하여 주는 줄 알았는데, 편인(偏印)과 정재(正財)가 간합(干合)하여 일주(日柱)를 돌보지 않는 경우이다. 이렇게 구성되면 부모가 일주(日柱)의 재물에 눈이 어두워 일주(日柱)가 어떻게 되던지 재물이 우선인 경우이다.

예4는 무토일주(戊土日柱)가 자월(子月)에 출생하여 일주(日柱)가 약하나 시지(時支)에 술토(戌土)가 있고 월천간(月天干)에 병화(丙火)가 있어 약하지 않다. 그러나 자수(子水)는 일지(日支)의 신금(申金)과 반합(半合)하여 수국(水局)을 이루고, 시천간(時天干)에 원신(原神)인 임수(壬水)가 투출(透出)하여 매우 강하다.

더구나 편인(偏印)인 병화(丙火)는 자수(子水)에 극(剋)을 당하여 일주(日柱)를 생(生)하기 매우 힘든 상황이다. 이렇게 구성되면 재물로 인하여 힘이 들고 고부간의 사이가 좋지 않다.

예5는 경금일주(庚金日柱)가 신월(申月)에 출생하여 일주(日柱)가 강한 가운데 일지(日支)에 인수(印綬)인 진토(辰土)가 좌(坐)하고 있어 매우 강하다. 시천간(時天干)에 정재(正財)인 을목(乙木)이 있으나 일주(日柱)와 합(合)이 된다.

정재(正財)가 강하면 일주(日柱)와 합(合)하여 화(化)하지 않으므로 매우 좋은 구성이다. 즉, 처(妻)와 일주(日柱)가 합(合)이 되어 일심동체를 이루었는데, 만약 정재(正財)가 뿌리가 없어 약하다면 재(財)가 없는 경우에 해당한다.

■ 사 업

말단 직원이나 말단 공무원부터 회사 수뇌부 또는 고위 공무원까지 해당한다.

- 목(木)이 정재(正財)가 되는 경우 : 식산 계통의 직업, 즉 농촌지도소·산림청·농업연구소 등
- 화(火)가 정재(正財)가 되는 경우 : 화(火)를 다루는 직업, 즉 전기회사·원자력발전소·정유소·주유소·가스 취급소 등
- 토(土)가 정재(正財)가 되는 경우 : 토목 계통의 직업, 즉 토목공사·건설교통부·국토관리청 등
- 금(金)이 정재(正財)가 되는 경우 : 쇠와 관련이 되는 직업, 즉 광부·금광업·제철소·자동차 조립 및 생산 공장·금은 세공·컴퓨터 관련 직업 등
- 수(水)가 정재(正財)가 되는 경우 : 수(水)와 관련되는 직업, 즉 수질검사·수산청·수도관리국·주류 제조업체 등(만약 사업을 한다면 에누리나 허위를 필요로 하지 않는 사업)

(5) 편관격(偏官格)

편관격(偏官格)에는 제(制)나 화(化)가 있어야 하는데 태과(太過)일 경우에는 제화(制化)가 같이 있는 것이 좋다.

만약 제화(制化)가 없으면 신강(身强)하여야 발복(發福)을 하는데 이러한 경우를 신강살강(身强殺强)이라 한다. 사주가 중화(中和)를 이루고 있어 매우 좋은 구성에 속한다.

여기서 제(制)는 식상(食傷)을 뜻하고, 화(化)는 인수(印綬)를 뜻한다. 어느 집단에 속하는 것을 싫어하지만 성격은 호탕하고 담력과 정신이 웅장하다.

① 편관격(偏官格)에 비겁(比劫)이 있는 경우

편관(偏官)과 겁재(劫財)가 간합(干合)하면 매우 좋은 명(命)이다. 그러나 간합(干合)하여 화(化)한 오행(五行)이 살(殺)이 되면 오히려 해롭다.

일주(日柱)가 강한 경우에는 제화(制化)가 없어도 일주(日柱) 스스로 살(殺)을 제압할 수가 있으므로 전혀 해롭지 않다.

<table>
<tr><td></td><td>장간(藏干)</td><td></td><td></td><td>藏干</td></tr>
<tr><td>예1</td><td>○</td><td>卯 － 乙</td><td>예2 ○</td><td>○</td></tr>
<tr><td></td><td>○</td><td>申 － 庚</td><td>○</td><td>申 － 庚</td></tr>
<tr><td></td><td>甲</td><td>○</td><td>甲</td><td>○</td></tr>
<tr><td></td><td>○</td><td>○</td><td>○</td><td>卯 － 乙</td></tr>
</table>

예1은 편관(偏官)과 겁재(劫財)가 을경합금(乙庚合金)으로 간합(干合)한 경우이다. 간합(干合)하여 다시 살(殺)로 변한 경우에는 오히려 살(殺)이 더 강하게 된 경우에 해당하는데 이렇게 되면 흉(凶)이 많다.

예2는 갑목일주(甲木日柱)가 시지(時支)에 겁재(劫財)인 묘목(卯木)이 있어 일주(日柱)의 뿌리가 견고하여 일주(日柱) 스스로 살(殺)을 대적할 수 있으며, 살(殺)로 인한 해가 전혀 없어 좋은 구성이다.

② 편관격(偏官格)에 식상(食傷)이 있는 경우

식상(食傷)이 강하여 편관(偏官)이 제거되는 경우에는 오히려 좋지 않고, 적당한 제화(制化)가 가장 좋다.

```
            장간(藏干)               藏干
예1 ○ ○                예2 ○ ○
      ○ 亥 - 壬              戊  子 - 癸
   丙 戌 - 戊              丁  未
      ○ ○                    ○ ○
```

예1은 식신(食神)이 살(殺)을 적당하게 제(制)하고 있어 살(殺)이 마음대로 활동을 못하게 되어 일주(日柱)에 도움이 되는 경우로, 권위를 얻을 수 있는 명(命)이라 할 수 있다.

예2는 식상(食傷)이 살(殺)을 제(制)하고 있는데 식상(食傷)이 너무 강하여 살(殺)이 움직일 수 없어 허명(虛名)에 집착하는 명(命)에 해당한다.

③ 편관격(偏官格)에 재(財)가 있는 경우

편관격(偏官格)에 재(財)가 있는 경우는 편관(偏官)의 뿌리가 있는 것이므로, 만약 제화(制化)가 없는데 일주(日柱)가 강하지 않으면 고독하고 가난하거나 단명한다.

```
            장간(藏干)               藏干
예1 ○ ○                예2 ○ 子
      ○ 寅 - 甲              ○ 卯 - 乙
   戊 子                   己 巳
      ○ ○                    ○ 未
```

• 허명(虛名) : 헛된 이름

예1은 무토일주(戊土日柱)가 재(財)인 자수(子水)를 깔고 있어 일주(日柱)가 약한데 재(財)가 살(殺)을 생(生)하여 오히려 일주(日柱)를 공격하는데 일조(一助)하여 매우 좋지 않게 구성되어 있다. 이러한 경우는 빈천(貧賤)하거나 요절한다.

예2는 기토일주(己土日柱)가 묘월(卯月)에 출생하여 일주(日柱)가 약하나 일지(日支)에 인수(印綬)인 사화(巳火)가 좌(坐)하고 있고, 시지(時支)에 비견(比肩)인 미토(未土)가 있어 매우 강하게 변하였다.

그리고 편관(偏官)인 묘목(卯木)도 연지(年支)에 있는 자수(子水)의 생(生)을 받아 더 강해졌다. 이렇게 구성되면 명예와 부(富)가 함께 있다.

④ 편관격(偏官格)에 관·살(官殺)이 있는 경우

편관격(偏官格)에 살(殺)이 또 있는 경우에는 살(殺)이 매우 강해 일주(日柱)의 의향에 따라 길흉(吉凶)이 달라진다.

편관격(偏官格)에 관(官)이 있는 것은 관살혼잡(官殺混雜)으로 둘 중의 하나를 제거하거나 화(化)하는 운(運)이 와서 화(化)하지 않으면 매우 힘든 삶이다.

장간(藏干)　　　　　　　藏干

예1	○	○		**예**2	○	○
	○	巳 - 丙			丙	午 - 丁
	庚	○			辛	酉
	丙	○			丁	○

예1은 경금일주(庚金日柱)가 사월(巳月)에 출생하여 일주(日柱)가 약한데 시천간(時天干)에 살(殺)의 원신(原神)인 병화(丙火)가 투출(透出)하여 극(剋)이 매우 심하다.

이렇게 구성되는 경우는 일주(日柱)가 강하지 못하면 평생 되는 일이 없어 결국 불량배로 일생을 마감하는 명(命)이다.

예2는 신금일주(辛金日柱)가 오월(午月)에 출생하여 일주(日柱)가 약하나 일지(日支)에 유금(酉金)이 좌(坐)하고 있어 약하지 않다. 그러나 월천간 (月天干)에 관(官)인 병화(丙火)가, 시천간(時天干)에 살(殺)인 정화(丁火) 가 투출(透出)하고 있어 일주(日柱)가 매우 힘들다.

이렇게 구성되면 반드시 관·살(官殺) 중 하나를 제거하지 않으면 아무 리 좋은 운(運)이 와도 발복(發福)하는 것을 기대하기 어렵다.

여자의 사주라면 여명(女命)은 관·살(官殺)이 남자에 해당하므로, 남자 가 두 명이 있어 결국 정남(正男)과 편남(偏男)을 거느리는 것을 뜻한다.

⑤ 편관격(偏官格)에 인수(印綬)가 있는 경우

편관격(偏官格)에 인수(印綬)가 있다는 것은 편관(偏官)이 인수(印綬)를 생 (生)하고, 인수(印綬)가 일주(日柱)를 생(生)하는 것으로 매우 좋은 구성이다.

	장간(藏干)			藏干	
예1 ○ ○			**예**2 ○ ○		
	○ 戌 － 戊			○ 寅 － 甲	
	壬 申			戊 午	
	○ ○			○ 卯 － 乙	

예1은 월지(月支)에 있는 술토(戌土)가 일지(日支)에 있는 신금(申金)을 생 (生)하고 신금(申金)이 일주(日柱)를 생(生)하는 것으로, 결국 살(殺)이 일 주(日柱)를 도와 주는 것이다. 이렇게 구성되면 반드시 현달(顯達)하여 권위가 있다.

예2는 관·살(官殺)이 같이 있는 경우로 관(官)은 을목(乙木)이고 살(殺)

• 현달(顯達) : 지위와 이름이 함께 높아서 드러남, 벼슬과 명망이 높아져 세상에 드러남

은 갑목(甲木)이다. 그런데 인수(印綬)인 오화(午火)가 일지(日支)에 좌(坐)하고 있으면서 관·살(官殺)의 기운(氣運)을 모두 흡수하여 일주(日柱)를 생(生)하여 일주(日柱) 스스로 관·살(官殺)을 이겨내는 경우이다. 여기서 인수(印綬)는 통관신(通關神) 역할을 하므로 매우 좋은 구성이다.

■ 사 업

무직(武職)이나 예술을 하는 직업이 좋다.

어떠한 경우든지 일주(日柱)가 강해야 하는데, 무직(武職)의 종류로는 말단 경찰부터 경찰수뇌부까지 또는 검사, 판사, 그리고 군인은 하사관부터 장군까지가 무직(武職)에 해당한다.

만약 일간(日干)이 약하면 불량배로 일생을 마쳐야 한다.

예술가로 활동을 하면 대단히 호평을 받는다.

(6) 정관격(正官格)

정관격(正官格)은 시(時)·세(勢)·지(地)를 득(得)하여야 한다.

정관(正官)이라는 것은 일주(日柱)를 극(剋)하는 것으로 칠살(七殺)과 다른 점이 있으나 일주(日柱)를 극(剋)한다는 것에서는 살(殺) 같다.

그러나 칠살(七殺)은 극(剋)해야 하지만 정관(正官)은 극(剋)하는 것이 있어서는 안 된다. 그 이유는 정관(正官)은 존귀(尊貴)한 것을 뜻하기 때문이다.

존귀(尊貴)하다는 것은 윗사람을 뜻하는 것이므로, 극(剋)한다는 것은 아랫사람이 윗사람을 극(剋)하는 것과 같은 이치이다.

이렇기 때문에 정관(正官)은 충극(沖剋)이 있으면 안되지만, 만약 충극(沖剋)이 있으면 파격(破格)이 된다.

정관격(正官格)은 신왕(身旺)해야 하는데 만약 신약(身弱)하면 반드시 부조

(扶助)하는 것이 있어야 한다. 그러나 부조(扶助)하는 것이 없어 신약(身弱)할 경우 관(官)이 살(殺)로 변하여 정관(正官)이 아니라 칠살(七殺)이 된다.

① 정관격(正官格)에 비겁(比劫)이 있는 경우

일주(日柱)가 약한 경우에는 비겁(比劫)이 있는 것이 좋다. 그러나 일주(日柱)가 강하고 정관(正官)이 약한데 다시 비겁(比劫)이 있는 것은 관(官)이 제 역할을 할 수 없기 때문에 귀기(貴氣)가 사라진다.

<table>
<tr><td></td><td>장간(藏干)</td><td></td><td></td><td>藏干</td></tr>
<tr><td>예1</td><td>○ ○</td><td>예2</td><td>○ ○</td></tr>
<tr><td></td><td>○ 寅－甲</td><td></td><td>○ 申－庚</td></tr>
<tr><td></td><td>甲 寅</td><td></td><td>乙 卯－乙</td></tr>
<tr><td></td><td>辛 ○</td><td></td><td>甲 ○</td></tr>
</table>

예1은 갑목일주(甲木日柱)가 인월(寅月)에 출생하여 일주(日柱)가 강하다. 그런데 일지(日支)에 또 인목(寅木)이 좌(坐)하고 있어 매우 강하다. 시천간(時天干)에 있는 신금(辛金)이 정관(正官)에 해당하나 신금(辛金)이 일주(日柱)인 갑목(甲木)보다 약하여 일주(日柱)를 극(剋)하지 못하는 경우에 해당한다.

이렇게 구성되면 귀기(貴氣)가 사라질 뿐 아니라 일주(日柱)가 마음 내키는 대로 행동을 하며, 더구나 정관(正官)이 강한 일주(日柱)의 성질을 시도 때도 없이 건드리는 것과 같아 성격이 매우 흉폭해 진다.

예2는 을목일주(乙木日柱)가 신월(申月)에 출생하여 일주(日柱)가 약하나 일지(日支)에 묘목(卯木)이 좌(坐)하고 있고, 시천간(時天干)에 갑목(甲木)이 있어 일주(日柱)가 강한 것 같이 보인다.

그러나 일주(日柱)가 강하다고 판단하는 것은 일지(日支)에 좌(坐)하고 있는 묘목(卯木)의 장간(藏干)이 월지(月支)와 을경합(乙庚合)하여 금(金)

으로 변하여 일주(日柱)의 뿌리가 사라지고 없는 것을 간과(看過)한 것이다. 일주(日柱)의 뿌리는 없어지고 오히려 정관(正官)은 비견(比肩)과 합(合)하여 더욱 강해져 오히려 일주(日柱)가 매우 약하다.

이렇게 구성되면 정관(正官)이 칠살(七殺)로 변하는 것이다.

② 정관격(正官格)에 식상(食傷)이 있는 경우

정관격(正官格)은 충극(沖剋)하면 매우 좋지 않다. 정관(正官)은 일주(日柱)가 강한 경우에는 반드시 정관(正官)을 부조(扶助)해야 한다.

충극(沖剋)이 있으면 하격(下格)에 속한다.

	장간(藏干)		藏干
예1 ○ ○		예2 ○ ○	
	○ 午-丁		○ 子-癸
	庚 子-癸		丙 戌-戊
	○ ○		○ ○

예1은 상관(傷官)이 정관(正官)을 충극(沖剋)하여 정관(正官)이 제대로 활동할 수 없는 경우에 해당한다. 만약 여자 사주라면 남편과 사이가 좋지 않을 뿐더러, 다시 정관(正官)을 충극(沖剋)하는 운(運)이 오면 반드시 생사별한다.

예2는 식신(食神)인 무토(戊土)와 정관(正官)인 계수(癸水)가 간합(干合)하는 경우에 해당하는데, 간합(干合)이 되면 정관(正官)은 일을 하지 않고 놀고 있는 것과 같다.

그러므로 성사되는 일이 하나도 없으며, 일주(日柱)가 의·식·주를 걱정해야 할 정도로 힘든 명(命)이다.

③ 정관격(正官格)에 재(財)가 있는 경우

재(財)는 정관(正官)의 뿌리 역할을 하는 것으로 매우 좋다.

정관(正官)과 상극(相剋)이 되는 식상(食傷)으로부터 보호를 받을 수 있어 좋다.

	장간(藏干)		藏干
예1	○ 戊 - 戊	예2	○ ○
	○ 酉 - 辛		丁 未 - 己
	甲 寅		壬 ○
	○ 卯		○ ○

예1은 갑목일주(甲木日柱)가 유월(酉月)에 출생하여 일주(日柱)가 약하나 일지(日支)에 인목(寅木)이 좌(坐)하고 있고, 시지(時支)에 묘목(卯木)이 있어 일주(日柱)가 강하다. 그러나 정관(正官)인 유금(酉金)은 월령(月令)을 득(得)하였고, 연지(年支)에 있는 무토(戊土)가 정관(正官)을 생(生)하고 있어 정관(正官) 역시 강하다. 이렇게 구성되면 명예와 부(富)가 같이 있다.

예2는 임수일주(壬水日柱)가 미월(未月)에 출생하여 일주(日柱)가 약하다. 일주(日柱)가 약하기 때문에 관(官)이 살(殺)로 변하여 괴롭다. 때문에 명예를 얻기 위한 노력보다는 쉽고 편한 길을 택한다. 그러므로 일주(日柱)는 명예보다 재물에 더 관심이 있다.

④ 정관격(正官格)에 관·살(官殺)이 있는 경우

정관격(正官格)에 관(官)이 또 있는 것은 좋다. 그러나 살(殺)이 있어 관살혼잡(官殺混雜)이 되는 것은 매우 좋지 않다.

	장간(藏干)		藏干
예1	○ ○	예2	○ ○
	辛 酉 - 辛		○ 寅 - 甲
	甲 寅		己 ○
	○ 卯		乙 ○

예1은 갑목일주(甲木日柱)가 유월(酉月)에 출생하여 일주(日柱)가 약하나

일지(日支)에 인목(寅木)이 좌(坐)하고 있고, 시지(時支)에 묘목(卯木)이 있어 매우 강하다.

그런데 월령(月令)을 얻은 정관(正官) 신금(辛金)이 월천간(月天干)에 투출(透出)하여 정관(正官) 역시 강하다. 이렇게 구성되면 귀(貴)가 있어 고위직까지 갈 수 있다.

예2는 관·살(官殺)이 혼잡되는 경우이다. 관·살(官殺)이 혼잡되면 빈천하격(貧賤下格)으로 관(官)이나 살(殺)을 합거(合去)시키는 방법이 가장 좋다.

⑤ 정관격(正官格)에 인수(印綬)가 있는 경우

정관(正官)이 강하지 않으면 인수(印綬)가 정관(正官)의 귀기(貴氣)를 설(泄)하기 때문에 좋지 않다. 인수(印綬)가 있을 때에는 일주(日柱)가 약하고 정관(正官)이 강해야 한다.

<table>
<tr><td colspan="2" align="center">장간(藏干)</td><td colspan="2" align="center">藏干</td></tr>
<tr><td>예1 ○ ○</td><td></td><td>예2 ○ ○</td><td></td></tr>
<tr><td>己 丑 - 己</td><td></td><td>○ 子</td><td></td></tr>
<tr><td>壬 申</td><td></td><td>壬 ○</td><td></td></tr>
<tr><td>○ ○</td><td></td><td>己 酉 - 辛</td><td></td></tr>
</table>

예1은 기토정관(己土正官)이 월령(月令)을 얻고, 월천간(月天干)에 기토(己土)가 투출(透出)하여 매우 강하다.

그러나 일지(日支)에 좌(坐)하고 있는 인수(印綬)가 강한 정관(正官)의 기운(氣運)을 설기(泄氣)하여 일주(日柱)를 생(生)하고 있어 매우 좋은 명(命)이다. 관(官)은 반드시 강해야 귀(貴)가 있다.

• 빈천하격(貧賤下格) : 가난하고 천하면서 격이 떨어지는 것
• 합거(合去) : 합(合)하여 없어지는 것

예2는 시천간(時天干)에 관(官)이 있으나 시지(時支)에 있는 인수(印綬)를 생(生)하고 일주(日柱)를 극(剋)하기에는 관(官)의 힘이 너무 부족하다. 이렇게 구성되면 관(官)의 귀(貴)가 약하여 매우 어렵다.

■ 사 업

정관격(正官格)에 충극(沖剋)이 없으면 고위직까지 갈 수 있는 명(命)이다. 정관(正官)은 정부부처 공무원을 말한다.

정관격(正官格)에 충극(沖剋)이 있으면 하위직 공무원에 해당한다.

- 목(木)이 정관(正官)에 해당하는 경우 : 농림부 계통의 행정직
- 화(火)가 정관(正官)에 해당하는 경우 : 문화, 교육, 예술 계통의 행정직
- 토(土)가 정관(正官)에 해당하는 경우 : 건설부 계통의 행정직
- 금(金)이 정관(正官)에 해당하는 경우 : 무(武)계통의 행정직, 즉 군 사령부 내의 행정직이나 교통부 계통
- 수(水)가 정관(正官)에 해당하는 경우 : 수산 계통의 행정직

(7) 편인격(偏印格)

편인(偏印)은 제화(制化)가 없으면 도식(盜食)이라 하는데, 제화(制化)가 없는데 식신(食神)을 보는 것이 가장 해롭다.

그러나 편인(偏印)이 있을 때 편인(偏印)이 칠살(七殺)의 기운(氣運)을 설(泄)하여 일주(日柱)를 생(生)하여 주는 통관신(通關神) 역할을 할 때는 매우 좋다고 할 수 있다.

편인격(偏印格)은 제화(制化)가 없으면 가난할 수 밖에 없다. 그 이유는 식신(食神)을 극(剋)하는 것은 내 식복(食神)을 없애버리는 것과 같기 때문이다.

① 편인격(偏印格)에 비겁(比劫)이 있는 경우

편인격(偏印格)에 비겁(比劫)이 있는 것은 바람직하지 않다.

사주 내에 인수(印綬)가 있을 때에는 일주(日柱)가 약간 약하다고 하는 것이 가장 좋은 구성인데, 편인격(偏印格)에 비겁(比劫)이 있으면 일주(日柱)가 매우 강한 것에 해당한다. 그러므로 편인(偏印)을 제(制)할 수 없으면 빈천(貧賤)할 수 밖에 없다.

<table>
<tr><td>장간(藏干)</td><td>藏干</td></tr>
<tr><td>예1 ○ ○</td><td>예2 丁 ○</td></tr>
<tr><td>乙 亥 － 壬</td><td>甲 子 － 癸</td></tr>
<tr><td>甲 ○</td><td>乙 卯</td></tr>
<tr><td>○ ○</td><td>○ ○</td></tr>
</table>

예1은 갑목일주(甲木日柱)가 해월(亥月)에 출생하여 일주(日柱)가 왕(旺)한 가운데 을목(乙木)이 월천간(月天干)에 있어 매우 왕(旺)하다. 이렇게 구성되면 왕(旺)한 기운을 설(泄)하는 것이 없으면 발복(發福)하기 어렵다.

예2는 을목일주(乙木日柱)가 자월(子月)에 출생하여 월령(月令)을 얻어 왕(旺)한 가운데 일지(日支)에 묘목(卯木)이 좌(坐)하고 있고, 월천간(月天干)에 갑목(甲木)이 있어 매우 강하다. 그런데 식신(食神)이 연천간(年天干)에 투출(透出)되어 있다.

이렇게 구성되면 편인(偏印)이 일주(日柱)를 생(生)하는데 적극적이지 않고 수시로 내 식신(食神)을 극(剋)하는 것을 잃어버리지 않는다. 그러므로 식신(食神)이 편인(偏印)에 극(剋)을 받게 되는 것은 내 식복(食福)을 전부 가져가는 것과 같으므로 빈천(貧賤)할 수 밖에 없다.

② 편인격(偏印格)에 식상(食傷)이 있는 경우

가장 좋지 않은 경우로 의·식·주가 매우 힘들다.

장간(藏干)　　　　　　藏干

예1 ○ ○　　　　　예2 ○ ○

　　○ 申－庚　　　　己 卯－乙

　　壬 寅－甲　　　　丁 ○

　　○ ○　　　　　　○ ○

예1은 월지(月支)에 있는 경금(庚金) 편인(偏印)이 일지(日支)에 좌(坐)하고 있는 인목(寅木) 식신(食神)을 충(沖)하여 식복(食神)이 없어지는 것이다.

예2는 월지(月支)에 있는 을목(乙木) 편인(偏印)이 월천간(月天干)에 있는 식신(食神) 기토(己土)를 극(剋)하는 것이다.

예1·2의 경우 모두 식신(食神)이 없어져 일주(日柱)가 의·식·주를 걱정해야 할 정도로 어렵다. 이렇게 구성되면 가난하지 않으면 단명한다.

③ 편인격(偏印格)에 재(財)가 있는 경우

편인(偏印)을 극(剋)하여 인수(印綬)의 역할을 할 수 있게 하는 것이 재(財)이다. 그러므로 재(財)가 있으면 매우 좋다.

　　　　장간(藏干)　　　　　　藏干

예1 ○ 卯　　　　　예2 ○ 卯

　　○ 戌－戊　　　　○ 丑－己

　　庚 ○　　　　　　辛 ○

　　○ ○　　　　　　○ ○

예1은 편인(偏印)인 술토(戌土)가 재(財)인 묘목(卯木)을 만나 합(合)하여 재(財)로 변한 경우로 일주(日柱)가 강하면 재물이 충분하다. 이렇게 편인(偏印)을 합(合)하여 화(化)한 경우가 가장 좋다.

예2는 편인(偏印)인 축토(丑土)를 묘목(卯木)이 극(剋)하여 교화(敎化)하는 것으로, 만약 식신(食神)이 있다 하더라도 인수(印綬)의 역할만 하지 일주(日柱)의 식복(食福)을 탐(貪)하지 않는다.

④ 편인격(偏印格)에 관·살(官殺)이 있는 경우

편인격(偏印格)에 관·살(官殺)이 있으면 편인(偏印)의 힘이 배(倍)가 되어 매우 강하게 된다.

설기(泄氣)가 심하므로 관·살(官殺)은 강해야 한다. 만약 식신(食神)이 있으면 매우 힘든 명(命)이나 식신(食神)이 없으면 힘들지만 괜찮다.

	장간(藏干)			藏干
예1	○ ○		예2	○ ○
	乙 巳-丙			甲 午-丙
	戊 ○			戊 申
	○ ○			○ ○

예1은 무토일주(戊土日柱)가 사월(巳月)에 출생하여 일주(日柱)가 왕(旺)한 가운데 관(官)이 월천간(月天干)에 있어 좋은 것 같으나 관(官)이 일주(日柱)가 왕(旺)하니 극(剋)하지 못하고, 편인(偏印)을 생(生)하여 오히려 일주(日柱)가 더 강하게 되는 경우이다. 이렇게 구성되면 관(官)의 설기(泄氣)가 심하여 관(官)의 귀기(貴氣)가 약해져 오히려 좋지 않다.

예2는 무토일주(戊土日柱)가 오월(午月)에 출생하여 일주(日柱)가 왕(旺)한 가운데 살(殺)이 천간(天干)에 있으나 일주(日柱)를 극(剋)하는 것이 아니라 편인(偏印)인 오화(午火)를 생(生)하여 일주(日柱)가 더 강해진 것은 좋다. 그러나 일지(日支)에 좌(坐)하고 있는 식신(食神)인 신금(申金)을 극(剋)하여 없애버리므로, 결국 일주(日柱)의 의·식·주가 남아 있지 않아 빈천(貧賤)할 수 밖에 없다.

이렇듯 관·살(官殺)의 뿌리가 강하지 않으면 일주(日柱)를 극(剋)할 수 있는 힘이 없기 때문에 일주(日柱)를 극(剋)하는 대신 편인(偏印)을 생(生)하는 쪽으로 간다는 것이다.

⑤ 편인격(偏印格)에 인수(印綬)가 있는 경우

편인격(偏印格)에 인수(印綬)가 있다는 것은 인수(印綬)가 중첩(重疊)된 경우를 말한다.

이렇게 중첩(重疊)되어 있으면 아무 것도 남아 있지 않게 된다. 더구나 식신운(食神運)이 도래(到來)한다면 가난해지지 않으면 죽는다고 볼 수 있다.

	장간(藏干)			藏干
예1 ○ ○		예2 ○ ○		
庚 申 － 庚		○ 子 － 壬		
壬 ○		甲 子		
○ ○		壬 ○		

예1은 임수일주(壬水日柱)가 신월(申月)에 출생하여 일주(日柱)가 왕(旺)한 가운데 편인(偏印)인 경금(庚金)이 월천간(月天干)에 투출(透出)하여 매우 왕(旺)하다고 본다. 이렇게 구성되면 강한 재운(財運)이 오지 않는 한 매우 힘들다.

예2는 갑목일주(甲木日柱)가 자월(子月)에 출생하여 일주(日柱)가 왕(旺)하다. 그런데 일지(日支)에 편인(偏印)인 자수(子水)가 좌(坐)하고 있으며, 시천간(時天干)에 자수(子水)의 원신(原神)인 임수(壬水)가 투출(透出)하여 있어 일주(日柱)가 왕(旺)하다고는 하나 편인(偏印) 또한 매우 강하다. 이렇게 구성되면 일주(日柱)가 왕(旺)한 것 같으나 지지(地支)에 수(水)가 가득하고, 천간(天干)에 임수(壬水)가 투출(透出)하여 일주(日柱)는 부목(浮木)이 된 것과 같다.

즉, 어머니가 자식의 인생을 좌지우지하는 것으로 일명 마마보이라고 한다. 만약 재운(財運)이 도래(到來)하여 편인(偏印)과 충돌한다면 매우 힘든 상황까지 가게 된다.

편인격(偏印格)은 모든 일에 있어 처음 시작은 열심히 하나 끝에 가서는 태만(怠慢)해지는 경향이 있다. 이러한 것을 스스로 고치도록 노력하는 것이 매우 중요하다.

- 다집다산(多集多散)의 명(命)으로 성공하기 매우 힘들기 때문에 두 가지 이상의 직업을 갖는 것이 좋다(예를 들어 화가라면 교사를 겸업하는 것).
- 구류술업(九流術業)의 명(命), 즉 비생산적인 사업은 모두 할 수 있다. 의술, 역술, 무속인, 신부, 교사, 목사, 예체능계(가수, 탤런트, 배우, 스포츠맨 등), 약사, 방송인(아나운서, PD 등), 언론인 등

(8) 인수격(印綬格)

편인(偏印)과 인수(印綬)가 하는 역할은 비슷하다. 단지, 식상(食傷)이 있을 경우와 일주(日柱)의 강약에 따라 달라질 뿐이다.

① 인수격(印綬格)에 비겁(比劫)이 있는 경우

인수격(印綬格)에 비겁(比劫)이 있으면 일주(日柱)가 매우 강한 경우이다. 재(財)가 있어 인수(印綬)를 극(剋)하거나 식상(食傷)이 있어 강한 일주(日柱)의 기운(氣運)을 설기(泄氣)하면 좋다. 만약 사주 내에 재(財)나 식상(食傷) 중 아무 것도 없다면 매우 힘든 삶이 된다.

	장간(藏干)			藏干
예1	○ ○		예2	○ ○
	○ 寅 – 甲			○ 子 – 癸
	甲 ○			甲 寅
	○ 子 – 癸			丙 ○

예1은 갑목일주(甲木日柱)가 인월(寅月)에 출생하여 일주(日柱)가 강하다.

그런데 시지(時支)에 인수(印綬)인 자수(子水)가 또 생(生)하고 있어 매우 강하다.

일주(日柱)가 강한데 다시 일주(日柱)를 생(生)하는 인수(印綬)가 있다는 것은 재(財)가 파손되므로 매우 좋지 않다. 그러므로 일주(日柱)가 강하면 생조(生助)하는 인수(印綬)는 필요가 없는 것이다.

예2는 갑목일주(甲木日柱)가 자월(子月)에 출생하여 일주(日柱)가 왕(旺)한 가운데 일지(日支)에 인목(寅木)이 좌(坐)하고 있어 매우 강하다.

다행히 시천간(時天干)에 식신(食神)인 병화(丙火)가 있어 일주(日柱)의 왕(旺)한 기운(氣運)을 설기(泄氣)하고, 식신(食神)과 인수(印綬) 사이에 다툼이 일어나지 않아 매우 좋은 구성이라 할 수 있다. 이렇게 구성되면 의·식·주는 걱정하지 않아도 된다.

② 인수격(印綬格)에 식상(食傷)이 있는 경우

인수격(印綬格)에 식상(食傷)이 있는 것은 인수(印綬)가 약하면 평생 빈천(貧賤)한 사람이다. 그러나 인수(印綬)가 있어 일주(日柱)가 태왕(太旺)한 것은 일주(日柱)의 기운(氣運)을 설기(泄氣)하여 매우 좋다.

<table>
<tr><td></td><td colspan="2">장간(藏干)</td><td></td><td colspan="2">藏干</td></tr>
<tr><td>예1</td><td>○</td><td>○</td><td>예2</td><td>○</td><td>申－庚</td></tr>
<tr><td></td><td>○</td><td>卯－乙</td><td>己</td><td>卯－乙</td><td></td></tr>
<tr><td></td><td>丙</td><td>○</td><td>丙</td><td>○</td><td></td></tr>
<tr><td></td><td>戊</td><td>○</td><td></td><td>○</td><td>未</td></tr>
</table>

예1은 병화일주(丙火日柱)가 묘월(卯月)에 출생하여 일주(日柱)가 왕(旺)한데, 시천간(時天干)에 식신(食神) 무토(戊土)가 있어 강한 일주(日柱)의 기운(氣運)을 설기(泄氣)하여 매우 좋은 구성이다.

예2는 병화일주(丙火日柱)가 묘월(卯月)에 출생하여 일주(日柱)가 왕(旺)하다. 그런데 연지(年支)에 있는 재(財)인 신금(申金)이 인수(印綬)인 묘목(卯木)과 합(合)하여 금(金)으로 변하여 인수(印綬)가 아니라 재(財)인 것이다.

더구나 시지(時支)에 뿌리가 있는 상관(傷官)인 기토(己土)가 월천간(月天干)에 투출(透出)하여 상관(傷官)이 매우 강하다. 강한 상관(傷官)이 재(財)를 생(生)하니 재(財)도 매우 강하다. 그런데 시지(時支)에 있는 미토(未土)는 화토(火土)로 일주(日柱)의 뿌리에 해당한다.

이렇게 구성되면 인수(印綬)가 있어도 인수(印綬) 역할을 제대로 하지 못하기 때문에 결국 재물과 식복(食福), 그리고 자식 때문에 평생 고생하게 된다.

③ 인수격(印綬格)에 재(財)가 있는 경우

인수(印綬)가 중(重)하고 일주(日柱)가 강한데 재(財)가 있으면 강한 인수(印綬)를 억제할 수 있어 좋다.

그러나 인수(印綬)가 경미(輕微)하고 재(財)가 중(重)한 경우에는 겁재(劫財)가 재(財)를 극(剋)하지 못하면 빈천(貧賤)하다.

	장간(藏干)			藏干	
예1	乙 ○		예2	乙 卯	－ 乙
	己 丑	－ 己		○ 丑	－ 己
	庚 申			庚 ○	
	○ ○			辛 ○	

예1은 일주(日柱)도 강하고 인수(印綬)도 강한 가운데 연천간(年天干)에 재(財)인 을목(乙木)이 있어 강한 인수(印綬)를 극(剋)하여 일주(日柱)를 왕성하게 생(生)하지 못하게 하고 있다. 이렇게 구성되면 매우 좋은 경우이다.

• 경미(輕微) : 아주 작고 가벼움　　　　• 중(重) : 무겁다, 중하다.

[예]2는 경금일주(庚金日柱)가 축월(丑月)에 출생하여 일주(日柱)가 왕(旺)하다. 그런데 인수(印綬)인 기토(己土)가 재(財)인 을목(乙木)에 극(剋)을 당하여 인수(印綬)의 역할을 할 수 없는 경우이다.

인수(印綬)를 도와 주어야 할 시천간(時天干)에 있는 겁재(劫財)가 재(財)를 극(剋)하지 못하는 경우이다. 이렇게 구성되면 평생 재물로 인하여 빈천(貧賤)할 수 밖에 없다.

④ 인수격(印綬格)에 관·살(官殺)이 있는 경우

인수(印綬)와 일주(日柱)가 모두 중(重)한데 살(殺)이 있다면, 고독하지 않으면 빈천(貧賤)하다.

인수격(印綬格)에 관·살(官殺)이 모두 투출(透出)한 경우에는 합살(合殺)을 하거나 합관(合官)을 하여서 관·살(官殺)을 제어(制御)해야 한다.

장간(藏干)　　　　　　藏干

[예]1 ○ ○　　　[예]2 丙 ○
　戊　申－庚　　　　庚　子－癸
　壬　子　　　　　　甲 ○
　庚 ○　　　　　　　辛 ○

[예]1은 임수일주(壬水日柱)가 신월(申月)에 출생하여 일주(日柱)가 왕(旺)한 가운데 일지(日支)에 비겁(比劫)인 자수(子水)가 좌(坐)하고 있고, 시천간(時天干)에 인수(印綬)의 원신(原神)인 경금(庚金)이 투출(透出)하여 매우 강하다.

그러나 월천간(月天干)에 살(殺)인 무토(戊土)가 있으나 일주(日柱)를 극(剋)하기에는 너무 약하여 일주(日柱)를 극(剋)하지 못하는 경우이다.

• 합살(合殺) : 살(殺)을 합하는 것(편관(偏官))　　• 제어(制御) : 통제하여 복종시킴
• 합관(合官) : 관(官)을 합하는 것(정관(正官))

이렇게 구성되면 일주(日柱)가 너무 강한데 극(剋)하는 것이 약하여 극(剋)하지 못하는 것은 일주(日柱)가 마음 내키는대로 행동을 하고, 재(財)가 있으면 낭비를 일삼기 때문에 결국 사회 생활을 제대로 할 수가 없다. 이렇게 되면 고독하고 빈천(貧賤)할 수 밖에 없다.

예2는 갑목일주(甲木日柱)가 자월(子月)에 출생하여 일주(日柱)가 왕(旺)한 가운데 천간(天干)에 칠살(七殺)인 경금(庚金)과 정관(正官)인 신금(辛金)이 투출(透出)하여 관살혼잡(官殺混雜)을 이루면서 일주(日柱)를 극(剋)하고 있으나 연천간(年天干)에 있는 병화(丙火)가 살(殺)인 경금(庚金)을 극(剋)하여 사주가 맑아져서 좋다. 이렇게 탁(濁)한 가운데 맑아지면 귀(貴)가 있어 좋은 구성이다.

⑤ 인수격(印綬格)에 인수(印綬)가 있는 경우

인수격(印綬格)에 인수(印綬)가 또 있는 경우로 인수(印綬)가 중(重)한 경우에 속한다. 이런 경우에는 반드시 재(財)가 있어 중(重)한 인수(印綬)를 극(剋)해야 좋다.

<table>
<tr><td></td><td>장간(藏干)</td><td></td><td>藏干</td></tr>
<tr><td>예1</td><td>○ ○</td><td>예2</td><td>○ ○</td></tr>
<tr><td></td><td>○ 子−癸</td><td></td><td>○ 子−癸</td></tr>
<tr><td></td><td>甲 ○</td><td></td><td>甲 申</td></tr>
<tr><td></td><td>癸 未</td><td></td><td>癸 ○</td></tr>
</table>

예1은 갑목일주(甲木日柱)가 자월(子月)에 출생하여 일주(日柱)가 왕(旺)한 가운데 인수(印綬)인 계수(癸水)가 시천간(時天干)에 투출(透出)하여 인수(印綬)가 매우 왕(旺)하다고 할 수 있다.

그러나 시지(時支)에 있는 미토(未土)가 왕(旺)한 인수(印綬)를 극(剋)하고 제어함으로 좋은 구성이라 할 수 있다.

236

예2는 갑목일주(甲木日柱)가 자월(子月)에 출생하여 일주(日柱)가 왕(旺)
하고, 인수(印綬)인 계수(癸水)는 살(殺)인 신금(申金)의 생조(生助)를 받
고 더구나 시천간(時天干)에 원신(原神)인 계수(癸水)가 투출(透出)하여
매우 왕(旺)하다.

그런데 왕(旺)한 인수(印綬)를 제어할 수 있는 재(財)가 없어 일주(日柱)인
갑목(甲木)이 부목(浮木)이 되는 경우가 발생할 수 있어 좋지 않다. 부목
(浮木)이 되면 아무 것도 이루지 못한다.

■ 직 업

인수격(印綬格)에는 관·살(官殺)이 존재해야 존귀(尊貴)한 인물이 될 수
있다. 그렇지 않으면 발달되지 않는다.

• 관·살(官殺)이 사주 내에 존재하면 매우 발달하여 명리(命理)가 있다.
  관(官)이 있는 경우에는 문관(文官)의 관직이 좋으며, 살(殺)이 있는 경
  우에는 무관(武官)의 관직이 좋다.

• 예술가, 구류술업(九流術業) 등의 직업이 좋다.

• 편인격(偏印格)과 거의 같다.

(9) 양인격(羊刃格)

다른 사주학에서는 양인(羊刃)을 살(殺)로 하여 양인살(羊刃殺)이라 하는
데, 명리학에서는 양인(羊刃)을 살(殺)로 취급하지 않고 하나의 격(格)으로
취급한다.

양인(羊刃)이라는 것은 일주(日柱)를 월지(月支)에 인종(引從)하였을 때 겁
재(劫財)가 되는 것을 말한다.

• 부목(浮木) : 나무가 물 위로 뜨는 것

일주(日柱)가 양(陽)일 경우에만 양인격(羊刃格)이 성립되고, 음(陰)일 경우에는 양인격(羊刃格)이 아니라 그냥 겁재(劫財)라 한다.

그 이유는 일주(日柱)가 양(陽)일 경우에 양(陽)의 활동이 동적(動的)이기 때문에 공격적인데 반하여, 음(陰)일 경우에 음(陰)은 정적(靜的)이라 공격적으로 움직이지 않기 때문이다.

양인격(羊刃格)은 매우 강한 것을 뜻하는 것으로, 강하면 공격적으로 움직이기 때문에 정적(靜的)인 음(陰)은 양인격(羊刃格)으로 쓰지 않는다.

양인(羊刃)은 일주(日柱)가 매우 강한 것을 의미한다.

양인(羊刃)이라는 것은 왕성함이 지나쳐 극(剋)에 이른 것을 말하는데, 재(財)를 겁탈하는 작용이 일반 겁재(劫財)보다 훨씬 더 극렬하기 때문에 양인(羊刃)은 반드시 극제(剋制)해야 한다.

극제(剋制)하는 것으로는 관(官)이든 살(殺)이든 관계없이 다 좋으나 혼잡은 피해야 한다.

명리학에서 용신(用神)을 잡는 방법은 원칙적으로 월지(月支)가 일주(日柱)와 같은 오행(五行)이면 다른 곳에서 용신(用神)을 잡아야 하는 것이지만, 양인격(羊刃格)의 경우에는 예외로 월지(月支)에 있는 것을 그대로 쓴다.

일주(日柱)에서 월지(月支)에 인종(引從)하여 겁재(劫財)에 해당하는 경우에 양인(羊刃)이 되는데, 무토(戊土)는 생(生)하여 주는 오화(午火)를 양인(羊刃)이라 한다.

■ 양인(羊刃)의 종류
• 갑목(甲木)은 묘목(卯木) 속에 있는 을목(乙木)이 겁재(劫財)에 해당하므로 묘(卯)가 양인(羊刃)이다(예1).

• 극제(剋制) : 극(剋)하여 복종시키는 것

- 병화(丙火)는 오화(午火) 속에 있는 정화(丁火)가 겁재(劫財)에 해당하므로 오(午)가 양인(羊刃)이다(예2).

- 무토(戊土)는 생(生)하여 주는 오화(午火)가 양인(羊刃)이다(예3).

- 경금(庚金)은 유금(酉金) 속에 있는 신금(辛金)이 겁재(劫財)에 해당하므로 유(酉)가 양인(羊刃)이다(예4).

- 임수(壬水)는 자수(子水) 속에 있는 계수(癸水)가 겁재(劫財)에 해당하므로 자(子)가 양인(羊刃)이다(예5).

	장간(藏干)		藏干		藏干
예1 ○ ○		예2 ○ ○		예3 ○ ○	
○ 卯－乙		○ 午－丁		○ 午－丁	
甲 ○		丙 ○		戊 ○	
○ ○		○ ○		○ ○	
예4 ○ ○		예5 ○ ○			
○ 酉－辛		○ 子－癸			
庚 ○		壬 ○			
○ ○		○ ○			

① 양인격(羊刃格)에 비겁(比劫)이 있는 경우

	장간(藏干)		藏干
예1 ○ ○		예2 ○ ○	
乙 卯－乙		乙 卯－乙	
甲 ○		甲 ○	
○ ○		甲 ○	

예1은 양인격(羊刃格)에 월천간(月天干)에 겁재(劫財)가 투출(透出)한 경우이다. 이렇게 구성되면 칠살(七殺)은 아무런 도움이 되지 않는다. 그 이유는 겁재(劫財)와 칠살(七殺)은 합(合)이 되기 때문이다.

이런 경우에 강한 정관(正官)이 필요하다. 강한 정관(正官)은 겁재(劫財)를 극(剋)하여 일주(日柱)의 재(財)를 분탈(奔奪)하는 것을 막아준다.

예2는 갑목일주(甲木日柱)가 묘월(卯月)에 출생하여 월령(月令)을 얻고 천간(天干)에 비견(比肩)과 겁재(劫財)인 갑목(甲木)과 을목(乙木)이 투출(透出)하여 극강(極强)하므로 극(剋)해서는 안 된다.

관·살(官殺)이 금(金)에 해당하는데, 만약 금(金)이 있어도 강한 목(木)의 기운(氣運)을 이겨낼 수 없기 때문이다. 더구나 겁재(劫財)까지 투출(透出)하여 칠살(七殺)이 오면 합하여 움직이지 못하기 때문에 전혀 도움이 안 된다.

만약 재운(財運)이 온다면 분탈(奔奪)당하여 남는 것이 없으며 생명까지 위태롭다. 그러므로 너무 강하면 아무것도 남아나는 것이 없다.

결국 모든 일이 되지 않기 때문에 혼자 살아야 하고, 직업으로는 구류술업(九流術業)이 좋다.

② 양인격(羊刃格)에 식상(食傷)이 있는 경우

	장간(藏干)			藏干	
예1 ○ ○			예2 ○ ○		
戊 午 − 丁			○ 午 − 丁		
丙 ○			戊 ○		
○ ○			辛 ○		

예1은 양인격(羊刃格)에 식신(食神)이 월천간(月天干)에 있는 경우로, 강한 기운을 설기(泄氣)하여 매우 좋다. 여기에 재(財)가 있으면 금상첨화(錦上添花)이다.

예2는 양인격(羊刃格)에 시천간(時天干)에 상관(傷官)이 있는 경우로, 상관(傷官)이 약할 경우 묻힐 수도 있기 때문에 강해야 좋다.

즉, 일주(日柱)인 토(土)가 많으면 상관(傷官)인 금(金)이 묻히는 경우를
말한다.

③ 양인격(羊刃格)에 재(財)가 있는 경우

	장간(藏干)			藏干
예1 ○ 卯		예2 ○ ○		
○ 酉－辛		○ 子－癸		
庚 ○		壬 ○		
○ ○		丙 ○		

예1·2는 양인격(羊刃格)에 재(財)가 있는 경우이다. 이렇게 구성되면 양
인(羊刃)이 재(財)를 분탈(奔奪)하기 때문에 매우 좋지 않다. 더구나 예2
는 부재(浮財)로 비겁(比劫)의 운(運)이 오면 재(財)의 분탈(奔奪)을 막을
수 없다.

양인격(羊刃格)에 재(財)가 있을 때에는 반드시 식상(食傷)이 있어야 재
(財)의 분탈(奔奪)을 막을 수 있다. 식상(食傷)이 없으면 평생 재물 때문
에 고생이 심하다.

④ 양인격(羊刃格)에 관·살(官殺)이 있는 경우

	장간(藏干)			藏干
예1 ○ 卯		예2 ○ ○		
○ 卯－乙		壬 午－丁		
甲 ○		丙 ○		
辛 酉		癸 亥		

예1은 양인격(羊刃格)에 칠살(七殺)이 있는 경우로, 칠살(七殺)이 강하여
매우 좋다. 만약 칠살(七殺)이 있더라도 강하지 않으면 좋지 않다.
이렇게 구성되면 귀(貴)가 있는 것이다.

예2는 양인격(羊刃格)에 관·살(官殺)이 혼잡한 경우이다. 양인격(羊刃格)이 극(剋)해야 하지만 관·살(官殺)이 혼잡한 것은 좋지 않다.

여자의 사주라면 남편이 두 명 있는 경우가 되고, 남자의 사주라면 직업이 두 가지가 되는 경우로 관·살(官殺)의 두 가지 중 하나를 제거하지 않으면 귀(貴)가 없어 평생 좋지 않다.

⑤ 양인격(羊刃格)에 인수(印綬)가 있는 경우

	장간(藏干)			藏干
예1 ○ ○		예2 ○ ○		
○ 子－癸		○ 卯－乙		
壬 申		甲 子		
○ ○		庚 申		

예1은 양인격(羊刃格)에 관·살(官殺)이 없는 가운데 인수(印綬)가 있는 경우로, 강한 양인격(羊刃格)을 생(生)하는 경우로 매우 좋지 않다. 관·살(官殺)이 없을 때 인수(印綬)가 있어서는 안 된다.

예2는 양인격(羊刃格)에 칠살(七殺)이 강하게 일주(日柱)를 극(剋)하는데 인수(印綬)가 있어 통관신(通關神) 역할을 하는 경우이다.

양인(羊刃)을 극(剋)해야 매우 좋은 구성이나 차선책(次善策)은 극(剋)하지 않고 화해하는 방법이다. 그러므로 이 구성도 나쁘지는 않다.

 변격(變格)

정격(正格)을 제외한 모든 것을 말한다.

변격(變格)에는 종격(從格), 화격(化格), 전왕격(專旺格) 등이 있다.

(1) 종격(從格)

사주(四柱)의 주인인 일주(日柱)가 힘이 없어 용신(用神)에게 의탁하는 경우이다. 즉, 일주(日柱)가 용신(用神)을 부리는 것이 아니라 거꾸로 용신(用神)이 일주(日柱)를 부리는 것을 말한다.

일주(日柱)가 고립(孤立) 무기(無氣)하며 사주에서 털끝만큼도 생부(生扶)의 뜻이 없는 경우에 해당한다.

만약 일주(日柱)가 약하더라도 일주(日柱)를 미약하게 생조(生助)하는 것이 있으면 종격(從格)이 아니다.

종격(從格)은 종(從)하는 것에 따라 이름이 변한다.

식상(食傷)에 종(從)하면 종아격(從兒格)【예】1), 재물에 종(從)하면 재종격(財從格)【예】2), 살(殺)에 종(從)하면 종살격(從殺格)【예】3)이라 한다.

예1 ○ 丑　　　예2 丙 ○　　　예3 ○ ○
　　　○ 辰　　　　　　○ 巳　　　　　　庚 申
　　　丙 戌　　　　　　壬 午　　　　　　甲 申
　　　○ 丑　　　　　　○ 巳　　　　　　辛 ○

① 종아격(從兒格)

종아격(從兒格)은 식상(食傷)에 종(從)하는 경우로, 식상운(食傷運)과 재운(財運)이 오면 발복(發福)한다.

그러나 인수(印綬)와 관살운(官殺運)이 오면 좋지 않다. 종아격(從兒格)은 사람으로 말하면 자식에게 의지하고 생활하는 것을 의미한다.

② 종재격(財從格)

종재격(財從格)은 재물에 종(從)하는 경우로, 정재(正財)나 편재(偏財)를 구별하지 않는다.

운(運)은 식상운(食傷運)과 재운(財運)이 가장 좋다.

그러나 재(財)의 상극(傷剋)이 되는 비겁(比劫)과 인수운(印綬運)은 매우 좋지 않다. 재(財)를 설기(洩氣)하는 관살운(官殺運)도 좋지 않다.

남자의 사주라면 처(妻)에게 의지하여 생활하는 것을 말한다.

③ 종살격(殺從格)

종살격(殺從格)은 관(官)에 종(從)하더라도 일주(日柱)가 약하기 때문에 관(官)이 살(殺)로 변한다. 그러므로 관(官)이나 살(殺)에 종(從)하는 경우 모두 살종격(殺從格)이다.

운(運)은 재운(財運)과 관살운(官殺運)이 가장 좋다.

비겁(比劫)과 인수운(印綬運)이 가장 좋지 않으며, 관살(官殺)과 상극(傷

• 관살운(官殺運) : 정관(正官)과 편관(偏官)의 운(運)

244

剋)이 되는 식상운(食傷運)도 좋지 않다.

그러나 사주 내에 재(財)가 있을 경우에는 식상운(食傷運)도 괜찮다.

(2) 화격(化格)

화격(化格)은 월천간(月天干)과 일간(日干)과의 합(合)이 되거나, 일간(日干)과 시천간(時天干)과 합(合)이 되어 화(化)한 것을 말한다.

화격(火格)에는 5가지가 있다.

화격(火格)은 화(化)한 것을 설(泄)하는 운(運)과 생(生)하는 운(運)이 가장 좋으며, 극(剋)하는 관살운(官殺運)은 매우 좋지 않다.

① 갑기합토(甲己合土)의 토기격(土氣格)

월지(月支)가 진술축미(辰戌丑未)가 되어야 한다.

예1	○ ○	예2	○ ○	예3	己 ○
	己 戌		○ 丑		○ 未
	甲 ○		甲 ○		甲 ○
	○ ○		己 ○		○ ○

예1·2는 토기격(土氣格)이 성격(成格)되었으나, 예3은 일간(日干)인 갑목(甲木)과 기토(己土)가 긴첩(緊疊)해 있지 않아 합(合)하지 못하여 토기격(土氣格)이 될 수 없다.

② 을경합금(乙庚合金)의 금기격(金氣格)

월지(月支)가 신유(申酉) 또는 신유술(申酉戌) 방합(方合) 금국(金局)이나 사유축(巳酉丑) 삼합(三合) 금국(金局)이 되어야 한다.

• 성격(成格) : 격(格)이 이루어지는 것

예1 ○ ○　　예2 ○ 巳　　예3 ○ ○　　예4 ○ ○　　예5 庚 巳
　　 庚 申　　　　 ○ 酉　　　　 乙 酉　　　　 乙 酉　　　　 ○ 酉
　　 乙 ○　　　　 乙 丑　　　　 庚 申　　　　 庚 ○　　　　 乙 丑
　　 ○ ○　　　　 庚 ○　　　　 ○ 戌　　　　 ○ ○　　　　 ○ ○

예1·2·3·4는 모두 성격(成格)이 되었으나 예5는 일간(日干)인 을목(乙木)과 경금(庚金)이 긴첩(緊疊)해 있지 않아 합(合)하지 못하여 금기격(金氣格)이 될 수 없다.

③ 병신합수(丙辛合水)의 수기격(水氣格)

월지(月支)가 해자(亥子) 또는 해자축(亥子丑) 방합(方合) 수국(水局)이나 신자진(申子辰) 삼합(三合) 수국(水局)이 되어야 한다.

예1 ○ ○　　예2 ○ 丑　　예3 ○ 辰　　예4 ○ ○　　예5 ○ 丑
　　 辛 亥　　　　 ○ 亥　　　　 丙 子　　　　 丙 子　　　　 辛 亥
　　 丙 ○　　　　 丙 子　　　　 辛 ○　　　　 辛 ○　　　　 丙 子
　　 ○ ○　　　　 辛 ○　　　　 ○ 申　　　　 ○ ○　　　　 甲 午

예1·2·3·4는 모두 성격(成格)이 되었으나 예5는 일간(日干)인 병화(丙火)가 시지(時支)에 오화(午火)가 있고, 시천간(時天干)에 인수(印綬)인 갑목(甲木)이 있어 합(合)하려는 마음은 있어 합(合)하나 화(化)하지 않는다.

더구나 일간(日干)이 양(陽)인 경우에는 작은 기(氣)라도 있으면 절대 굴복하지 않는다. 그러므로 예5는 수기격(水氣格)이 되지 못한다.

④ 정임합목(丁壬合木)의 목기격(木氣格)

월지(月支)가 인묘(寅卯) 또는 인묘진(寅卯辰) 방합(方合) 목국(木局)이나 해묘미(亥卯未) 삼합(三合) 목국(木局)이 되어야 한다.

예1 ○ ○　　예2 ○ 辰　　예3 ○ 亥　　예4 ○ ○　　예5 ○ 未
　　壬 寅　　　　○ 卯　　　　丁 卯　　　　○ 卯　　　　○ 卯
　　丁 ○　　　　壬 寅　　　　壬 ○　　　　丁 ○　　　　丁 亥
　　○ ○　　　　丁 ○　　　　○ 未　　　　壬 ○　　　　壬 子

예1·2·3·4는 모두 성격(成格)이 되었으나 예5는 시간(時干)에 있는 임수(壬水)가 시지(時支)에 자수(子水)를 깔고 있어 강하다.

일간정화(日干丁火)가 임수(壬水)와 합하려는 마음은 있어서 합(合)하나 화(化)하지는 못한다. 그러므로 예5는 목기격(木氣格)이 아니다.

⑤ 무계합화(戊癸合火)의 화기격(火氣格)

월지(月支)가 사오(巳午) 또는 사오미(巳午未) 방합(方合) 화국(火局)이나 인오술(寅午戌) 삼합(三合) 화국(火局)이 되어야 한다.

예1 ○ ○　　예2 ○ ○　　예3 ○ 寅　　예4 ○ ○　　예5 ○ 未
　　癸 巳　　　　癸 巳　　　　戊 午　　　　戊 午　　　　○ 巳
　　戊 ○　　　　戊 午　　　　癸 ○　　　　癸 ○　　　　癸 酉
　　○ ○　　　　○ 未　　　　○ 戌　　　　○ ○　　　　戊 午

예1·2·3·4는 모두 성격(成格)이 되었으나 예5는 일지(日支)에 인수(印綬)인 유금(酉金)이 좌(坐)하여 파격(破格)된 것 같이 보인다.

그러나 일간(日干)이 음(陰)일 경우에는 일간(日干)이 약하면 세력을 쫓아가는데 일지(日支)에 있는 유금(酉金)은 사오미(巳午未) 삼합(三合) 화국(火局)에 극(剋)을 받아 일간(日干)을 생조(生助)하기 매우 힘들다.

그러므로 일간(日干) 계수(癸水)는 일지(日支)에 있는 유금(酉金)에 의지하는 것이 아니라 시천간(時天干)에 있는 무토(戊土)와 합(合)하고 화(化)하여 세력을 쫓아간다. 그러므로 화기격(火氣格)이 성격(成格)이 된다.

(3) 전왕격(專旺格)

① 곡직격(曲直格)

일주(日柱)가 목(木)인 사주가 지지(地支)에서 인묘진(寅卯辰) 방합(方合) 목국(木局)이 되거나, 해묘미(亥卯未) 삼합(三合) 목국(木局)이 되면서 금기(金氣)가 섞이지 않은 것을 곡직격(曲直格)이라 한다.

예1		예2		예3	
○	辰	○	亥	辛	酉
○	卯	○	卯	○	辰
甲	寅	甲	○	甲	寅
○	○	○	未	○	卯

예1은 갑일주(甲日柱)가 지지(地支)에 인묘진(寅卯辰) 방합(方合)을 이루고 있다.

예2는 갑일주(甲日柱)가 지지(地支)에 해묘미(亥卯未) 삼합(三合)을 이루고 있어 곡직격(曲直格)이 성격(成格)이 된 것이다.

예3은 연간지(年干支)에 있는 신유(辛酉)의 금기운(金氣運)이 인묘진(寅卯辰) 목국(木局)을 충극(沖剋)하여 곡직격(曲直格)이 파격(破格)된 것이다.

② 염상격(炎上格)

일주(日柱)가 화(火)인 사주가 지지(地支)에서 사오미(巳午未) 방합(方合) 화국(火局)이 되거나, 인오술(寅午戌) 삼합(三合) 화국(火局)이 되면서 수기(水氣)가 섞이지 않은 것을 염상격(炎上格)이라 한다.

예1		예2		예3	
○	○	○	○	○	子
○	巳	○	午	○	午
丙	午	丙	戌	丁	未
○	未	○	寅	○	巳

예1은 병화일주(丙火日柱)가 지지(地支)에 사오미(巳午未) 삼합(三合)을 이루고 있다.

예2는 병화일주(丙火日柱)가 인오술(寅午戌) 방합(方合)을 이루고 있어 성격(成格)이 된 것이다.

예3은 정화일주(丁火日柱)가 지지(地支)에 오미(巳午未) 삼합(三合) 화국(火局)을 이루고 있어 성격(成格)된 것 같으나, 화국(火局)과 상극(相剋)인 자수(子水)가 연지(年支)에 있으면서 화국(火局)을 충극(沖剋)하여 파격(破格)된 것이다.

③ 가색격(稼穡格)

일주(日柱)가 토(土)인 사주의 지지(地支)에 진술축미(辰戌丑未)로 되어 있으면서 목(木)이 섞이지 않은 것을 가색격(稼穡格)이라 한다.

예1		예2		예3	
○	午	○	戌	○	戌
○	辰	○	丑	乙	未
戊	戌	己	未	己	丑
○	未	○	巳	○	卯

예1은 무토일주(戊土日柱)가 지지(地支)에 진술미(辰戌未)를 두고 있어 성격(成格)된 것이다.

예2는 기토일주(己土日柱)가 술축미(戌丑未)를 두고 있어 가색격(稼穡格)이 성격(成格)이 된 것이다.

예3은 기토일주(己土日柱)가 지지(地支)에 술미축(戌未丑)을 두고 있어 성격(成格)이 된 것 같으나, 시지(時支)에 묘목(卯木)이 있으며 월천간(月天干)에 묘목(卯木)의 원신(原神)인 을목(乙木)이 투출(透出)하여 충극(沖剋)하므로 가색격(稼穡格)이 파격(破格)된 것이다.

④ 종혁격(從革格)

일주(日柱)가 금(金)인 사주가 지지(地支)에서 신유술(申酉戌) 방합(方合) 금국(金局)이 되거나, 사유축(巳酉丑) 삼합(三合) 금국(金局)이 되면서 화(火)가 섞이지 않은 것을 종혁격(從革格)이라 한다.

예1	○ ○	예2	○ ○	예3	○ 戌
	○ 酉		○ 丑		○ 酉
	庚 申		辛 酉		庚 申
	○ 戌		○ 巳		丙 午

예1은 경금일주(庚金日柱)가 지지(地支)에 신유술(申酉戌) 방합(方合) 금국(金局)을 두고 있어 성격(成格)된 것이다.

예2는 신금일주(辛金日柱)가 사유축(巳酉丑) 삼국(三合) 금국(金局)을 두고 있어 종혁격(從革格)이 성격(成格)이 된 것이다.

예3은 경금일주(庚金日柱)가 지지(地支)에 신유술(申酉戌) 방합(方合) 금국(金局)이 있어 종혁격(從革格)이 성격(成格)이 된 것 같으나, 시간지(時干支)에 병오(丙午)가 있으면서 금국(金局)을 충극(沖剋)하므로 종혁격(從革格)이 파격(破格)된 것이다.

⑤ 윤하격(潤下格)

일주(日柱)가 수(水)인 사주가 지지(地支)에서 해자축(亥子丑) 방합(方合) 수국(水局)이 되거나, 신자진(申子辰) 삼합(三合) 수국(水局)이 되면서 토(土)가 섞이지 않은 것을 윤하격(潤下格)이라 한다.

예1	○ ○	예2	○ ○	예3	○ 戌
	○ 申		○ 子		○ 子
	壬 子		癸 亥		壬 辰
	○ 辰		○ 丑		○ 申

예1은 임수일주(壬水日柱)가 지지(地支)에 신자진(申子辰) 삼합(三合) 수국(水局)을 두고 있어 성격(成格)된 것이다.

예2는 계수일주(癸水日柱)가 해자축(亥子丑) 방합(方合) 수국(水局)을 두고 있어 윤하격(潤下格)이 성격(成格)이 된 것이다.

예3은 임수일주(壬水日柱)가 신자진(申子辰) 삼합(三合) 수국(水局)을 두고 있어 윤하격(潤下格)이 성격(成格)이 된 것 같으나, 연간지(年干支)에 무술(戊戌)이 있으면서 수국(水局)을 충극(沖剋)하므로 윤하격(潤下格)이 파격(破格)된 것이다.

(4) 양기합이성상(兩氣合而成象)에 대하여

두 개의 기(氣)가 합(合)하여 하나의 상(象)을 이룬 경우에 그 상(象)을 파(破)해서는 안 된다.

① 상생(相生)은 일주(日柱)를 생(生)하고 수기(秀氣)가 유행(流行)해야 하며, 상극(相剋)의 경우는 일주(日柱)가 극(剋)해야 하는데 오히려 일주(日柱)를 상해(傷害)해서는 안 된다.

② 상생(相生)은 반드시 기세(氣勢)가 평등해야 하고 조금 많은 것도, 조금 적은 것도 취(取)하지 않는다.

상생(相生)에는 5가지 종류가 있다.

• 목화(木火) : 사주 내에 목(木)과 화(火)만 있다(예1).
• 화토(火土) : 사주 내에 화(火)와 토(土)만 있다(예2).
• 토금(土金) : 사주 내에 토(土)와 금(金)만 있다(예3).
• 금수(金水) : 사주 내에 금(金)과 수(水)만 있다(예4).
• 수목(水木) : 사주 내에 수(水)와 목(木)만 있다(예5).

■ 일주(日柱)가 생(生)하는 경우

일주(日柱)가 생(生)하고, 생(生)한 것이 다시 생(生)하는 경우가 가장 좋다. 같은 구성이지만 일주(日柱)가 생(生)하는 경우가 상격(上格)이다.

일주(日柱)가 생(生)하는 경우의 길운(吉運)과 흉운(凶運)은 다음과 같다.

• 목(木)이 화(火)를 생(生)하는 경우 (예)1

목(木)이 일주(日柱)인 목화격(木火格)은 토운(土運)이 가장 길운(吉運)이고, 목화운(木火運)이 다음으로 좋다. 그러나 금수운(金水運)을 만나면 흉운(凶運)이다.

• 화(火)가 토(土)를 생(生)하는 경우 (예)2

화(火)가 일주(日柱)인 화토격(火土格)은 금운(金運)이 가장 길운(吉運)이고, 화토운(火土運)이 다음으로 좋다. 그러나 수목운(水木運)은 흉운(凶運)이다.

• 토(土)가 금(金)을 생(生)하는 경우 (예)3

토(土)가 일주(日柱)인 토금격(土金格)은 수운(水運)이 가장 길운(吉運)이고, 토금운(土金運)이 다음으로 좋다. 그러나 목화운(木火運)은 흉운(凶運)이다.

• 금(金)이 수(水)를 생(生)하는 경우 (예)4

금(金)이 일주(日柱)인 금수격(金水格)은 목운(木運)이 가장 길운(吉運)이고, 금수운(金水運)이 다음으로 좋다. 그러나 화토운(火土運)은 흉운(凶運)이다.

• 수(水)가 목(木)을 생(生)하는 경우 (예)5

수(水)가 일주(日柱)인 수목격(水木格)은 화운(火運)이 가장 길운(吉運)이고, 수목운(水木運)이 다음으로 좋다. 그러나 토금운(土金運)은 흉운(凶運)이다.

예1	乙 巳	예2	戊 戌	예3	己 未	예4	癸 酉	예5	甲 子
	丙 午		丁 巳		庚 申		壬 申		乙 卯
	甲 寅		丙 午		戊 戌		辛 亥		壬 子
	丁 卯		己 丑		辛 酉		庚 子		癸 卯

예에서 보는 것과 같이 일주(日柱)가 생(生)하는 격(格)은 기(氣)가 유행(流行)하는 운(運)이 가장 길운(吉運)이고, 사주 내에 존재하는 기(氣)가 오는 운(運)이 그 다음으로 좋다.

그러나 사주 내에 존재하는 기(氣)를 극(剋)하는 운(運)은 흉운(凶運)으로 알고 있으면 매우 편리하다.

■ 일주(日柱)를 생(生)하는 경우

일주(日柱)를 생(生)하는 것은 인수(印綬)인데 식상운(食傷運)이 와서 인수(印綬)와 충극(沖剋)이 일어나면 좋지 않다.

더구나 수기(秀氣)가 다치기 때문에 더욱 힘들다. 그러므로 일주(日柱)가 생(生)하는 것보다 격(格)이 다소 떨어진다.

• 목(木)이 화(火)를 생(生)하는 경우(예1)

목(木)이 인수(印綬)인 목화격(木火格)은 토운(土運)이 오는 경우 목(木)과 토(土)는 상극(相剋)이기 때문에 좋지 않다. 목운(木運)과 화운(火運)은 길운(吉運)이고, 금운(金運)과 수운(水運)은 흉운(凶運)이다. 토운(土運)은 사주의 구성에 따라 변한다.

• 화(火)가 토(土)를 생(生)하는 경우(예2)

화(火)가 인수(印綬)인 화토격(火土格)은 금운(金運)이 오는 것을 꺼린다. 더구나 금운(金運)이 약하게 오는 경우는 오히려 금(金)이 매몰(埋沒)될 경우가 있으므로 잘 살펴야 한다.

화운(火運)과 토운(土運)은 길운(吉運)이고, 수운(水運)과 목운(木運)은 흉운(凶運)이다. 금운(金運)은 사주의 구성에 따라 변한다.

• 토(土)가 금(金)을 생(生)하는 경우(예3)

토(土)가 인수(印綬)인 토금격(土金格)은 수운(水運)이 오는 것을 꺼린다. 생(生)하여 주는 토(土)와 수(水)가 상극(相剋)이기 때문에 좋지 않다. 토운(土運)과 금운(金運)은 길운(吉運)이고, 목운(木運)과 화운(火運)은 흉운(凶運)이다. 수운(水運)은 사주의 구성에 따라 변한다.

• 금(金)이 수(水)를 생(生)하는 경우(예4)

금(金)이 인수(印綬)인 금수격(金水格)은 목(木)의 운(運)이 오는 것을 꺼린다. 생(生)하여 주는 금(金)과 목(木)이 상극(相剋)이기 때문에 좋지 않다. 금운(金運)과 수운(水運)은 길운(吉運)이고, 화운(火運)과 토운(土運)은 흉운(凶運)이다. 목운(木運)은 사주의 구성에 따라 변한다.

• 수(水)가 목(木)을 생(生)하는 경우(예5)

수(水)가 인수(印綬)인 수목격(水木格)은 화운(火運)이 오는 것을 꺼린다. 생(生)하여 주는 수(水)와 화(火)는 상극(相剋)이기 때문에 좋지 않다. 수운(水運)과 목운(木運)은 길운(吉運)이고, 토운(土運)과 금운(金運)은 흉운(凶運)이다. 화운(火運)은 사주의 구성에 따라 변한다.

예1		예2		예3		예4		예5	
丁	卯	丙	辰	辛	丑	庚	子	壬	子
甲	寅	戊	午	戊	辰	癸	酉	乙	亥
丙	午	己	巳	庚	申	壬	申	甲	寅
甲	午	己	巳	庚	辰	辛	亥	乙	亥

일주(日柱)를 생(生)하는 경우는 인수(印綬)와 식상(食傷)이 어떻게 구성되느냐를 살펴야 한다.

인수(印綬)가 천간(天干)에 투출(透出)되어 있으면 식상운(食傷運)이 오는 것을 매우 꺼리는데, 그 이유는 인수(印綬)가 수기(秀氣)인 식상(食傷)을 극

(剋)하기 때문이다. 이러한 이유로 일주(日柱)를 생(生)하는 경우가 일주(日柱)가 생(生)하는 경우보다 격(格)이 떨어진다.

■ 상극(相剋)하는 경우

상극(相剋)은 반드시 기세(氣勢)가 균등해야 하는데 한쪽이 중(重)하거나 경(輕)한 것은 일체 꺼린다.

상극(相剋)에는 5가지 종류가 있다.
- 목토(木土) : 사주 내에 목(木)과 토(土)만 있다(예1).
- 토수(土水) : 사주 내에 토(土)와 수(水)만 있다(예2).
- 수화(水火) : 사주 내에 수(水)와 화(火)만 있다(예3).
- 화금(火金) : 사주 내에 화(火)와 금(金)만 있다(예4).
- 금목(金木) : 사주 내에 금(金)과 목(木)만 있다(예5).

예1	예2	예3	예4	예5
乙 卯	癸 亥	癸 亥	庚 午	甲 寅
戊 戌	癸 亥	丙 午	辛 酉	辛 卯
甲 寅	戊 戌	壬 子	丙 午	庚 申
戊 辰	己 未	丙 午	丁 酉	甲 申

상극(相剋)하는 격(格)은 기(氣)를 유행(流行)시키는 통관신(通關神)이 오는 운(運)이 가장 좋다.

일주(日柱)와 용신(用神)이 서로 다툼이 있는 경우 싸우지 않게 해결하는 것이 제일 상책이다.

이런 이유로 다음과 같은 운(運)이 오는 것이 가장 길운(吉運)이다.
- 목토격(木土格) : 화운(火運)
- 토수격(土水格) : 금운(金運)
- 수화격(水火格) : 목운(木運)
- 화금격(火金格) : 토운(土運)
- 금목격(金木格) : 수운(水運)

제 **4** 부
행운(行運)

# 행운(行運)

행운(行運)의 종류에는 일운(日運), 월운(月運), 세운(歲運), 대운(大運) 등이 있다.

1. 일운(日運)

우리가 쉽게 이야기하는 일진(日辰)이라는 것이 일운(日運)이다.

일운(日運)을 보는 방법은 일주(日柱)와 맞추어 합(合)이 되는 날이 길일(吉日)이고, 전극(戰剋)이 일어나는 날이 흉일(凶日)이다.

예를 들면 일주(日柱)가 무오(戊午)이면 가장 좋은 길일(吉日)은 계미일(癸未日)인데, 이렇게 합(合)이 되는 것을 천지덕합(天地德合)이라 한다.

그 다음으로 좋은 날은 천간(天干)이 합(合)이 되는 계수일(癸水日)이고, 가장 흉일(凶日)은 갑자일(甲子日)인데 천전지충(天戰支沖)이 되는 날이다.

그 다음으로 나쁜 날은 일주(日柱)를 전극(戰剋)하는 갑목일(甲木日)과 을목일(乙木日)이다.

즉, 일운(日運)은 천간(天干)이 중요하고 지지(地支)는 천간(天干)과 어떠한 관계가 있는지만 보는 것이다.

지지(地支)가 천간(天干)을 받쳐주면 천간(天干)의 힘이 강할 것이고, 반대로 지지(地支)가 천간(天干)을 극(剋)하면 천간(天干)의 힘이 반감(半減)되는 것이다.

2. 월운(月運)

월운(月運)은 1월부터 12월까지 지지(地支)는 고정되어 있다.

1월	인월(寅月)	5월	오월(午月)	9월	술월(戌月)
2월	묘월(卯月)	6월	미월(未月)	10월	해월(亥月)
3월	진월(辰月)	7월	신월(申月)	11월	자월(子月)
4월	사월(巳月)	8월	유월(酉月)	12월	축월(丑月)

천간(天干)은 언제든지 변하기 때문에 월운(月運)을 볼 때 천간(天干)이 중요하다. 그러나 지지(地支)가 천간(天干)과의 관계에서 어떠한 작용을 하는지 살펴보고, 월운(月運)이 강한지 약한지를 따져야 한다.

예를 들어 무진월(戊辰月)이라면 천간(天干)이 무토(戊土)인데 지지(地支)도 진토(辰土)로 지지(地支)에 뿌리를 내리고 있어, 결국 토(土)의 힘은 배가 된다.

그러나 병자월(丙子月)이라면 병화(丙火)가 자수(子水) 위에 있어 자수(子水)에 극(剋)을 받아 제대로 활동을 할 수 없어 쓸 수 있는 힘은 반 정도 밖에 없다. 그러므로 지지(地支)를 살피는 것을 소홀히 해서는 안 된다.

3. 세운(歲運)

　세운(歲運)은 일년운(一年運)을 말한다. 일년운(一年運)은 천간(天干)을 중요하게 여기기 때문에 천간(天干)을 먼저 보고 지지(地支)를 살핀다.

　천간(天干)은 그 해에 만나는 사람을 뜻한다. 천간(天干)을 먼저 보아서 내 사주와 어떠한 관계가 있는지 살펴보고, 세운(歲運)의 지지(地支)가 천간(天干)과 어떠한 관계인지 확인하는 것이다.

　예를 들면 병화일주(丙火日柱)가 약하면 생조(生助)하는 운(運)이 희신(喜神)으로 인수운(印綬運)과 비겁운(比劫運)이 희신운(喜神運)에 해당한다.

　만약 세운(歲運)이 갑신(甲申)이면 생조(生助)하는 인수운(印綬運)에 해당하여 일주(日柱)에게는 길운(吉運)이므로 일주(日柱)가 발복(發福)을 해야 하는데 그렇지 않다.

　그 이유는 세운(歲運)이 갑목(甲木)의 지지(地支)에 신금(申金)이 좌(坐)하고 있어 갑목(甲木)의 힘이 약하다. 그리고 신금(申金)은 일주(日柱)에게 재물에 해당한다.

　이러한 것들을 종합하여 분석하면 다음과 같다.

　도와 주려는 사람이 재물이 없어서 도와 주어도 힘이 안 된다는 것이다. 즉, 전혀 도움이 되지 않으므로 길운(吉運)이 안 된다.

　위와 같이 지지(地支)도 반드시 살펴야 한다.

　사주를 체(體)로 하고 세운(歲運)을 용(用)으로 하는 것이다. 세운(歲運)을 사주에 맞추어 변화가 있는지 아니면 내 사주에 기신(忌神)이 되는지를 확인하는 것이다.

　세운(歲運)이 희신(喜神)이 되면 길운(吉運)이고, 세운(歲運)이 기신(忌神)이 되면 흉운(凶運)이다.

그러나 세운(歲運)이 사주와 부딪쳐서 합(合)하거나 충극(沖剋)이 일어나서 변화하는데 기신(忌神)이 합(合)하여 길신(吉神)으로 변하면 길운(吉運)이 되고, 기신(忌神)이 합(合)하여 기신(忌神)으로 변하면 흉(凶)이 매우 심한 것이다.

4. 대운(大運)

사람은 자연에 속한 동물로 자연에 따라 변화하기 때문에 사주 내에서 세월을 뜻하는 월주(月柱)에서부터 대운(大運)이 시작한다.

계절의 변화라는 것은 우리가 피부로 겪는 계절을 말하는 것이 아니라 운명(運命)의 계절을 뜻하는 것이며, 이 운명(運命)의 계절에 따라 사람의 길흉(吉凶)이 변한다.

사람이 죽고 살고, 병들고 하는 것에 대한 중차대(重且大)한 결정도 대운(大運)이 하는 것이다.

대운(大運)은 짧으면 10년, 길면 30년을 관장하기 때문에 이 기간 동안 끊임없이 극(剋)을 당하면 견딜 수 있는 것은 아무 것도 없다.

예를 들어 목(木)의 기운(氣運)을 말하는 것이 인묘진(寅卯辰)인데 그 중에서 진(辰)은 사계(四季)에 해당하며, 진정한 목기운(木氣運)은 인묘(寅卯)가 지지(地支)에 있는 20년일 것이다.

그러나 천간(天干)이 임(壬), 계(癸), 갑(甲)으로 되어 있는 경우 대운(大運)이 임인(壬寅), 계묘(癸卯), 갑진(甲辰)으로 된다면 목(木)의 기운(氣運)은

• 중차대(重且大) : 매우 중요하고도 또 큰일
• 사계(四季) : 음력으로 계절의 마지막 달(3월, 6월, 9월, 12월)

20년이 아니라 30년으로 늘어난다.

이렇게 되어 일주(日柱)는 목(木)의 기운(氣運)이 기신(忌神)에 해당하면 되는 일이 하나도 없을 뿐더러 이 30년 안에 비위(脾胃)에 해당하는 병이 생길 것이며, 반드시 사망할 것이다.

그래서 대운(大運)은 일주(日柱)가 현재 어떠한 자리에 있는가를 보는 것이다.

대운(大運)은 지지(地支)를 중요하게 본다. 그렇다고 천간(天干)은 보지 않는 것이 아니라 지지(地支)를 먼저 보고, 그 다음에 천간(天干)을 보는 것이다.

즉, 지지(地支)가 해(亥)와 자(子)에 해당한다면 일주(日柱)는 수(水)의 자리에 있는 것이다. 일주(日柱)한테 수(水)가 희신(喜神)이라면 길운(吉運)이고, 일주(日柱)한테 수(水)가 기신(忌神)이라면 흉운(凶運)이다.

이렇게 본 후 천간(天干)에 무엇이 있는지를 따지는데 천간(天干)에 무토(戊土)가 있다면 지지(地支)에 있는 수(水)가 무토(戊土)에 극(剋)을 받아 제대로 활동을 못하므로 길운(吉運)일 경우 반 정도 밖에 길(吉) 작용이 나타나지 않는다.

흉운(凶運)일 경우에도 반 정도 밖에 흉(凶) 작용을 못한다.

(1) 대운(大運) 세우는 방법

남자의 사주와 여자의 사주는 대운(大運)을 세우는 방법이 다르다.

남자 사주의 경우 생년(生年)이 양(陽)에 해당하는 갑(甲) · 병(丙) · 무(戊) · 경(庚) · 임(壬)은 순(順)으로 찾고, 생년(生年)이 음(陰)에 해당하는 을

• 비위(脾胃) : 비장과 위장

(乙)·정(丁)·기(己)·신(辛)·계(癸)는 역(逆)으로 찾는다.

여자 사주의 경우 생년(生年)이 양(陽)에 해당하는 갑(甲)·병(丙)·무(戊)·경(庚)·임(壬)은 역(逆)으로 찾고, 생년(生年)이 음(陰)에 해당하는 을(乙)·정(丁)·기(己)·신(辛)·계(癸)는 순(順)으로 찾는다.

예 1970년 음력 4월 20일 묘시생(卯時生)의 경우

연주(年柱)가 경술(庚戌)이고 월주(月柱)가 신사(辛巳)이며, 일주(日柱)가 갑진(甲辰)이고 시주(時柱)가 정묘(丁卯)가 된다.

여기서 월주(月柱)가 신사월(辛巳月)이므로 대운(大運)의 시작은 신사월(辛巳月)부터 시작하는데 이 사주가 남명(男命)이라면 생년(生年)이 양(陽)이므로 순(順)으로 가기 때문에 천간(天干)은 임(壬)·계(癸)·갑(甲)·을(乙)·병(丙)의 순서로 행하고, 지지(地支)는 오(午)·미(未)·신(申)·유(酉)·술(戌)의 순서로 행한다.

천간(天干)과 지지(地支)를 합(合)하면 임오(壬午)·계수(癸未)·갑신(甲申)·을유(乙酉)·병술(丙戌)이 된다. 이 사주가 여자라면 역(逆)으로 시작하여 천간(天干)은 경(庚)·기(己)·무(戊)·정(丁)·병(丙)의 순서로 행하고, 지지(地支)는 진(辰)·묘(卯)·인(寅)·축(丑)·자(子)의 순서로 행한다.

천간(天干)과 지지(地支)를 합하면 경진(庚辰)·기묘(己卯)·무인(戊寅)·정축(丁丑)·병자(丙子)가 된다.

대운(大運)을 세우는 방법은 이렇게 하면 되는데, 대운(大運)이 들어오는 입운(入運)을 알아야 언제 대운(大運)이 들어오는지 알 수 있다.

(2) 입운(入運)

입운(入運)을 계산하려면 굉장히 복잡하다.

그래서 아주 간단하게 볼 수 있는 만세력(萬歲曆)(만세력을 보면 생일(生日) 옆에 입운수(入運數)가 있다)을 활용하지만 시중에 나와 있는 만세력이 틀린 것이 간혹 있기 때문에 입운(入運) 계산하는 방법을 알아두어야 한다.

① 남자명(男子命)과 여자명(女子命)이 순운(順運)으로 가는 경우

남자는 태어난 해의 천간(天干)이 양간(陽干)이면 순운(順運)으로 가고, 여자는 태어난 해의 천간(天干)이 음간(陰干)이면 순운(順運)으로 간다.

예1 여자명(女子命)으로 양력 1991년 3월 20일 19시 10분 출생

만세력에서 찾아보면 다음과 같다.

辛　未

辛　卯

己　丑

丁　酉

순운(順運)의 경우 입절일(入節日)이 아직 오지 않은 것을 사용하여 계산한다. 즉, 경칩(驚蟄)의 입절일(入節日)이 아니고 청명(淸明)의 입절일(入節日)을 사용한다.

그런데 청명(淸明)의 입절일(入節日)은 4월 5일 16시 05분이다. 4월 5일 16시 05분에서 3월 20일 19시 10분을 빼면 15일 20시 15분이 된다. 15일 20시 15분을 3으로 나누면, 5하고 5시간 55분이 남는다.

일년을 3으로 나누었기 때문에 1일은 4개월에 해당하고, 1시간은 5일에 해당한다. 나머지 시간이 5시간 55분이므로 약 6시간으로 계산하면 6

• 입운수(入運數) : 대운(大運)이 들어오는 숫자를 말함
• 순운(順運) : 정상적으로 차례로 들어오는 운

곱하기 5는 30일에 해당한다.

위에 나와 있는 5가 입운(入運)인데 정확한 입운(入運)은 5세 30일이 되는데, 대운(大運)이 바뀌는 시기는 5세 되던 해 30일이 지나야 한다.

대운(大運)의 시작은 입운(入運)에 1을 더한 6세 30일이 된다. 그리고 2운(運)부터는 매 10년 주기로 변한다. 그러나 만세력에 나와 있는 입운(入運)은 5세이다.

이것을 정리하면 다음과 같다.

■ 입운(入運)

- 1운(運) : 6세 30일부터 16세 29일까지
- 2운(運) : 16세 30일부터 26세 29일까지
- 3운(運) : 26세 30일부터 36세 29일까지
- 4운(運) : 36세 30일부터 46세 29일까지
- 5운(運) : 46세 30일부터 56세 29일까지
- 6운(運) : 56세 30일부터 66세 29일까지

여기에 대운(大運)을 적용하고, 입운수(入運數)는 만세력에 있는 것을 사용하면 다음과 같다.

■ 입운(入運)　　　대운(大運)

- 1운(運)　　　임진(壬辰)　6세
- 2운(運)　　　계사(癸巳)　16세
- 3운(運)　　　갑오(甲午)　26세
- 4운(運)　　　을미(乙未)　36세
- 5운(運)　　　병신(丙申)　46세
- 6운(運)　　　정유(丁酉)　56세

예2 남자명(男子命) 음력 1922년 10월 10일 10시 출생

만세력에서 찾아보면 다음과 같다.

壬　戌
辛　亥
庚　子
辛　巳

음력 10월 10일은 양력으로 11월 28일에 해당한다.

남자는 태어난 해가 양간(陽干)이면 순운(順運)으로 가기 때문에 다음에 오는 입절일(入節日)을 찾아 입절일(入節日)에서 생일(生日)을 뺀 결과를 가지고 3으로 나누면 입운(入運)이 된다.

다음 입절일(入節日)은 대설(大雪)인데 들어오는 날은 8일 6시 11분이다.

여기서 생일(生日)인 11월 28일 10시를 빼니 9일 20시 11분이 남는다.

9일 20시 11분을 3으로 나누면, 약 3하고 4시간이 된다. 1시간은 5일에 해당하므로 4 곱하기 5는 20일에 해당한다. 그러므로 입운(入運)은 3세 20일이다.

입운(入運)에 1을 더해야 대운(大運)의 입운(入運)이 시작하므로 4세 20일이 대운(大運)이 시작하는 것이다. 그러나 일일이 이렇게 계산해서 풀어 보기는 쉽지 않다.

그러므로 정확한 만세력을 구입해서 보면 생일(生日) 옆에 입운수(入運數)라는 것이 나와 있는데, 이 입운수(入運數)를 보면 3이라고 되어 있다. 이렇게 찾아서 쉽게 사용하는 것이 편리하다.

만세력에 나와 있는 입운수(入運數)로 대운(大運)을 표시하면 다음과 같다.

■ 대운(大運)

- 1운(運) : 4세부터 13세까지

- 2운(運) : 14세부터 23세까지

- 3운(運) : 24세부터 33세까지

- 4운(運) : 34세부터 43세까지

- 5운(運) : 44세부터 53세까지

- 6운(運) : 54세부터 63세까지

- 7운(運) : 64세부터 73세까지

여기에 대운(大運)을 넣으면 다음과 같다.

■ 입운(入運)　　대운(大運)

- 1운(運)　　임자(壬子)　4세

- 2운(運)　　계축(癸丑)　14세

- 3운(運)　　갑인(甲寅)　24세

- 4운(運)　　일묘(乙卯)　34세

- 5운(運)　　병진(丙辰)　44세

- 6운(運)　　정사(丁巳)　54세

- 7운(運)　　무오(戊午)　64세

이렇게 보면 10년 주기로 변하는 것을 알 수 있다.

② 남자명(男子命)과 여자명(女子命)이 역운(逆運)으로 가는 경우

남자는 태어난 해의 천간(天干)이 음간(陰干)이면 역운(逆運)으로 가고, 여자는 태어난 해의 천간(天干)이 양간(陽干)이면 역운(逆運)으로 간다.

• 역운(逆運) : 반대로 들어오는 운, 거꾸로 들어오는 운

📵1 남자명(男子命) 양력 1991년 3월 20일 19시 10분 출생

　　만세력에서 찾아보면 다음과 같다.

　　　　辛　未
　　　　辛　卯
　　　　己　丑
　　　　丁　酉

남자는 태어난 해가 음간(陰干)이면 역운(逆運)으로 간다. 그러므로 태어
난 해가 음간(陰干)으로 역운(逆運)이기 때문에 지나간 입절(入節)인 경칩
(驚蟄)을 사용하는데 경칩의 입절일(入節日)은 3월 6일 11시 12분이다.
생일(生日)에서 경칩인 입절일(入節日)을 빼면 다음과 같다.

3월 20일 19시 10분에서 3월 6일 11시 12분을 빼면 14일 7시 58분이 된
다. 14일 7시 58분을 다시 3으로 나누면 4하고 2일 7시 58분이 남는다.
1일은 4개월에 해당하므로 2일이 남았으니 8개월하고 7시 58분을 8시
로 계산하면 8 곱하기 5는 40일이 된다.

그러므로 4세 9개월 10일이 지나야 대운(大運)이 바뀌는 것이다. 대운
(大運)에 1을 더해야 하므로 대운(大運)의 시작은 5세 9개월이 되는 때부
터 시작하여 2운(運)부터는 매 10년 주기로 변한다.

만세력에서 찾아보면 5세로 나와 있다.

이것을 정리하면 다음과 같다.

■ 대운(大運)

• 1운(運) : 5세 9개월 10일부터 15세 9개월 9일까지

• 2운(運) : 15세 9개월 10일부터 25세 9개월 9일까지

• 3운(運) : 25세 9개월 10일부터 35세 9개월 9일까지

• 4운(運) : 35세 9개월 10일부터 45세 9개월 9일까지

• 5운(運) : 45세 9개월 10일부터 55세 9개월 9일까지

• 6운(運) : 55세 9개월 10일부터 65세 9개월 9일까지

여기에 대운(大運)을 적용하고, 만세력에 나와 있는 입운수(入運數)를 사용하면 다음과 같다.

■ 입운(入運)　　대운(大運)

• 1운(運)　　　경인(庚寅)　6세

• 2운(運)　　　기축(己丑)　16세

• 3운(運)　　　무자(戊子)　26세

• 4운(運)　　　정해(丁亥)　36세

• 5운(運)　　　병술(丙戌)　46세

• 6운(運)　　　을유(乙酉)　56세

위와 같이 대운(大運)은 10년 주기로 변하는 것을 알 수 있다.

예2 여자명(女子命) 음력 2004년 8월 19일 10시 출생

만세력에서 찾아보면 다음과 같다.

甲　申

癸　酉

甲　寅

己　巳

음력 8월 19일을 양력으로 보면 10월 2일에 해당한다.

여자의 명(命)으로 태어난 해가 양간(陽干)으로 역운(逆運)에 해당하여 지나간 입절일(入節日)을 찾으면 된다.

지나간 입절(入節)은 9월의 입절(入節)로 백로(白露)인데 백로는 9월 7일 16시 9분에 들어오니, 여기서 생일(生日)인 10월 2일 10시를 빼면 24일 18시가 된다.

24일 18시를 3으로 나누면 7하고 2일 21시간이 남는다. 1일은 4개월이고 1시간은 5일이므로, 계산하면 21시간 곱하기 5는 105일이 되므로 결국 7세 11개월이 된다. 만세력에는 8세로 나와 있다.

대운(大運)은 1을 더하므로 9세부터 대운(大運)이 시작한다.

만세력에서 사용하는 입운(入運)을 적으면 다음과 같다.

■ 입운(入運)

- 1운(運) : 9세부터 18세까지
- 2운(運) : 19세부터 28세까지
- 3운(運) : 29세부터 38세까지
- 4운(運) : 39세부터 48세까지
- 5운(運) : 49세부터 58세까지
- 6운(運) : 59세부터 68세까지
- 7운(運) : 69세부터 78세까지

여기에 대운(大運)을 넣으면 다음과 같다.

■ 입운(入運)   대운(大運)

- 1운(運)   임신(壬申)   9세
- 2운(運)   신미(辛未)   19세
- 3운(運)   경오(庚午)   29세
- 4운(運)   기사(己巳)   39세
- 5운(運)   무진(戊辰)   49세
- 6운(運)   정묘(丁卯)   59세
- 7운(運)   병인(丙寅)   69세

위와 같이 10년 주기로 대운(大運)이 변하는 것을 알 수 있다.

순운(順運)의 [예]1과 역운(逆運)의 [예]1처럼 일일이 몇 개월까지 계산하여 적용하는 것은 매우 힘든 일이므로, 정확한 만세력을 보고 대운(大運)의 입운수(入運數)를 사용하는 것이 바람직하다.

순운(順運)의 예에서 보면 [예]1은 대운(大運)의 지지(地支)가 묘(卯)·진(辰)·사(巳)·오(午)·미(未)로 나가고, [예]2는 자(子)·축(丑)·인(寅)·묘(卯)·진(辰)·사(巳)·오(午)로 되어 있다.

이것이 세월을 뜻하는 것으로 사오미(巳午未)는 여름이기 때문에 화(火)를 뜻한다. 인(寅)·묘(卯)·진(辰)은 봄이기 때문에 목(木)을 뜻한다. 그러나 정확하게 말하면 진(辰)과 미(未)는 사계(四季)로 토(土)를 뜻한다.

입운(入運)이라는 것은 들어오는 대운(大運)의 입운(入運)을 말하는 것이 아니라 끝나는 해(年)를 말한다. 그러므로 반드시 입운(入運)에 1을 더해야 대운(大運)이 들어오는 해(年)를 정확하게 알 수 있다.

5. 운(運)을 보는 방법

운(運)을 보는데 있어 절대로 간과(看過)해서는 안 되는 두 가지가 있는데, 그것은 개두(蓋頭)와 절각(截脚)이다.

(1) 개두(蓋頭)

개두(蓋頭)는 천간(天干)에서 지지(地支)를 극(剋)하는 것으로, 예를 들면 임오(壬午)·병신(丙申)·갑술(甲戌)·신묘(辛卯) 등을 말한다.

운(運)을 보는데 있어 기뻐하는 것이 천간(天干)이냐 지지(地支)냐에 따

• 간과(看過) : 대충 보아 넘기다, 빠트리다.

라 희기(喜忌)가 달라진다.

지지(地支)가 희(喜)하는 것이 왔는데 개두(蓋頭)가 되면 길(吉)이 반으로 감소하여 좋지 않다.

즉, 대운(大運)이 병신(丙申)이라 할 때 병(丙)이 지지(地支)인 신금(申金)을 극(剋)하므로 신금(申金)이 제 역량(力量)을 발휘할 수 없다. 그러나 지지(地支)가 흉운(凶運)일 경우에는 흉(凶)이 반으로 감소하여 좋다.

(2) 절각(截脚)

절각(截脚)은 지지(地支)가 천간(天干)을 극(剋)하는 것으로 병자(丙子)·갑신(甲申)·을유(乙酉)·계미(癸未) 등을 말한다.

천간(天干)을 일주(日柱)가 희(喜)하는데 절각(截脚)이 되면 길(吉)이 나타나지 않는다. 즉, 천간(天干)은 지지(地支)에서 힘을 실어 주지 않으면 아무런 소용이 없고 흉(凶)도 나타나지 않는다.

그러므로 개두(蓋頭)와 절각(截脚)을 적용하지 않고 대운(大運)을 보는 것은 전혀 맞지 않을 수 있다.

일부 역술인들은 대운(大運) 10년을 천간(天干) 5년, 지지(地支) 5년으로 나누어 본다. 그러나 이렇게 나누는 것은 대단히 잘못된 것이다. 나누어 보는 것은 개두(蓋頭)나 절각(截脚) 같은 것이 필요없다.

더구나 대운(大運) 뿐만 아니라 세운(歲運)에서도 개두(蓋頭)와 절각(截脚)을 같이 적용한다.

• 희(喜) : 좋아하는 것, 기뻐하는 것
• 개두(蓋頭) : 천간(天干)에서 지지(地支)를 극(剋)하는 것
• 역량(力量) : 힘, 능력, 어떤 일을 감당하여 해낼 수 있는 힘

세운(歲運)이 절각(截脚)이나 개두(蓋頭)가 되면 길운(吉運)이 반으로 줄어들고, 흉운(凶運)도 반으로 줄어드는 변화가 있기 때문에 반드시 대운(大運)이나 세운(歲運)을 볼 때 절각(截脚)이나 개두(蓋頭)를 적용해야 하고, 대운(大運)을 5년씩 나누어 보지 말아야 한다.

위의 두 가지를 지키면서 사주팔자를 체(體)로 하고, 대운(大運)을 용(用)으로 보고 나서 세운(歲運)도 대운(大運)과 같은 방법으로 적용해 본다.

대운(大運)의 지지(地支)가 희신(喜神)에 속하는가 기신(忌神)에 속하는가를 따져보고, 천간(天干)이 무엇에 해당하는지 따져 보는 것이다.

지지(地支)가 희신(喜神)에 속하고 천간(天干)도 희신(喜神)에 속한다면 길(吉)이 두 배가 될 것이고, 지지(地支)가 희신(喜神)에 속하고 천간(天干)은 절각(截脚)이 되었다면 천간(天干)의 작용이 없다고 본다.

그러나 대운(大運) 천간(天干)이 사주 내에서 어떠한 역할을 하는지 따져야 한다. 천간(天干)이 절각(截脚)되어 필요 없다고 해도 사주에 있는 천간(天干)과 합(合)하여 기신(忌神)으로 변하는 경우가 있는 반면, 천간(天干)과 합(合)하여 희신(喜神)으로 변하는 경우가 있다. 그러므로 소홀히 해서는 안 된다.

세운(歲運)을 볼 때 대운(大運)과의 관계를 먼저 보고, 대운(大運)이 길운(吉運)이고 세운(歲運)이 흉운(凶運)이면 흉(凶)이 줄어들지만 대운(大運)이 흉운(凶運)이고 세운(歲運)도 흉운(凶運)이라면 흉(凶)이 두 배가 되어 매우 힘들다.

세운(歲運)이 개두(蓋頭)되는 것은 천간(天干)을 먼저 보기 때문에 아주 큰 영향은 없지만 절각(截脚)이 되어 있는 경우 세운(歲運)이 길운(吉運)이면 길(吉)이 적게, 흉운(凶運)이면 흉(凶)이 적게 나타난다.

즉, 갑신년(甲申年)이라 할 때에 갑목(甲木)이 신금(申金) 위에 있으므로 절각(截脚)이 되어 있다. 이렇게 절각(截脚)되어 있으면 갑목(甲木)이 사주에서 희신(喜神)에 해당한다 하더라도 길(吉)이 반밖에 나타나지 않는다.

더구나 월운(月運)이 경신금(庚申金)으로 흘러가면 길(吉)이 없기 때문에 반드시 살펴야 한다.

대운(大運)이 흉운(凶運)이고 세운(歲運)도 흉운(凶運)이면 월운(月運)은 볼 필요가 없다. 왜냐하면 대운(大運)도 나쁘고 세운(歲運)도 나쁘면 월운(月運)이 좋아도 30일 밖에 안 되므로 차이가 없다.

대운(大運)이 흉운(凶運)이고 세운(歲運)이 길운(吉運)이라면 해당하는 연(年)에는 길운(吉運)이 되지만, 대운(大運)이 길운(吉運)이고 세운(歲運)이 흉운(凶運)이라면 해당하는 연(年)에는 길운(吉運)이 되지 못한다.

그러나 세운(歲運)이 사주팔자와 만나 어떻게 변하느냐에 따라 길운(吉運)이 흉운(凶運)으로, 흉운(凶運)이 길운(吉運)으로 변할 수도 있다.

제 5 부

질병(疾病)과 궁합(宮合)

질병(疾病)

사람은 세상에 태어나서 죽기 전까지 무수한 질병(疾病)에 노출될 수 밖에 없다.

생(生) · 노(老) · 병(病) · 사(死) 중 사람이 태어나고 늙고 죽는 것은 마음대로 할 수 없으나, 질병이 오는 것은 사람이 마음대로 할 수 없을까 하여 선인들이 연구하여 알아낸 것이 오행(五行)의 변화에 따라 사람에게 질병이 발병한다는 것이다.

이러한 이유로 명리학을 공부하여 사주팔자를 판단할 때 사람의 몸에 생기는 질병으로 사실을 증험(證驗)하라고 한 것이다.

예를 들면 사주팔자가 토(土)에 치우쳐 있다면 반드시 화토운(火土運)이 오면 위실증(胃實症)에 해당하는 깊은 병(病)이 발생하고, 사주팔자 내에 신금(辛金)이 매우 약한데 화운(火運)이 와서 극(剋)하면 폐허증(肺虛症)에 해당하는 깊은 병(病)이 발생한다.

• 위실증(胃實症) : 위가 강해서 오는 증세 • 폐허증(肺虛症) : 폐가 허약해서 오는 증세

그러므로 이러한 운(運)이 온다는 것을 미리 알고 미연에 방지하여 깊은 병(病)은 약하게, 가벼운 병(病)은 없는 것처럼 넘어 갈 수 있다.

병(病)이 생기지 않는 사람은 사주가 화평(和平)하여 서로 전극(戰剋)이 없기 때문에 건강하게 일생을 보낼 수 있다. 그러나 사주가 화평하지 않아 상ㆍ하ㆍ좌ㆍ우가 전극(戰剋)이 된다면 일생이 편한 날이 없을 정도로 질병이 평생 따라 다니게 된다.

한의원에 가면 한의사가 허증(虛症), 실증(實症)이라는 말을 한다. 여기서 허증(虛症)은 오행(五行)이 없거나 불급(不及)한 상태를 말하지만, 실증(實症)은 튼튼한 것이 아니라 오행(五行)이 태과(太過)한 것으로 너무 강해서 오히려 병(病)이 되는 경우를 말한다.

한의사가 진맥을 짚어서 신허증(腎虛症)이라는 사람의 사주를 풀어 보면 계수(癸水)가 극(剋)을 받고 있거나, 처음부터 계수(癸水)가 약하거나 하는 것을 확인할 수 있다.

그러므로 명리학을 공부할 때 질병에 대해서도 관심을 갖고 깊이 연구하면 좋은 결과가 있을 것이다.

(1) 계절과 질병(疾病)과의 관계

① 봄(春)

예1	○	○	예2	○	○	예3	○	○
	○	酉		乙	亥		丙	午
	戊	申		壬	寅		丙	寅
	○	寅		乙	卯		乙	卯

• 허증(虛症) : 허약해서 오는 증세
• 불급(不及) : 없는 것
• 실증(實症) : 너무 강해서 오는 증세
• 신허증(腎虛症) : 신장이 허약해서 오는 증세

예1은 무토일주(戊土日柱)가 가을에 출생하였는데 일지(日支)에 신금(申金)이 있어 금(金)이 매우 강한 구성이다.

시지(時支)에 있는 인목(寅木)이 일지(日支)에 있는 신금(申金)과 인신충(寅申沖)으로 인목(寅木)이 매우 힘들다. 인목(寅木)은 인체에 있어서 담(膽)에 해당하여 담(膽)이 상당히 좋지 않다. 이렇게 목(木)이 약한 경우 봄에는 병세가 좋아진다.

예2는 임수일주(壬水日柱)가 해월(亥月)에 출생하여 일주(日柱)가 강하지만 월천간(月天干)에 을목(乙木)이 있고 일지(日支)에 인목(寅木)이 있으며, 시주(時柱)에 을묘(乙卯)가 있어 목(木)이 매우 강한데 일주(日柱)가 다시 목(木)을 생조(生助)하여 매우 강하다.

더구나 봄은 목(木)의 계절이기 때문에 더 목(木)이 강할 수 밖에 없다. 이렇게 목(木)이 강하면서 목(木)의 기(氣)가 유행(流行)하지 못하면 봄에 병(病)이 오는데, 을목(乙木)은 간(肝)이고 갑목(甲木)은 담(膽)으로 결국 간(肝)과 담(膽)의 실증(實證)에 해당하는 병(病)이 온다.

예3은 병화일주(丙火日柱)가 오월(午月)에 출생하여 월천간(月天干)에 병화(丙火)가 투출(透出)하고, 일지(日支)에는 인목(寅木)이 좌(坐)하고 있으며 시주(時柱)에 을묘(乙卯)가 있어 일주(日柱)가 매우 강하다.

목(木)의 기운(氣運)이 매우 강한 화(火)를 생(生)하게 되면 화(火)가 더욱 맹렬(猛烈)해지기 때문에 몸에 병(病)이 온다. 병(病)이 오는 종류는 화(火)가 심장과 소장에 해당하므로 실증(實證)에 해당하는 병(病)이 오고, 만약 사주 내에 금기운(金氣運)이 있으면 폐나 대장에 깊은 병(病)이 있으며, 이러한 증세가 있는 사람은 봄에 증세가 더욱 악화된다.

• 담(膽) : 오장육부 중 하나의 기관(쓸개)

② 여름(夏)

여름에는 화(火)가 약하거나 토(土)가 약한 명식(命式)의 사람이 활기를 찾는다.

그러나 화(火)와 토(土)가 왕(旺)한 명식(命式)은 매우 견디기 어려운 계절이며, 심실증(心實症) 환자의 경우는 더욱 악화된다.

예1	○	○		예2	○	○
	○	子			○	卯
	丙	辰			戊	申
	○	申			○	酉

예1은 병화일주(丙火日柱)가 자월(子月)에 출생하여 일주(日柱)가 매우 약한 경우이다. 이러한 구성에 목(木)이 없어 일주(日柱)를 생조(生助)하지 않는다면 소장과 삼초(三焦)가 좋지 않다. 이러한 증세는 여름이면 회복되어 상태가 좋아진다.

예2는 무토일주(戊土日柱)가 묘월(卯月)에 출생하여 일주(日柱)가 매우 약한 경우이다. 이러한 구성에 화(火)가 없다면 위장에 병(病)이 생긴다. 위장이 좋지 않을 경우 여름이 되면 위장이 편해지는 것을 알 수 있다.

③ 가을(秋)

예1	○	○		예2	○	○
	○	未			辛	酉
	戊	戌			庚	辰
	己	酉			○	申

예1은 무토일주(戊土日柱)가 미월(未月)에 출생하고, 시천간(時天干)에 기토(己土)가 있어 일주(日柱)가 매우 강하다.

• 명식(命式) : 사주팔자

시지(時支)에 유금(酉金)이 있어 기(氣)가 흐른다고 할 수 있으나, 유금(酉金)은 매우 약한 금(金)으로 오히려 토(土)가 많으면 기(氣)가 흐르지 못하는 경우가 있다.

신금(辛金)은 폐(肺)에 해당하여 신금(辛金)이 약하면 폐허증(肺虛症)에 해당하는 증세가 생긴다. 이러한 증세를 갖고 있는 사람은 가을에는 증세가 조금 좋아진다. 만약 신금(辛金)이 토(土)에 묻혔다면 오히려 증세가 더욱 악화된다.

예2는 경금일주(庚金日柱)가 유월(酉月)에 출생하고 월천간(月天干)에는 신금(辛金)이 있고, 시지(時支)에 신금(申金)이 있어 일주(日柱)가 매우 강하다.

이렇게 금(金)이 강하게 있는 경우에는 강해서 오는 증세인 폐실증(肺實證)과 대장 실증(實證)에 해당하는 병(病)이 있다. 이러한 증세가 있는 사람은 가을에 증세가 더욱 악화된다.

④ 겨울(冬)

예1 ○ ○　　　　　예2 ○ 申
　　 ○ 巳　　　　　　　 ○ 子
　　 甲 寅　　　　　　　 甲 子
　　 癸 未　　　　　　　 壬 辰

예1은 갑목일주(甲木日柱)가 사월(巳月)에 출생하여 일주(日柱)가 약한 것 같으나 일지(日支)에 인목(寅木)이 좌(坐)하고 있고, 시천간(時天干)에 계수(癸水)가 있어 약하지 않다.

그런데 시천간(時天干)에 있는 계수(癸水)는 계절이 사월(巳月)이라 매우

• 폐실증(肺實證) : 폐가 너무 강해서 오는 증세

약한 가운데 갑목(甲木)을 생(生)해야 하며, 더구나 미토(未土) 위에 좌(坐)하고 있어 매우 힘들다.

계수(癸水)는 신장에 해당하므로 신장이 약해서 생기는 신장 허증(虛症)에 해당하는 증세가 있다. 이러한 증세는 겨울에 조금 좋아진다.

예2는 갑자일주(甲子日柱)가 자월(子月)에 출생하고 지지(地支)에 신자진(申子辰) 수국(水局)을 이루고 있으며, 시천간(時天干)에 임수(壬水)가 투출(透出)하여 갑목(甲木)은 물 위에 떠 있는 상태이다.

이 사주에서는 수(水)가 매우 강하므로 수(水)가 강해서 오는 질병인 신장 허증(虛症)과 방광 허증(虛症)에 해당하는 병(病)이 있다. 이러한 증세는 겨울에 더욱 악화된다.

그리고 목(木)이 약해 수(水)의 기운(氣運)이 흐르지 못하기 때문에, 다시 수(水)가 강하게 오는 운(運)이 오면 반드시 혈병(血病)에 관계되는 병(病)이 생긴다.

⑤ 환절기(環節期)

환절기에는 토(土)나 금(金)이 약한 명식(命式)의 사람이 좋다. 그러나 토(土)와 금(金)이 왕(旺)한 명식(命式)과 신약(身弱)한 명식(命式)은 고전을 면치 못한다.

진(辰)·술월(戌月)은 위실증(胃實症)인 환자, 축(丑)·미월(未月)은 비실증(鼻實症)인 환자는 더욱 악화된다.

예1 ○ ○	**예**2 ○ ○
戊 寅	○ 午
甲 子	戊 戌
乙 亥	己 未

예1은 갑자일주(甲子日柱)가 인월(寅月)에 출생하고, 시간지(時干支)에 을

목(乙木)과 해수(亥水)가 있어 매우 강하다. 그런데 월천간(月天干)에 있는 무토(戊土)는 뿌리가 없는 가운데 목(木)의 극(剋)을 받고 있어 매우 힘들다.

이러한 구성은 위장이 매우 약하여 위허증(胃虛症)에 해당하는 병(病)이 있다. 위허증(胃虛症)은 환절기에는 증세가 좋아진다.

예2는 무술일주(戊戌日柱)가 오월(午月)에 출생하고, 시주(時柱)에 기미(己未)가 있어 매우 강하다. 이러한 구성은 위장과 비장이 강해서 오는 위실증(胃實證)과 비실증(脾實證)이라는 증세가 있어 환절기에 더욱 악화된다.

이러한 구성은 술을 전혀 입에 대지 못할 뿐더러, 술을 입에 대면 매우 괴로울 수 있으니 입에 대지 않는 것이 좋다.

(2) 허증(虛症)과 실증(實症)에 대하여

① 허증(虛症)

스스로의 힘으로는 정상적인 기능을 발휘할 수 없는 허약한 상태를 말한다. 즉, 오행(五行)이 없거나 불급(不及)한 상태이다.

예1 甲 寅   예2 甲 申
     庚 申   庚 子
     乙 卯   庚 辰
     丙 戌   壬 午

예1은 목(木)이 4개, 화(火)가 1개, 토(土)가 1개, 금(金)이 2개, 수(水)는 하나도 없다. 이렇게 수(水)가 없는 경우를 허증(虛症)이라 한다.

• 위허증(胃虛症) : 위장이 허약해서 오는 증세
• 비실증(脾實症) : 비장이 너무 강해서 오는 증세

예2는 목(木)이 1개, 화(火)가 1개, 토(土)가 1개, 금(金)이 3개, 수(水)가 2개로 구성되어 있다.

지지(地支)에서 신자진(申子辰) 수국(水局)을 이루고 있으면서 임수(壬水)가 천간(天干)에 투출(透出)하며, 천간(天干)에 있는 갑목(甲木)은 경금(庚金)에게 극(剋)을 당하고 있는 상황이다.

이렇게 오행(五行)이 있으나 극(剋)을 당하여 제 구실을 할 수 없는 경우도 허증(虛症)이라 한다.

② 실증(實症)

튼튼한 것이 아니라 태과(太過)한 상태를 말한다.

예1	癸 亥	예2	戊 戌
	癸 亥		甲 午
	壬 午		丙 戌
	丁 酉		乙 未

예1은 화(火)가 2개, 금(金)이 1개, 수(水)가 6개로 구성되어 있으며, 금(金)은 수(水)를 생(生)하기 때문에 수(水)가 매우 강하다. 이렇게 수(水)가 너무 많아서 병(病)이 오는 것을 실증(實證)이라 한다.

예2는 목(木)이 2개, 화(火)가 2개, 토(土)가 4개로 구성되어 있다. 이렇게 너무 많은 토(土)로 인하여 비장과 위장에 병(病)이 생기는 것을 실증(實證)이라 한다.

(3) 방향(方向)에 대하여 – 잠을 자는 방향

① 정동(正東)쪽

간(肝)과 담(膽)이 약하고, 심장과 소장이 약한 경우에 해당한다. 즉, 목(木)이 없거나 약할 경우와 화(火)가 없거나 약할 경우에 해당한다.

만약 목(木)이 태과(太過)일 경우 치명적으로 좋지 않다.

예1 ○ 酉　　　　예2 甲 寅
　　辛 卯　　　　　　庚 寅
　　戊 戌　　　　　　壬 子
　　○ 申　　　　　　癸 卯

예1은 무술일주(戊戌日柱)가 묘월(卯月)에 출생하여 연지(年支)에 유금(酉金)이 있고, 시지(時支)에 신금(申金)이 있다.

더구나 월천간(月天干)에 신금(辛金)이 투출(透出)하여 묘목(卯木)을 극(剋)하고 있어 묘월(卯月)에 출생하였으나 묘목(卯木)이 매우 약하다. 이러한 경우에는 머리를 정동(正東)쪽으로 향해 숙면을 취하면 도움이 된다.

예2는 임자일주(壬子日柱)가 인월(寅月)에 출생하여, 연주(年柱)에 갑인(甲寅)이 있고 시주(時柱)에 묘목(卯木)이 있어 목(木)이 매우 왕성하다.

이러한 경우에는 머리를 정동(正東)쪽으로 향해 숙면을 취하면 좋지 않다.

② 정남(正南)쪽

심장과 소장이 약한 경우와 위장과 비장이 약한 경우에 해당한다.

그리고 심장과 소장, 위장과 비장이 실증(實證)에 해당하는 사람은 매우 좋지 않다.

예1 ○ 酉　　　　예2 ○ ○
　　○ 寅　　　　　　丙 午
　　庚 申　　　　　　己 未
　　丁 丑　　　　　　己 巳

예1은 경금일주(庚金日柱)가 인월(寅月)에 출생하였으나 일지(日支)에 신금(申金)이 좌(坐)하고 있어 약하지 않다. 이러한 가운데 시천간(時天干)에 있는 정화(丁火)는 경금일주(庚金日柱)를 극(剋)해야 하고, 일지(日支)에 있는 축토(丑土)를 생(生)해야 하는데 인목(寅木)이 신금(申金)에 의해

극(剋)을 당하여 정화(丁火)를 생조(生助)하지 않아 정화(丁火)가 매우 힘든 경우이다.

이러한 구성은 정화(丁火)는 심장에 해당하여 심장에 이상이 있다. 그러므로 머리를 정남(正南)쪽으로 향해 숙면을 취하면 도움이 된다.

예2는 기미일주(己未日柱)가 오월(午月)에 출생하여 일주(日柱)가 강한 가운데 지지(地支)는 사오미(巳午未) 화국(火局)을 이루고 월천간(月天干)에는 병화(丙火)가 투출(透出)하였으며, 시천간(時天干)에는 비견(比肩)인 기토(己土)가 투출(透出)하여 매우 강하다.

이렇게 화토(火土)가 강하면 소장과 비장에 병(病)이 생기는데, 머리를 정남(正南)쪽으로 향해 숙면을 취하면 매우 좋지 않다.

③ 정서(正西)쪽

폐나 대장이 약한 경우와 위장과 방광이 약한 경우에 해당한다. 그러나 폐나 대장, 그리고 신장과 방광이 매우 강한 경우에는 좋지 않다.

<table>
<tr><td>예1 ○ ○</td><td>예2 ○ 辰</td></tr>
<tr><td>丙 午</td><td>庚 申</td></tr>
<tr><td>己 未</td><td>壬 子</td></tr>
<tr><td>己 巳</td><td>癸 卯</td></tr>
</table>

예1은 기미일주(己未日柱)가 오월(午月)에 출생하여 지지(地支)에 사오미(巳午未) 화국(火局)을 이루고, 월천간(月天干)에 병화(丙火)가 투출(透出)해 있으며, 시천간(時天干)에 기토(己土)가 투출(透出)해 화토(火土)가 매우 강한 구성이다.

이러한 구성은 신장과 방광이 매우 약하고, 폐와 대장도 약하다. 이러한 경우에는 머리를 정서(正西)쪽으로 향해 숙면을 취하면 폐와 대장에 많은 도움이 된다.

예2는 임자일주(壬子日柱)가 신월(申月)에 출생하고 지지(地支)에 신자진(申子辰) 수국(水局)을 이루고 있으며, 월천간(月天干)에 경금(庚金)이 투출(透出)하여 매우 강하다.

이러한 구성은 신장과 방광 그리고 대장이 매우 강해서 병(病)이 생긴다. 이러한 경우에는 머리를 정서(正西)쪽으로 향해 숙면을 취하면 매우 좋지 않다.

④ 정북(正北)쪽

신장과 방광이 약한 경우 그리고 폐와 담(膽)이 약한 경우에 해당한다. 그러나 신장과 비장 그리고 간(肝)과 담(膽)이 매우 강한 경우에는 좋지 않다.

예1 ○ ○　　　예2 ○ 辰
　乙 巳　　　　　庚 申
　癸 酉　　　　　壬 子
　丙 ○　　　　　甲 ○

예1은 계수일주(癸水日柱)가 사월(巳月)에 출생하여 일주(日柱)가 약해 힘이 드는데 더구나 월천간(月天干)에 있는 을목(乙木)이 약한 일주(日柱)를 설(泄)하여 시천간(時天干)에 투출(透出)해 있는 병화(丙火)를 생(生)하므로 병화(丙火)는 매우 강하고, 일주(日柱)는 매우 약하다.

그런데 계수(癸水 : 신장에 해당)와 을목(乙木 : 간에 해당)이 매우 힘들다. 이러한 경우에는 머리를 정북(正北)쪽으로 향해 숙면을 취하면 좋다.

예2는 임자일주(壬子日柱)가 신월(申月)에 출생하고 지지(地支)는 신자진(申子辰)으로 수국(水局)을 이루고 있으며, 월천간(月天干)에 경금(庚金)이 투출(透出)하여 매우 강하다.

이렇게 수(水)가 왕성한 가운데 시천간(時天干)에 갑목(甲木)이 투출(透

出)하여 기(氣)가 흐르게 되어 좋다고는 하나, 갑목(甲木)은 물 위에 떠 있는 부목(浮木)으로 전혀 생기(生氣)가 없다.

이러한 구성은 신장과 방광이 실증(實證)에 해당하는 병(病)이 생긴다. 이러한 경우에는 머리를 정북(正北)쪽으로 향해 숙면을 취하면 매우 좋지 않다.

⑤ 동남(東南)쪽

신장과 방광이 실증(實證)인 경우에는 매우 좋다.

예1	○	辰		예2	○	○
	庚	申			癸	卯
	壬	子			乙	未
	○	○			癸	未

예1은 임수일주(壬水日柱)가 지지(地支)에 신자진(申子辰)으로 수국(水局)을 이루고 있으며, 월천간(月天干)에는 경금(庚金)이 투출(透出)하여 수(水)가 매우 강하다.

이러한 구성은 수(水)가 신장과 방광에 해당하므로, 결국 신장과 방광이 매우 좋지 않다. 이러한 경우에는 머리를 동남(東南)쪽으로 향해 숙면을 취하면 좋다.

예2는 을목일주(乙木日柱)가 묘월(卯月)에 출생하여 일주(日柱)가 강한 가운데 월천간(月天干)과 시천간(時天干)에 계수(癸水)가 있어 일주(日柱)를 생조(生助)하는 구성이다.

강한 일주(日柱)를 생조(生助)하는 계수(癸水)는 뿌리가 없어 매우 힘이 드는 형국(形局)으로, 이러한 구성은 신장이 좋지 않다. 이러한 경우에는 머리를 동남(東南)쪽으로 향해 숙면을 취하면 매우 좋지 않다.

⑥ 남서(南西)쪽

간(肝)과 담(膽)이 실증(實證)인 경우에 좋다.

예1 ○ ○
   甲 寅
   壬 辰
   ○ 卯

예2 ○ ○
   甲 午
   癸 酉
   戊 午

예1은 인목(寅木)이 월지(月支)에 있으면서 월령(月令)을 득(得)하고 시지(時支)에 묘목(卯木)이 있으며, 월천간(月天干)에는 갑목(甲木)이 투출(透出)하여 목(木)이 매우 강하다.

이러한 구성은 목(木)이 간(肝)과 담(膽)에 해당하므로, 결국 간(肝)과 담(膽)이 강해서 생기는 증세가 있다. 이러한 경우에는 머리를 남서(南西)쪽으로 향해 숙면을 취하면 좋다.

예2는 갑목(甲木)이 월천간(月天干)에 있으나 지지(地支)에서 받쳐 주는 것이 없을 뿐더러 믿고 있는 일주(日柱)마저 약해 갑목(甲木)을 생조(生助)하지 못하고 있는 구성이다.

이러한 구성은 갑목(甲木)이 담(膽)에 해당하므로, 결국 담(膽)이 매우 약하다. 이러한 경우에 머리를 남서(南西)쪽으로 향해 숙면을 취하면 매우 좋지 않다.

⑦ 북서(北西)쪽

위장과 비장이 실증(實證)인 경우에 매우 좋다.

예1 ○ ○
   ○ 卯
   戊 午
   己 未

예2 癸 亥
   癸 亥
   戊 午
   己 未

예1은 묘목(卯木)이 월령(月令)을 득(得)하였으나 토(土)가 3개나 있어 목(木)이 매우 힘들어 토(土)를 극(剋)하는 것이 아니라, 일지(日支)에 좌(坐)하고 있는 오화(午火)를 생(生)하고 오화(午火)는 토(土)를 생(生)하여 결국 토(土)가 매우 강하다.

이러한 구성은 무토(戊土)는 위장이고 기토(己土)는 비장이므로, 결국 위장과 비장이 매우 강하여 병(病)이 생긴다. 이러한 경우에는 머리를 북서(北西)쪽으로 향해 숙면을 취하면 좋다.

예2는 무토일주(戊土日柱)가 해월(亥月)에 출생하였으나 일지(日支)에 오화(午火)가 있고 시주(時柱)에 기미(己未)가 있어 매우 강할 수 있다.

그러나 월령(月令)을 차지하고 있는 것은 해수(亥水)이고 월천간(月天干)에 계수(癸水)가 투출(透出)해 있으며, 연지(年支)가 계해(癸亥)로 수(水)가 더 강할 뿐더러 일지(日支)에 있는 오화(午火)가 해수(亥水)에 극(剋)을 당하고 있어 일주(日柱)인 무토(戊土)를 생조(生助)할 수 없으므로 결국은 일주(日柱)가 약하다.

이러한 구성은 위장과 비장이 매우 약하다. 이러한 경우에는 머리를 북서(北西)쪽으로 향해 숙면을 취하면 매우 좋지 않다.

⑧ 북동(北東)쪽

폐와 대장이 실증(實證)인 경우에 매우 좋다.

예1 ○ ○	**예**2 ○ ○
辛 丑	○ 巳
戊 申	丙 午
庚 申	辛 卯

예1은 금(金)이 4개, 토(土)가 2개로 금(金)이 매우 강하다. 이러한 구성은 경금(庚金)은 대장이고 신금(辛金)은 폐이므로, 폐와 대장이 매우 강

해 생기는 병(病)이 있다. 이러한 경우에는 머리를 북동(北東)쪽으로 향해 숙면을 취하면 좋다.

예2는 병화일주(丙火日柱)가 사월(巳月)에 출생하고 일지(日支)에 오화(午火)가 좌(坐)하며, 시지(時支)에는 묘목(卯木)이 있어 일주(日柱)를 생(生)하기 때문에 일주(日柱)가 매우 강하다.

그런데 시천간(時天干)에 있는 신금(辛金)은 뿌리가 없을 뿐더러 강력한 화(火)에 극(剋)을 받아 매우 힘들다. 이러한 구성은 신금(辛金)은 폐에 해당하여 폐가 매우 좋지 않다.

이러한 경우에는 머리를 북동(北東)쪽으로 향해 숙면을 취하면 매우 좋지 않다.

■ 오미(五味)를 먹을 때 주의할 점

• 신맛(산(酸)) : 목(木)에 해당하여 간(肝)과 담(膽)에 영향을 준다. 그러나 너무 많이 먹으면 근육이 상하게 된다.

• 쓴맛(고(苦)) : 화(火)에 해당하여 심장과 삼초(三焦), 소장에 영향을 준다. 그러나 너무 많이 먹으면 뼈가 상하게 된다.

• 단맛(감(甘)) : 토(土)에 해당하여 위장과 비장에 영향을 준다. 그러나 너무 많이 먹으면 근육이 상하게 된다.

• 매운맛(신(辛)) : 금(金)에 해당하여 폐와 대장에 영향을 준다. 그러나 너무 많이 먹으면 기(氣)가 상하게 된다.

• 짠맛(함(鹹)) : 수(水)에 해당하여 신장과 방광에 영향을 준다. 그러나 너무 많이 먹으면 피가 상하게 된다.

궁합(宮合)

궁합(宮合)은 일주(日柱)로 보는 것이 정확하다.

일부 명리학자들은 세월이 변했으니 용신(用神)으로 궁합을 보아야 한다고 주장하고 있으나, 이 주장은 아주 잘못된 것이다.

궁합은 상대방과 본인과의 관계를 맞추어 보는 것으로, 사주의 주인으로 보는 것이 정확하다. 사주의 주인은 바로 일주(日柱)이다.

용신(用神)으로 궁합을 보는 것은 다음과 같은 단점이 있다.

예1	○ ○	예2	○ ○	예3	○ 子
	○ 午-丁(傷官)		○ 午-丁(偏財)		○ 午-丁(七殺)
	甲 ○		癸 ○		辛 ○
	○ ○		○ ○		○ ○

예1은 갑목일주(甲木日柱)의 용신(用神)이 상관(傷官)이라면, 이에 해당하는 오행(五行)은 정화(丁火)이다.

예2는 계수일주(癸水日柱)에 있어 재(財)에 해당하는 것은 정화(丁火)이고, 예3을 보면 신금일주(辛金日柱)에 있어 칠살(七殺)도 정화(丁火)이다.

그런데 상관(傷官)은 재(財)를 생(生)하여 좋고, 상관(傷官)과 칠살(七殺)은 상극(相剋)이어서 좋지 않다.

그러나 위에서 확인해 보니 상관(傷官)이나 재(財)나 살(七殺)이나 모두가 같은 정화(丁火)이다.

이러한 구성이 되면 누가 누구를 극(剋)하고 생(生)하는 것이 성립되지 않는 것이다.

세월이 아무리 많이 변하여도 용신(用神)은 사주 내에서는 하인에 해당한다. 그러므로 결혼할 당사자를 보는 것이 아니라 전혀 다른 사람끼리 궁합을 보는 것과 같다.

(1) 궁합(宮合)을 보는데 꼭 필요한 사항

남녀 모두 궁합을 볼 때 필요한 것이 있는데, 다음과 같다.

① 남자 사주의 경우

• 일간(日干)이 양간(陽干)인 경우가 좋다.

• 일간(日干)은 반드시 강해야 한다.

• 재(財)가 정편교집(正偏交集)이 되지 않아야 한다.

• 관·살(官殺)이 중첩(重疊)되어 있으면 좋지 않다.

• 사주팔자에 오행(五行)이 균등하게 있지 않고, 어느 특정한 오행(五行)이 태과(太過)한 사주는 좋지 않다.

예1	○ ○	예2	○ ○	예3	壬 ○	예4	壬 ○	예5	甲 寅
	○ ○		○ 申		戊 ○		丙 ○		甲 子
	甲 ○		庚 ○		癸 ○		癸 ○		癸 卯
	○ ○		○ ○						

예1은 일간(日干)이 양간(陽干)인 경우를 말하는데 양간(陽干)에는 갑(甲)·병(丙)·무(戊)·경(庚)·임(壬) 등 오양간(五陽干)이 있다. 남자에게 양간(陽干)이 좋다고 하는 것은 동적(動的)이기 때문이다.

예2는 경금일주(庚金日柱)가 신월(申月)에 출생하여 일주(日柱)가 강하다. 이렇듯 오양간(五陽干)이라 해도 강해야 쓸모가 있다. 만약 오양간(五陽干)이라도 약하면 업무를 이겨내는데 많은 시련이 생긴다.

예3은 무토일주(戊土日柱)로 월천간(月天干)에 임수(壬水)가 있고, 시천간(時天干)에는 계수(癸水)가 투출(透出)하여 매우 좋지 않다. 즉, 남자의 사주에 본처(本妻)와 편처(偏妻)가 나란히 나타나 있어 매우 어지러운 상황이다.

이러한 구성이 되면 일주(日柱)는 계수(癸水)에 더 정이 있으나 만약 임수(壬水)가 사주 내에서 계수(癸水)보다 강하면 임수(壬水)와 결혼하고, 계수(癸水)는 편처(偏妻)가 되어 이중생활을 하게 된다.

그러나 임수(壬水)를 제거하는 것이 사주 내에 존재하면 계수(癸水)를 본처(本妻)로 맞이 할 수가 있으나, 화약고(火藥庫)를 옆에 두고 있는 것처럼 언제나 불안하다.

예4는 병화일주(丙火日柱)로 월천간(月天干)에 임수(壬水)를 시천간(時天干)에는 계수(癸水)가 투출(透出)하여 매우 좋지 않다. 여기서 임수(壬水)와 계수(癸水)는 직업으로 관·살(官殺)에 해당한다.

직업이 두 갈래로 나타나 직업에 대한 안정성이 없다. 다행히 일주(日柱)가 매우 강해 관·살(官殺) 모두 있어도 상관이 없지만 일주(日柱)가 약할 경우 관·살(官殺)이 모두 나타나고, 다시 운(運)에서 관·살(官殺)이 나타나면 요절할 수 있다. 만약 요절을 피한다 해도 건강이 매우 좋지 않아 힘든 생활을 해야 한다.

그러므로 관살혼잡(官殺混雜)은 피해야 한다. 그러나 사주 내에서 관·살(官殺) 중 하나가 제거되는 경우에는 남아 있는 하나만 있는 것으로 생각하면 된다.

그리고 사주 내에서 제거하는 것이 없는 경우에는 운(運)에서 관·살(官殺) 중 하나를 제거하는 운(運)이 오면 그 운(運)이 계속되는 때만 좋다.

예5는 갑목일주(甲木日柱)가 인월(寅月)에 출생하여 일주(日柱)가 강한 가운데 월천간(月天干)에 비견(比肩)인 갑목(甲木)이 투출(透出)하고, 시지(時支)에는 겁재(劫財)인 묘목(卯木)이 있다.

그리고 일지(日支)에는 자수(子水)가 있고 시천간(時天干)에는 계수(癸水)가 투출(透出)하여, 일주(日柱)인 갑목(甲木)이 매우 강한 상태이다. 이러한 구성은 좋을 것 같지만 사회 활동을 하는데 적응하기가 매우 어렵다.

사주를 살펴보면 수(水)가 목(木)을 생(生)하기 때문에 사주 내에 있는 모든 것이 나를 위하는 것으로 구성되어 있는데, 다른 표현으로 독불장군이라 할 수 있다.

고집불통에 융통성은 없으며, 자신만 아는 사람으로 언젠가는 사회를 떠나 혼자만의 생활을 영위하게 될 것이다.

② 여자 사주의 경우
• 일간(日干)이 음간(陰干)이면 좋다.
• 일간(日干)이 강해야 한다.
• 관·살(官殺)이 정편교집(正偏交集)되면 좋지 않다.
• 사주팔자에 오행(五行)이 균등하게 있지 않고, 어느 특정한 오행(五行)이 태과(太過)한 사주는 좋지 않다.

예1은 일간(日干)이 음간(陰干)인 경우를 말하는데, 음간(陰干)에는 을(乙)·정(丁)·기(己)·신(辛)·계(癸) 등 오음간(五陰干)이 있다. 음간(陰干)이 여자에게 좋다고 하는 것은 정적(靜的)이기 때문이다.

예2는 음간(陰干)으로 여자의 사주도 정미일주(丁未日柱)처럼 강한 것이 좋다. 즉, 뿌리를 내리고 있어야 본인 의사를 정확히 밝히고 포용할 줄 알기 때문이다. 그리고 음간(陰干)이라도 강하면 무슨 일이든 헤치고 나가는 결단력이 있다.

예3은 정화일주(丁火日柱)로 월천간(月天干)에 임수(壬水)가 시천간(時天干)에는 계수(癸水)가 있는 구성이다. 여기서 임수(壬水)와 계수(癸水)는 남자를 뜻한다. 누가 본 남편인지는 사주 내의 구성을 보고 결정해야 한다.

무조건 정편교집(正偏交集)이 되었다고 남자가 두 명이 있다는 것은 아니다. 그러나 정편교집(正偏交集)이 되어 있으면 무엇이든지 자기 마음대로 하려는 경향이 많고, 남을 공격할 때도 자기 주관적으로 해석하려 한다.

또한 명예욕이 강하여 자신의 명예에 관한 것은 무슨 대가를 치르더라도 지키는 경향이 있다.

예4는 신금일주(辛金日柱)가 신월(申月)에 출생하여 일주(日柱)가 강한데, 일지(日支)에 유금(酉金)이 좌(坐)하고 있고 시천간(時天干)에 비견(比肩)인 신금(辛金)이 있다. 월천간(月天干)에 무토(戊土)가, 시지(時支)에는 축토(丑土)가 있어 매우 강하다. 이렇게 구성되면 여자는 음간(陰干)이어야 좋다는 말이 무색하게 된다.

무슨 일이든 잘못되면 만사를 제쳐 놓고 끝장을 보아야 직성이 풀리며 매우 공격적이다. 앞에서 음간(陰干)은 정적(靜的)이라고 했지만, 이러한 구성에서는 적용이 안 된다.

신금(辛金)은 부드럽지만 많은 금(金)이 뭉치면 강한 공격력이 있기 때문에, 이러한 구성을 가지고 있는 여자와 상대할 때는 처음부터 매사에 실수를 하지 않아야 본성이 나오지 않는다. 물론 힘이 들면 속세(俗世)를 떠나는 경우가 허다하다.

궁합은 먼저 남녀 중 사회 활동을 하는 사람이 누구인지 알고 나서 보는 것이 좋다.

만약 여자가 직업을 갖고 사회 활동을 한다면 일간(日干)이 양간(陽干)인 경우가 더 좋다. 그 이유는 사회 활동을 하려면 일간(日干)이 양간(陽干)일 경우 활동성이 강하기 때문이다.

여자의 사주 일간(日干)이 양간(陽干)이면 남자의 사주는 일간(日干)이 음간(陰干)일 때 궁합이 좋다.

그 이유는 일간(日干)과 일간(日干)과의 충돌이 일어났을 때 양(陽)과 양(陽)이 전극(戰剋)하는 경우에는 매우 강하게 전극(戰剋)이 일어나지만, 양(陽)과 음(陰)이 전극(戰剋)하는 것은 상대방에게 강하게 전극(戰剋)이 일어나지 않고 어느 정도 사정을 두기 때문이다.

이러한 구성이면 다투는 경우가 생기더라도 싸움이 크게 번지지 않는다. 이러한 이치가 바로 음양(陰陽)의 조화이다.

(2) 궁합법

① 좋은 궁합

• 남녀의 사주팔자를 합(合)하여 오행(五行)이 균등하게 배합되는 사주가
  좋다.

예   男   女
     戊 戌   丙 辰
     甲 申   癸 卯
     丙 午   甲 戌
     庚 子   辛 酉

예를 보면 남자 사주는 목(木)1, 화(火)2, 토(土)2, 금(金)2, 수(水)1이고,
여자 사주는 목(木)2, 화(火)1, 토(土)2, 금(金)2, 수(水)1로 되어 있다.
남녀 사주팔자를 합해 보면 오행(五行)이 목(木)3, 화(火)3, 토(土)4, 금
(金)4, 수(水)2로 이렇게 균등한 것이 좋다.

대개 사주가 중화되면서 일주(日柱)를 생(生)하고, 기(氣)가 유통(流通)되
는 것이 좋은 사주이다.

• 남녀 사주의 일주(日柱)와 일주(日柱)가 천지덕합(天地德合)이 되는 것
  이 좋다.

예   男   女
     ○ ○   ○ ○
     ○ ○   ○ ○
     丙 子   辛 丑
     ○ ○   ○ ○

예를 보면 남자의 일간(日干)이 병자(丙子)이고, 여자의 일간(日干)은 신
축(辛丑)이다. 이렇게 구성되면 천간(天干)은 병화(丙火)와 신금(辛金)이
합(合)이 되고, 지지(地支)는 자수(子水)와 축토(丑土)가 합(合)이 되므로

300

천간(天干)과 지지(地支)가 같이 합(合)이 되는 경우이다.

이러한 구성을 천지덕합(天地德合)이라 한다. 천지덕합(天地德合)이 된다고 재물이 풍부한 것은 아니지만 부부 사이는 화목하다.

• 남녀 사주의 일간(日干)과 일간(日干)이 합(合)이 되는 경우가 좋다.

예를 보면 남자 사주의 천간(天干)에 있는 무토(戊土)와 여자 사주의 천간(天干)에 있는 계수(癸水)가 무계합(戊癸合)이 된다. 이렇게 천간(天干)만 합(合)이 되는 경우는 합(合)이 약하다고 본다.

운(運)에서 서로 극(剋)하는 운(運)이 오면 헤어지기 쉽다. 그렇지만 합(合)이 전혀 없는 것 보다는 좋다.

• 남녀 사주의 일지(日支)와 일지(日支)가 합(合)이 되는 경우가 좋다.

예1은 남자 사주의 일지(日支)에 진토(辰土)가 있으며, 여자 사주에는 유금(酉金)이 있어 진유합(辰酉合)이 된다. 또한 남자 사주의 일지(日支) 장간(藏干)이 을목(乙木)이고, 여자 사주의 일지(日支) 장간(藏干)이 경금(庚金)으로 장간(藏干)도 을경합(乙庚合)이 된다.

이렇게 일지(日支)가 합(合)이 되고 장간(藏干)도 합(合)이 되면 겉과 속이 함께 합(合)이 되는 것으로, 남의 이목과는 상관없이 똑같이 사이가 좋다.

예2는 남자 사주의 일지(日支)가 술토(戌土)이고, 여자 사주의 일지(日支)가 묘목(卯木)으로 묘술합(卯戌合)이 된다. 그리고 남자 사주의 일지(日支) 장간(藏干)은 무토(戊土)이고, 여자 사주의 일지(日支) 장간(藏干)은 을목(乙木)이다.

이렇게 구성되면 일지(日支)가 합(合)이 되어 좋지만 장간(藏干)이 상극(相剋)으로 좋지 않다. 그 이유는 묘술(卯戌)이 합(合)이 되어 겉으로는 사이가 좋지만, 속으로는 을목(乙木)과 무토(戊土)는 서로 상극(相剋)이기 때문에 사이가 좋을 수 없다.

② 나쁜 궁합

• 남녀 사주를 합(合)해서 오행(五行)이 편향(偏向)되게 있는 것은 매우 좋지 않다.

<table>
<tr><td>**예**</td><td>男</td><td></td><td>女</td><td></td></tr>
<tr><td></td><td>甲</td><td>寅</td><td>戊</td><td>戌</td></tr>
<tr><td></td><td>癸</td><td>卯</td><td>辛</td><td>丑</td></tr>
<tr><td></td><td>甲</td><td>子</td><td>己</td><td>未</td></tr>
<tr><td></td><td>乙</td><td>卯</td><td>壬</td><td>辰</td></tr>
</table>

예를 보면 남자 사주는 목(木)6, 수(水)2이고, 여자 사주는 토(土)6, 금(金)1, 수(水)1로 되어 있다. 두 사주를 합(合)하면 목(木)6, 토(土)6, 금(金)1, 수(水)3이 된다.

이렇게 오행(五行)이 한쪽에만 많이 있는 것을 편향(偏向)되었다고 하는데, 이러한 구성은 천간(天干)에 합(合)이 있어도 서로 자기 주장이 심하여 끝내는 다투고 헤어지는 구성이다.

이러한 사주는 천간(天干)만 합(合)이 있는 것보다 천지덕합(天地德合)을 이루는 사주를 찾아야 한다.

예의 남녀 사주는 사주 내에 처(妻)와 남편을 뜻하는 것이 없으므로 좋은 결과를 얻기가 어렵다.

• 남녀 사주의 일주(日柱)와 일주(日柱)가 천전지충(天戰支沖)이 되는 것은 매우 좋지 않다.

예

男		女	
○	○	○	○
○	○	○	○
甲	戌	庚	辰
○	○	○	○

예를 보면 남자 사주의 일주(日柱)가 갑술(甲戌)이고 여자 사주의 일주(日柱)가 경진(庚辰)으로, 두 사주를 비교해 보면 천간(天干)은 갑목(甲木)과 경금(庚金)이 상극(相剋)이고 지지(地支)는 진토(辰土)와 술토(戌土)가 상극(相剋)으로 하늘과 땅이 모두 상극(相剋)으로 이루어져 있다.

이렇게 구성되면 사이만 나쁜 것이 아니라 보기만 하면 서로의 단점을 찾기 위해 혈안(血眼)이 되어 있는 것처럼 심하게 다투는 경우이다. 이러한 구성은 같이 살기도 어렵고 헤어지고 나면 견원지간(犬猿之間)으로 변한다.

• 남녀 사주의 일간(日干)과 일간(日干)이 전극(戰剋)을 하는 경우는 좋지 않다.

예

男		女	
○	○	○	○
○	○	○	○
壬	○	丙	○
○	○	○	○

예를 보면 남자 사주의 천간(天干)이 임수(壬水)이고, 여자 사주의 천간(天干)이 병화(丙火)로 서로 상극(相剋)이 된다.

이렇게 구성되는 남녀가 결혼한 경우에는 작은 실수가 있어도 아주 큰 실수를 한 것처럼 매우 심하게 다투고 쉽게 헤어진다.

• 남자 사주의 일지(日支)와 일지(日支)가 충(沖)이 되는 경우도 좋지 않다.

```
     男 장간(藏干)   女    藏干
예  ○ ○          ○ ○
    ○ ○          ○ ○
    ○ 卯 − 乙      ○ 酉 − 辛
    ○ ○          ○ ○
```

예를 보면 남자 사주의 일지(日支)가 묘목(卯木)이고, 장간(藏干)은 을목(乙木)이 된다. 여자 사주의 일지(日支)는 유금(酉金)이고, 장간(藏干)은 신금(辛金)이 된다.

일지(日支)는 묘유충(卯酉沖)으로 서로 상극(相剋)이 되고, 장간(藏干)은 을목(乙木)과 신금(辛金)이 상극(相剋)이다. 이렇게 구성되면 매일 티격태격 다투다가 결국은 헤어지게 된다.

궁합을 보는 법은 위와 같으나 궁합이 좋다고 해서 재물이 많이 있는 것은 아니다. 재물이라는 것은 본인들의 타고난 팔자이다.

옛날에 처복(妻福)이 있으면 재물도 있다고 하지만 사실 그것은 틀린 말이다. 물론 남자 사주 내에 재물이 강하게 있고, 그 재물을 이겨낼 수만 있으면 많은 재물도 생기고 좋은 처(妻)도 얻을 수 있다.

그러나 이러한 복(福)은 몇 사람밖에 얻을 수 없는 행운으로, 모든 사람에게 적용되는 것은 아니다.

그럼에도 불구하고 궁합법을 만든 목적은 신(神)이 인간에게 준 기회를 최대한 살려서 사는 동안이라도 여생을 행복하게 마칠 수 있도록 하는 선인들의 바람이 아니었을까.

물론 재물도 있고 좋은 상대방을 만나서 행복하게 여생을 마치는 것이라면 얼마나 좋을까? 그러나 그렇지 못한 것이 현실이다.

그러므로 명리학을 공부하는 분들은 심도있게 공부하여 모든 사람이 행복하게 보낼 수 있도록 도와 주어야 한다.

[참고문헌]

- 심효첨(沈孝瞻) 원저(原著), 서락오(徐樂吾) 평주(評註), 박영창(朴永昌) 번역(翻譯)
「자평진전평주(子平眞詮評註)」, 도서출판 신지평, 1999

- 임철초(任鐵樵), 예광해(芮光海) 역(譯)
「적천수천미(滴天髓闡微) 상 · 하」, 지남 , 1998 · 1999

- 신육천(申六泉) 편저(編著)
「사주감정법비결집(四柱鑑定法秘訣集)」, 갑을당, 1998

- 록평(祿平) 김상연(金相淵) 편저(編著)
「역학의 맥(1)」, 갑을당, 1998

- 록평(祿平) 김상연(金相淵) 편저(編著)
「컴퓨터 만세력(萬歲曆)」, 갑을당, 1998

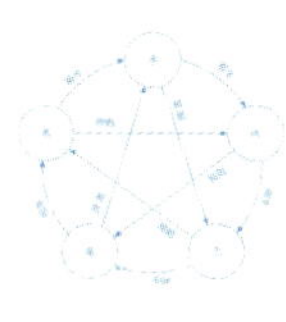

알기쉬운 운명풀이

명리학 길잡이

2005년 1월 10일 1판1쇄
2009년 6월 20일 1판2쇄

저자 : 한학제
펴낸이 : 남상호

펴낸곳 : 도서출판 **예신**
www.yesin.co.kr

140-896 서울시 용산구 효창동 5-104
전화 : 704-4233, 팩스 : 715-3536
등록 : 제03-01365호(2002. 4. 18)

값 20,000원

ISBN : 978-89-5649-027-4